동아시아의 우흐가지(ウフカジ)

서승의 역사 · 인문기행

1

동아시아를 생각한다

진인진

동아시아의 우호가지(ウフカジ) 서승의 역사·인문기행 - 1권 동아시아를 생각한다

초판 1쇄 발행 | 2016년 11월 3일

지 은 이 | 서 승
편   집 | 김태진
발 행 인 | 김영진
발 행 처 | 진인진
등   록 | 제25100-2005-000003호
주   소 | 경기도 과천시 별양상가 1로 18, 614호(별양동, 과천오피스텔)
전   화 | 02-507-3077~8
팩   스 | 02-504-3079
홈페이지 | http://www.zininzin.co.kr
이 메 일 | pub@zininzin.co.kr

ⓒ 진인진 2016
ISBN 978-89-6347-314-7 94300
ISBN 978-89-6347-313-0 94300(세트)

목 차

머리말

'우흐가지'는 오키나와 말로 큰 바람의 뜻이다. 5년 전, 퇴임기념문집을 냈을 때, 다카라 벤高良勉 시인은 '동아시아의 우흐가지'라는 글을 보내주었다. 그의 말은 이렇다. "오키나와의 벗들·동지들은 친애하는 대형大兄을 '서승 우흐가지'라고 부르고 있습니다. 북으로부터 이 큰 바람이 불어 오면, 오키나와의 여러 다재다능하신 분들을 그 소용돌이와 진로에 휩쓸어 하나의 운동으로 만들어 버리기 때문입니다. 저희들은 사정없이 몰아치는 이 큰 바람을 두려워하면서 기다리고 있습니다".[1]

1997년 타이베이에서 동아시아 국가폭력의 진상규명과 피해자 권리회복을 주제로 제1회 '동아시아 냉전과 국가테러리즘' 국제심포지엄이 개최되었다. 이듬해 8월 제주대회를 거쳐, 숨 돌릴 새도 없이 12월에 제3회 오키나와 대회가 열렸다. 태평양이 내려다보이는 언덕 위 사시키초佐敷町 문화회관에서 한국, 오키나와, 대만, 일본 각지에서 400명 넘는 사람들이 모였다. 남국의 사람답게 낙천적이고, 느슨한 오키나와 사람들에게 터무니없이 방대한 작업이 떨어진 것이다. 아무래도 불안해서 준비 상태를 점검하러 간 내가 악귀처럼 다그치는 악몽이 오키나와의 동지들에게 트라우마가 된 모양이다. 그 후 한동안, 내가 오키나와에 나타나기만 하면 안절부절 전전긍긍하는 눈치였다.

그렇다고 내가 태풍처럼 오키나와를 황폐화 시키기만 한 것은 아니다. 착하고 인정 넘치며, 끊임없는 일본의 침략과 착취를 받으면서도 쉽게 굽히지 않는 오키나와 사람들을 나는 사랑하며, 미력이나마 그들 고통의 일부를 함

---

1 高良勉, 2011, 「徐勝ウフカジへ」, 『東アジアのウフカジ(大風) - 徐勝先生退職記念文集』, かもがわ出版, p.16.

께 나누어 지고 왔다고 자부한다. 그들은 만사에 꼼꼼하고 경계를 넘으려 하지 않는 일본사람들과는 다르다. 만나면 술잔을 기울이고, 흥이 나면 산신三線[2]을 켜면서 노래를 부르다가 오키나와의 가락에 취해 춤을 추는 가무의 백성이다. 말하자면 오키나와에는 우리가 잃어가고 있는 공동체가 살아 있으며, 우리보다 강렬한 저항의식과 뚜렷한 정체성을 가지고 있다. 게다가 그들은 일본의 식민지 지배하에서 전쟁의 참화를 겪었으며, 미군정 지배하에서 냉전 최전선의 삶을 강요당하고 살아왔다. 아마도 우리와 가장 가까운 역사적 경험을 해왔다고 해도 틀리지 않을 것이다.

5년 전에 정년퇴직 하면서 1990년 감옥에서 출소한 후 써 모은 글들을 『서승의 동아시아 평화기행』(창비, 2011)으로 묶었다. 거기에는 동아시아의 평화와 인권의 실현을 지향하는 나의 생각과 발자취들이 담겨 있다. 그리고 5년. 특임교수라는 이름으로 현역에서 한발 물러선 나는 좀더 시간을 자유롭게 쓸 수 있게 되어, 발과 마음이 내키는 대로 길벗들과 동아시아를 떠돌았다. 거기서 많은 역사의 현장을 보고, 동아시아의 벗들을 만나 이야기하고, 생각하고, 적었다. 그렇게 세월을 보내는 동안에 동아시아 평화기행의 해설자·안내자로 알려지기 시작하여, 노동조합이나 역사선생님 모임에서 오키나와, 대만기행을 안내해 달라는 요청이 들어 오기도 했고, 나의 가까운 벗들과 자유롭게 여행을 떠나기도 했다. 2015년에는 한겨레 신문과 '동아시아 평화 만들기'라는 기행 기획을 만들어, 난징, 오키나와, 대만을 다녀오기도

---

2   산신(三線). 오키나와의 삼현 악기. 일본의 샤미센(三味線)와 외관상 비슷하지만 많은 차이가 있다. 샤미센이 고양이 가죽으로 공명동을 치고 일본에서 나는 재료로 만들어지는데 반해, 산신은 동남아에서 나는 흑단 나무를 대로 하고, 공명동에 비단구렁이 가죽을 치고, 중국에서 오는 명주로 현을 치고, 오키나와 물소뿔로 즈메를 만들어 연주한다. 이 원료가 된 물산은 류큐(琉球) 왕조의 대교역시대(14~16세기)에 교역을 통해 얻어진 것으로서 오키나와의 국제성을 상징한다고 한다. 산신은 오키나와의 인구 3인당 1대 꼴로 보급되어 있다. 오키나와에서는 산신 연주를 '사나이의 기예'라고 하고 있으며, 남자가 웬만큼 성장하면 누구나 켤 수 있다고 한다. 일본 본도에서 샤미센은 주로 여자의 기예이며, 칼을 남자의 상징으로 여기는 것과는 사뭇 대조적이다.

했다. 그 여행에 참가한 분들이 종자 모임이 되어 '동아시아 평화학교'가 만들어졌고, 이어서 오는 겨울에는 난징, 샤먼·금문도, 오키나와, 대만, 규슈, 베트남으로 떠나는 기행이 예정되어 있다.

이제 여행의 시대다. 여행 가이드 북이 서점에 넘치고, 사람들은 틈만 있으면 무엇인가에 홀린 듯이 명승고적, 비경, 미식을 찾아 유럽으로, 미국으로, 아프리카로 종횡무진 세계를 쏘다닌다. 그러나 나의 기행은 어떤 관광 가이드 북에도 나와 있지 않으니, 이국 취미의 여행 붐과는 분명히 다른 것이다. 동아시아 근현대사의 뿌리와 줄기를 찾아, 살아 있는 사람들의 숨결에 귀를 기울이며 동아시아의 가장 깊숙한 곳을 찾아간다. 타이베이에서 택시 기사가 "왜 묘지만 찾아 다니는 거요?"라며 의아해 할 정도였다. 정치범 감옥을 찾아 대만 온 섬을 누비고 다니기도 했다. 만주에서는 빨치산의 발자취를 따라 첩첩 산중에 파고 들기도 하고, 오키나와에서는 전쟁터와 미군기지, 백성의 애환이 서린 퇴락된 뒷골목을 순례했다. 감옥, 학살현장, 군사시설, 신사 등 일본제제국주의의 전쟁범죄의 증거를 찾아 나섰다.

인문학Humanities이란 인간의 사상과 문화, 즉 인간의 사고와 행동을 탐구하는 학문이다. 자연과 분화되지 않은 동물에 불과했던 인간이 스스로를 객관화하여 사고할 수 있게 진화하면서 인문학이 태어났다. 동서양을 막론하고, 인간을 그 내면의 사고와 외부에 대한 활동의 양면에서 보려는 지적인 욕구는 바로 인간임의 자각이자 인간으로서의 자립이여, 인간 중심의 사고다. 그것을 위해서는 인간이 자연에서 객체화하는 한편, 인간을 창조하거나, 지배하고 운명을 결정한다는 신으로부터도 자유로워져야 했다. 사상사적으로는 르네상스, 계몽주의, 유물론 등의 사조가 그 노력의 발자취다. 괴력난신怪力亂神을 논하지 않는 합리주의인 유교사상은 봉건적인 인간관과 천하관天下觀, 그리고 신분제적인 윤리주의를 통해 '인간해방'을 방해해왔다.[3] 서구의

3 「동아시아에서의 인간중심의 문화창조 – 홍성담의 미술세계」, 〈타이난 成功대학 홍성담 그림전 기념강연〉, 2014년 9월 18일.

인문학적인 사고는 제국주의 침략과 함께 동아시아에 유입되었다. 시민사회와 개인의 독립, 정신적인 자유라는 근대적 가치가, 동아시아 지역에서는 그 대립물인 제국주의와 일체가 되어 군림했다. 우리는 봉건사회와의 결별을 서구제국주의에 대한 저항인 민족해방투쟁 속에서 체득했고, 강도의 손에서 칼을 빼앗아 그 칼로 강도를 물리치 듯, 서구 근대 인간해방 사상이 반제국주의투쟁에 있어 중요한 무기가 되었다.

동아시아에서 제국주의시대의 종언은 민족의 해방도 개인의 독립도 가져오지 않았다. 아편전쟁 이후 끊이지 않는 제국주의와 그 부역자들의 헤게모니에서 아직도 벗어나지 못하고 있으며, 자본과 시장의 논리의 덫에서 갇혀 진정한 민족과 인간의 해방을 이루어 내지 못하고 있다. 신자유주의 시대가 되면서 모순은 더욱더 심화되고, 지배는 교묘하고 무자비해졌다. 우리는 근대 이후 '동아시아'가 어떻게 형성되었으며, 우리의 피지배와 종속의 틀이 어떻게 짜여졌으며, 피아 간의 전선이 어떻게 형성되었는지 알아야 한다. 이것은 역사전쟁이다. 인간해방을 향하여 저항의 전선을 조직하려면, 지금까지 우리가 싸워 온 과정을 면밀히 검토하고, 그곳에서 구체적인 방법과 지혜를 얻어낼 수 밖에 없다. 해방의 투쟁을 뒷받침하는 것이 동아시아의 역사·인문학적 탐구인 것이다.

2014년부터 연재를 시작한 『아시아문화』의 권두 에세이 「이어지는 동아시아 평화기행」이 지난 6월, 24회로 2년만에 일단락되었다. 그 연재 글을 중심으로 최근 몇 년간의 글과 강연을 『동아시아의 우호가지-서승의 역사·인문 기행』라는 제목의 책으로 엮었다. 평론, 강연, 논설, 논문 등을 모은 1권 '동아시아를 생각한다'와 기행 에세이로 엮은 2권 '동아시아를 가다' 두 권으로 나누었다. 두 권의 책을 통해 최근 나의 사고와 행동의 전체상을 엿볼 수 있겠지만, 현장의 광경과 소리, 냄새, 맛, 사람들의 희로애락이 전해 오는 기행문이 독자들께 편하게 읽힐 수도 있겠다. 이 글들을 통해서 독자 여러분들이 역사·인문 기행에 동행해 주신다면 크나큰 기쁨이다. 그에 비해서 1부는 딱딱한 주제를 다루고 있는데, 이와 관련 해서 어떤 사람이 나를 싸구려 세

집에 비교한 일이 있다. 현관문을 열면 바로 뒷마당이 보이기 때문이라나? 나는 그만큼 단순한 인간이라는 이야기이고, 맞는 이야기이다. 나는 추상적인 사고에 침잠하기보다는 구체적인 행동에 나서는 것을 좋아한다. 글도 깊이 사고하고 고뇌하기 보다는 체험적이고 평이해서 읽기 쉬운 것이 장점이다. 나의 생각과 글들이 기탄 없는 의견교환과 토론으로 이어진다면 다행이다.

1부에서는 크게 나누어서 '국가폭력과 인권', '동아시아의 국제정치와 평화', '청산되지 못한 일본제국주의의 문제'의 세 부분으로 정리했다. 이 글들을 통해 한국과 일본의 얽힌 관계와 일본의 침침하고 은밀한 부분을 어느 정도 밝힌 것이 성과라고 생각한다.

'저항의 미술가 홍성담과 함께 가는 동아시아'는 내용과 성격상 2권에 들어가야 하는데, 분량 조절을 위해 1권에 합쳤다. 홍성담 화백과 나는 (가끔 스님도 함께) 10년 이상 한달이 멀다고 동아시아를 누비고 다녔다. 문외한인 내가 일본 교토와 오키나와, 대만 등에서 그의 전시회를 기획하기도 했다. 내 책의 많은 부분에 그가 등장하는 것은 우연이 아니며, 그는 나의 동아시아론을 가장 잘 이해하고 그것을 미술을 통해서 실천하는 사람이다. 그는 나의 가장 중요한 이해자이자 지지자이지만, 동시에 나도 그로부터 많은 것을 배우곤 한다. 그는 미술가일 뿐만 아니라, 시와 소설을 쓰고, 풍수와 운명을 보고, 첼로를 켜고, 굿거리의 춤사위를 안무하기도 하는 재주가 무궁무진한 르네상스적인 인간이다. 그의 매력의 극치는 권력에 굽히지 않는 강인한 의지와 함께 날카로운 풍자와 흙 냄새 나는 구수한 해학이 반짝이는 입담일 것이다. 그런 의미에서 이 책은 홍 화백과 스님 등으로부터 입은 덕이 모인 결과라고 할 수 있다.

이 책이 나옴에 있어서 많은 분들의 도움을 받았다. 일일이 거명할 수는 없으나, 처음부터 이 책에 관심을 가지고 원고를 읽어 주신 부산대 양정현 교수와 부산 혁신고등학교의 김민수 선생에게 감사를 드린다. 무엇보다 이 출판 불황의 시대에 기꺼이 출판을 맡아주시고 아주 멋진 디자인과 레이아

웃으로 책에 맵시 있는 옷을 입혀주신 진인진 출판사와 김태진 부장에게 심심한 감사를 드린다.

2016년 10월

서승

서승의 '동아시아의 우흐가지(ウフカジ)'에 부쳐

김동춘
성공회대학교 사회과학부 교수

서승은 한국 분단이 낳은 비극의 상징이며, 그의 '타 들어간 얼굴'은 이 시대의 숱한 정치적 고통과 인권침해, 그리고 그 속에서 살아온 사람들의 아픔을 집약한 그림판이다. 이 시대를 살아온 우리 모두는 그의 고통에 약간씩 빚을 지고 있다. 그러나 그는 '빼앗긴 19년', 망가진 얼굴을 그냥 내밀면서 우리에게 빚을 갚으라고 말하지는 않았다. 19년의 세월을 보상받기라도 하려는 듯이 출옥 후 매우 활발한 활동을 했다. 그는 자신이 겪은 고통을 드러내는 일에 만족하지 않고, 그가 감옥에 들어가기 이전인 20세기 중반 이후 한반도의 온 천지에서 발생한 국가폭력과 수많은 희생자들, 그리고 오키나와, 대만 등 한반도 밖의 여러 동아시아 지역에서 발생한 국가폭력과 희생으로 시야를 확대했다.

이 책에 담긴 강연과 논설들은 바로 일본, 20세기 한국과 동아시아로 시야와 보폭을 넓힌 그의 활동과 생각의 기록들이다. 그의 활동은 90년대 후반 이후 2000년대 초까지 주로 진행했던 '동아시아 냉전과 국가테러리즘' 국제 행사, 2000년대 중반 이후의 야스쿠니 반대 운동, 그리고 주로 홍성담 화백과 동행한 국가폭력 반대 예술활동으로 집약된다.

일본, 한국, 오키나와의 그의 인맥을 십분 활용하여 진행된 '동아시아 냉전과 국가 테러리즘' 행사는 1997년, 2·28사건 50주년을 기해 타이베이에서 개최되었고, 2002년 여수 대회까지 6차례에 걸쳐 이어졌다. 이 행사에 몇 번 참석했던 필자는 이 행사가 단지 학자들이 주도하는 행사가 아니라, "일본의 국가폭력의 수난자와 활동가, 그리고 연구자가 한자리에 모여 자기들의 수난의 역사를 증언하여 제국주의자와 그 추종자인 독재정권에게 당한 수난의 역사를 수난자의 시각에서 다시 고쳐 쓰고, 수난자들을 역사에 올바르게 자리매김하고, 수난자의 권리회복과 보상을 요구하는 실천적 운동이었다"는 것을 알 수 있었다. 그것은 한 번도 직접 만나본 적이 없었던 한반도 내외의 수많은 국가 폭력의 희생자들이 각자의 고통을 터놓고 이야기하면서 공감대를 형성하고 그 원인을 함께 찾아볼 수 있었던, 아마 동아시아에서는 거의 최초로 시도되었던 의미 있는 행사였다.

그 자리에서 논의된 수많은 국가폭력 사건은 하나하나가 특수한 것이지만, 원인을 따져 들어가 보면 결국 동아시아의 제국주의, 냉전, 그리고 미국 패권주의에서 유래된 것이라는 것을 확인할 수 있었으며, 이들 각 나라의 지배자들은 하나로 엮여서 상황을 관장해 왔다는 것을 확인할 수 있었다. 그래서 이들 나라에서 발생한 모든 사건은 자기 나라 만의 힘으로 결코 해결될 수 없다는 사실을 자각할 수 있는 기회이기도 했다. 서승 교수가 주도한 이 행사가 그 이후의 후속 사업으로 연결되지 못한 것은 안타까운 일이 아닐 수 없다.

이 행사 다음으로 그가 주도적으로 참여한 일본의 야스쿠니 문제 역시 동아시아 모든 나라와 연관되어 있는 사안이었다. 그가 강조하였듯이 "일본 황군皇軍의 정신적인 지주이자 심리전에 쓰인 군사시설인 야스쿠니야 말로 일본의 어제와 오늘을 잇는 탯줄이자 천황제 군국주의국가의 정체성 그 자체"이기 때문이다. 야스쿠니는 일본에서 전후 전범처리의 실패, 곧 미국이 관장한 전후 일본의 우익 지배 체제, 그리고 동아시아 여러 나라에서 지속되는 식민주의를 상징적으로 집약하는 대표적인 현장이다. 그는 일본인들이 주도한 야스쿠니 반대투쟁, 즉 야스쿠니는 일본헌법 20조(정교분리)를 위배한 것이라는 운동을 넘어서, 야스쿠니가 '일본헌법 전문 및 제9조(평화주의)' 위반일 뿐 아니라, 일본 군국주의 파시즘의 범죄를 부인하고 있기 때문에 유엔 헌장 및 여러 국제법 위반이라는 논리를 바탕으로 한국 대만을 중심으로 하는 국제적인 맥락의 공동투쟁을 전개하였다.

한편 2000년대 중반부터 그는 홍성담 화백과 더불어 동아시아의 국가폭력에 맞서는 예술 행보에도 보조를 같이했다. 2005년 오키나와 사키마 미술관에서 개최된 '5월 판화' 전시회 '저항과 창조'가 그 효시였다. 그는 광주 5·18의 희생을 형상화시킨 5월 판화가 국가폭력에 유린당하면서도 저항하는 인간의 삶을 여실히 드러내는 동아시아 국가폭력 반대 정신의 정수라고 보았기 때문에 이 운동에 열성을 기울였다. 이후 홍성담 화백의 오월판화 전시회는 광주, 제주 등 한국의 각 도시는 물론 오키나와, 동남아, 일본 각지에서 개최되었고, 2013년 9월 타이베이 전시로서 동아시아를 한 바퀴 돌았다.

서승이 출옥 후 동아시아라는 공간, 그리고 다양한 형태의 국가폭력과 인권침해 사건으로 보폭을 넓힌 것은 어쩌면 운명적인 것이었을 수도 있다. 그는 일본에서 태어나 일본어를 모어로 하는 재일한국인이었기 때문에 일본에서 주변인이었지만, 동시에 분단된 남북한 어느 곳도 조국이라고 선뜻 말할 수 없었던 처지였다. 그래서 그는 한국에 와서 '위험분자'로 몰려 19년의 세월 동안 감옥에 유폐되었어야 했다. 20세기 한반도에 태어난 모든 사람이 그러했지만, 특히 재일한국인들의 운명은 동아시아를 드리운 제국주의, 냉전, 분단이라는 거대한 힘 앞에 그대로 노출되었다. 19세기 아편전쟁 이후 서구 제국주의에 의해 유린당하고 분열된 동아시아 민중의 운명이 재일한국인, 그리고 그의 형제들과 그의 삶에 그대로 집약되어 있다.

그는 단순히 동아시아에 지속되는 미일 헤게모니, 즉 핵과 군사력에 의한 강압적인 지배에만 주목한 것이 아니라, 신자유주의, IT에 의한 인간 지배에까지 시야를 넓혔다. 그래서 그는 이 모든 것을 반대하는 모든 세력들과 교류하고, 그들의 고통의 현장을 방문하면서 평화와 인간적인 삶을 실현하기 위한 기억투쟁과 과거청산 운동을 전개하였다.

오랜 세월동안 감옥에서 전향 공작이라는 가공할 만한 폭력을 온몸으로 겪은 사람들 중 상당수는 출옥 후 자신의 몸과 정신을 추스르기도 힘겨워 일체의 활동을 중단하는 경우가 많다. 그 점에서 본다면, 출옥 후 지금까지의 서승 교수의 활동은 불가사의한 점이 많다. 비록 동아시아 여러 나라의 정치 사정은 더욱 나빠지기만 했지만, 그의 저항 운동과 국제 교류는 이런 국가폭력에 절대로 굴복하지 않겠다는 인간 정신의 승리라고 생각된다. 그의 이 강연록이나 여행기가 주는 호소력은 바로 폭력의 최대의 피해자, 과거의 고통과 트라우마에 압도당하지 않고 다른 수많은 피해자들에게 손을 내밀면서 함께 넘어서자고 제안하는 점에 있다.

비록 '동아시아'라는 개념은 서구 제국주의에 의해 만들어졌지만, 이 공간은 피해자들에 의해 새롭게 의미가 부여되었다. 서승 개인의 열정적인 노력과 수많은 동아시아 국가폭력 피해자나 활동가들이 깨어나면서 동아시아는 지구 평화운동의 거점, 서구식 자유주의 인권론을 넘어서는 새로운 인권론의 이론적 실험장이 되었다. 서승 교수는 동아시아 여러 지역에서 발생한 인권과 평화를 향한 작은 열망의 바람을 하나의 큰 회오리바람으로 발전시킨 활동가다. 이 강연과 여행기는 회오리바람을 태풍으로 만들 수 있는 동아시아의 정신적 자산이 될 수 있을 것이다.

국가 폭력과 인권의 제 문제:
신자유주의와 정신적 계엄, 그리고 문화 탄압

동아시아의 우호까지

국가 폭력과 인권의 제 문제:
신자유주의와 정신적 계엄, 그리고 문화 탄압

'민주화' 이후 동아시아에서의 국가폭력

'민주화' 이후 동아시아에서의 국가폭력[1]

'민주화' 이후 신자유주의의 지배를 받고 있는 민주주의와 정치

'민주화' 이후 폭력장치로서의 국가의 모습이 잘 드러나지 않게 되었다. 인민들이 '준법정신'이 몸에 배어서 스스로 국가의 규범을 따르게 되어 구태여 국가가 직접 폭력을 행사할 필요가 없어졌기 때문이다. 그러한 변화와 동시에 진행되는 '탈정치' 또는 '포스트 정당정치'라고 일컬어지는 현상은 주권자인 인민의 의지를 대변하는 대의정치의 무력화를 말한다. 즉 주권자가 정치를 결정하는 힘을 잃고, 주권자의 목소리를 대변하는 정당 그리고 언론이 그 기능을 상실하고 행정권의 돌출로 정치가 행정화되어 가고 있다. 또한 정치가 쇼 비지니스 화하고 저열한 포퓰리즘populism이 유행하면서 정치가 미디어의 지배를 받게 되었다.

그 배경에는 신자유주의에 의한 금융자본의 세계 지배와 각국 정치의 예속화가 있다. 물론 정치와 경제는 별개가 아니며, 사회적 계급구조-정치적 진영은 경제적 이해관계를 따라 구성되어왔다. 경제는 정치에 돈을 제공하고, 정치는 각종 정책을 통해 경제에 특혜를 주면서 상부상조해 왔다. 그러므로 정치경제학적 사회분석이 설득력을 가지게 되었다.

그런데 사회주의 진영의 붕괴와 더불어 세계는 자본주의 시장경제로 일원화되고, 국제 금융자본이 지배하는 신자유주의 시대에서 정치에 대한 세계자본의 지배가 결정적으로 강화되어 정치는 세계 자본의 집행기구가 되었다. 정당, 의회정치와 더불어 민의를 대표해야 할 언론도 이전보다 한층 더 자본에 종속되었다.

---

[1] 「정의와 회복을 위한 국가와 시민의 책임」, 제2회 국가폭력과 트라우마 국제회의(발제문), 2014년 5월 17일.

요즘 한국에서 유행하는 협동조합운동에 나타나듯 정치논리와 경제논리에서 상대적으로 독립적이고 자유롭다는 사회운동, 시민운동도 시장경제의 틀 안에 빨려 들어가고, 자본의 논리를 보완하거나 하청을 담당하고 있다고 할 수 있다. 신자유주의 시대에서 자본은 공권력(국가폭력)에 의해 뒷받침될 뿐만 아니라, 국경을 넘어 주권국가의 권력을 지배하고 있다.

한편 국민은 치열한 반독재 민주화 투쟁의 성과로 절차적 민주주의를 이루어내고 정당 정치와 '민주적' 선거가 실시되자, 이로부터 민주화 달성을 수긍하고 자기만족에 빠져들었다. 그리하여 민주주의의 진수라고 할 수 있는 민주화 투쟁의 동력을 상실하게 되었다. 이것이 바로 '탈정치화' 또는 '포스트 정당정치' 현상이다.

한국에서는 김대중, 노무현 양 개혁 정권의 집권으로, 민주화가 달성되었다고 생각했으며, 그 후 이명박, 박근혜 보수정권이 등장한 이유는 개혁세력이 국민의 지지를 받지 못한 정책적 과오 또는 선거 전략의 잘못으로 치부하고, '민주적' 제도 자체에 대한 깊은 고민을 거의 하지 않았다. 이와 동시에 신자유주의와 일체화된 자유민주주의의 물신숭배가 진행되었다. '자유민주주의'를 비판하거나 의심하는 자는 체제를 위협하는 자로서 공권력의 탄압을 받았으며, 오히려 그러한 '비민주적' 억압을 받아들이는 것을 민주적인 준법정신이자 국민의 의무로 간주하게 되었다.

우리가 민주주의를 논할 때는 서구 정치이론에 근거한다. 그런데 서구적인 논리에 따르다 보면 그들의 도달점이 마치 우리의 목표인 양 착시현상이 일어나기도 한다. 이때, 동아시아와 우리 민족이 겪어 온 역사는 서구의 역사와 다르다는 평범한 사실을 망각하기 쉽다. 아편전쟁 이후 제국주의 침탈 과정에서, 서구는 스스로 문명을 자처하고 동아시아를 야만으로 자리매김하면서 차별했다. 문명과 야만의 논리에 의해 동아시아의 인민은 서구사회가 만들어낸 평등과 인권 개념의 적용에서 배제되고 노예화되었으며, '문명개화'를 내세워 이웃 나라들을 침략한 일제의 지배를 받게 되었다.

제2차세계대전에서 파시즘의 패배와 민주주의의 승리라는 구도는 그 전쟁이 제국주의 전쟁이라는 점을 가렸으나, 군사주의militarism - 파시즘이 소멸한 것은 아니었다. 제2차세계대전에 이은 냉전 속에서 미국을 중심으로 하는 이른바 '자유진영'에서는 반공주의가 가장 중요한 가치가 되면서 민주주의의 원칙은 허울만 남고, 그 틈새에서 '자유진영' 몸속에 있는 파시즘이 되살아나고 생명력을 유지했다. 그리하여 세계각지에서 매카시즘의 광풍이 몰아치고, 이른바 자유민주주의의 수호자인 미국은 비 유럽지역에서 서슴없이 독재정권을 옹호하고 창출해 낸 것이었다.

우리 민족은 분단과 냉전으로 말미암아 온전한 민족해방 – 독립을 이루지 못했으며, 1948년 대한민국은 반공을 면죄부로 하여 민주주의를 표방하면서 분단국가로서 탄생하였는데 그 실상은 밖으로는 미국에 종속되고, 안으로는 친일파를 대거 등용하는 이승만 독재체제가 구축된 것이었다. 그 이후 '분단체제'는 오늘날까지 이어지고 있다. 국가보안법 및 보안관찰법 등 헌법의 인권 규정을 무력화시키는 정치형법이 존재하는 이상, 태생적인 모순을 내포한 '민주주의'는 민주주의라고 말할 수 없는 것이다. 그럼에도 사람들은 물신화된 '자유민주주의'에 앞을 다투어 몸을 던지고 민주주의를 저버리고 있다.

개혁 정권 수립 이후 과거 청산 사업이 추진된 것은 역사에 남을 큰 성과라고 할 수 있다. 요즘 재심 재판이 이어지고 독재정권 하에서 투옥된 자들이 적지 않게 무죄판결을 받고 있는 것도 그 성과의 일부라고 하겠다. 다만 재일동포간첩단사건으로 투옥되었던 자들이 재판에서 순진무구innocent한 학생이었음을 주장하면서 무죄를 받아 승리 선언을 하는 모습을 보면 기분이 언짢다. 독재정권이 법적 절차를 무시한 인권 유린을 태연히 저지르고, 사건을 조작한 일이 비일비재했다. 그러나 분단과 외세의 지배, 독재정권에 항거하여 저항한 자들도 있었고, 사회주의를 지향한 자들이 있었던 것도 분명하다.

그럼에도 모두가 순진무구하고 아무것도 몰랐다고 하는 것은 역사에 대한 모독이 아닌지? 개개인은 모르지만, 반독재운동의 시대에 사회 전체가 현실에 대한 변혁과 새로운 사회의 창조라는 이상에 불타는 확신범이었다고 할 수도 있다. 자본과 국가폭력이 결탁한 '자유민주주의'가 지배하는 사회를 긍정하면서 자기의 순진무구함을 호소하는 것은 건국대학교 이재승 교수의 말처럼 '국가보안법이 상존하는 체제를 추인 또는 보강'하는 구실을 하고 있는 것이다.

오늘날 신자유주의의 가혹한 '효율과 경쟁'의 규율은 사람들을 고립 분산, 소외시키고, 노예화하고 있다. 그럼에도 불구하고 '민주주의'의 절대성에 대한 신봉이 사람들의 정신세계에 내면화되어, 비인간적인 규율에 대한 반항은 '반민주적'이라는 낙인이 찍히게 된다. 이 억압으로 인해 한국이나 대만 같은 곳에서는 많은 사람이 정신적인 질병을 앓고 있다.

제국주의 시대와 냉전 시대에 자행된 국가폭력의 상처는 '민주화' 이후에도 청산되지 못한 채 남아있다. 국가기념일로 지정된 올해의 4·3기념식에서 남로당 당원이나 유격대 등을 '빨갱이'로 낙인찍고 4·3평화공원의 각명비, 봉안당, 행방불명인 표석에 새겨진 피학살자의 명단에서 빼자는 목소리가 높았다. 유족들이나 4·3운동을 하는 측에서도 정면으로 그 논리에 맞서지 못하고 있다.

국가폭력의 희생자들은 '민주주의'에 의해 억압되고, 그 틀에 갇혀 '민주주의'를 찬양 보강하는 장치로 쓰이고 있다. 민주화 이후 국가폭력은 민주주의의 겉옷으로 그 야만적인 원래 모습을 감춘 채, 본체를 때때로 열어보일 뿐 평소에는 알몸을 드러내지 않고, 절차적 민주주의의 규율을 강요하고 터무니없는 경제적인 제재를 가하면서 사람들을 지배하고 있다.

동아시아에서의 트라우마의 문제와 트라우마 센터

나는 1990년 출소한 다음 일본으로 돌아갔고, 이듬해 UC Berkeley의 객원 연구원 신분으로 미국으로 건너갔다. 그에 앞서 1990년 가을에는 인권단체의 초청으로 미국과 유럽의 여러 곳에서 옥중체험을 증언하고 한국의 정치범 석방을 호소했다. 그러면서 여러 곳의 고문 피해자 치유센터의 초청을 받아 방문했다. 나의 석방과 거의 동시에 넬슨 만델라Nelson Mandela를 비롯하여 정치범들이 석방되었으며, 남아프리카에서는 우선 사업으로 석방 정치범에 대한 '멘탈 케어'활동이 시작되었다. 그래서 나도 나 자신의 '비정상성'-트라우마를 돌아보게 되었고, 고문의 폐절과 희생자의 치유 필요성을 자각하게 되어 1991년 버클리에 캘리포니아주 NPO, 'STIK Stop Torture in Korea'를 설립하여 활동하기도 했다. 그 후 일본과 한국의 의사, 인권활동가를 만나 동아시아에서의 고문치유센터의 필요성을 역설하기도 했으나, 일본에는 직접 국가폭력의 희생자는 별로 없어서 관심이 저조했고, 한국에서는 그 당시 시기상조였다. 게다가 나는 혼자서 고문 희생자 센터를 일구어낼 능력과 추진력을 가지지 못했다.

1994년 대만의 출소정치범들로부터 초청받아 방문한 것을 계기로 나는 1997년부터 7년간 이어진 '동아시아 냉전과 국가테러리즘' 국제심포지엄 운동 속에서 동아시아의 수많은 국가폭력 희생자의 존재를 알게 되면서 희생자의 정신적인 치료문제의 절실함을 더욱 깊이 느끼게 되었다. 그러한 나의 체험과 생각을 어느 정도 정리해서 이야기한 것이 2006년 5월 전남대학교 오수성 교수가 회장을 맡았던 한국임상심리학회 춘계대회 '인권과 트라우마'에서였다. 나는 '국가폭력 희생자의 생활의 단편'이라는 보고를 통해서 한국에서 민주화 이후에도 국가폭력 피해자의 외상후 스트레스 장애(PTSD, Post Traumatic Stress Disorder)에 관심이 모아지지 않는 이유는 반독재투쟁에 앞장선 투사는 '영웅이지, 비정상적인 환자일 수 없다'는 통념 속에서 피해자도 주변 사회도 입을 떼지 못했기 때문일 것이라고 지적한 바가 있다.

내가 문제를 제기한 이후 20여 년이 지나 광주에 트라우마 센터가 동아시아 최초로 창립되었다. 이어 몇 개의 유사한 센터가 설립되었고, 세월호 사건으로 전국민의 PTSD증상을 겪고 있는 상황도 더해져서, 한국에서는 일종의 트라우마 치유 붐이 일어났다. 그런데 아이러니하게도 치유의 대상자를 만들어 내는 노골적인 국가폭력은 잘 보이지 않게 되었고, 고문 치유센터에서는 '민주화 이후의 국가폭력'을 고민하게 되었다.

물론 국가폭력이 노골적으로 휘둘러진 시대의 후유증이 남아 있으며, 억압이 간접화되어 층층으로 복잡화되는 사회에서 트라우마 문제는 그 중요성을 더 하고 있다고 할 수 있다. 개인적으로는 트라우마로 인한 두통, 불면증, 불안감, 악몽 등의 고통이 평생 계속되면서 평온한 일상생활을 방해하고 있다. 사회적으로는 국가폭력만이 아니라 각종 폭력에 대처하는 것은 매우 중요한 일이라 하겠다. 트라우마 치료는 피해자에게도 가해자에게도 손을 내미는 중립적이고 인도적인 것이며, 대중요법적으로 그 환자의 고통을 덜어주고 '정상인'으로의 복귀 내지는 회복을 지향하는 것이다. 그런데 정작 문제는 정상인이란 무엇인가에 있다. 자기 스스로가 고통을 느끼고 호소함으로써 비로소 트라우마 치료가 이루어지고, 고통의 표현이 없는 곳에서는 트라우마가 없다고 볼 수 있으나, 나처럼 정도도 가볍고(주관적인 판단이지만) 치료도 안 받아 본 경우, 이제는 그 트라우마가 성격의 일부가 되어 떼어 낼 수 없으니, 내가 '정상인'이 되면 어떻게 될까 하는 두려움이 생기기도 한다. 트라우마를 지나치게 강조하면서 '정상인'이 되기를 사회심리적으로 압박하는 것도 문제가 아닌가?

2013년 9월 타이베이에서 개최된 홍성담 5월 판화전 심포지엄에서 중심 화두로 제기된 것이 '정신세계의 계엄'이었다. 민주화가 이루어지고 넘칠 정도의 자유를 향유한 지 4반세기가 넘는 대만에서 작가 왕모린은 "계엄은 대만을 떠난 적이 없다. 정신세계와 문화, 생활 속에서 생생하게 살아있다"고 갈파했다. 대만뿐만 아니라 대지진과 원전 폭발이라는 대재해를 겪어도 제대로 소리 하나 내지 못하고, 발가락 사이의 때 만큼의 이익에 눈이 어두워진 일본도 마찬가지다. 대일본제국의 영광으로 키를 되돌리려는 아베 정권의 난파선에 앞을 다투어 올라타려고 하는 일본 사람들의 행태에는 군국주의 계엄 속에서 훈육된 정신세계가 아직도 살아 있는 것이다. 한국도 마찬가지로 해방된 지 70년이나 되었는데도 친일파가 사회의 중심을 점거하여, 민족해방 투쟁에 몸 바친 사람들의 후손은 사회의 주변으로 밀리고, 오히려 '민족중흥'과 '한강의 기적'을 이루어낸 군사정권 시대의 계엄을 흠모하는 정신세계는 온존하고 있다. 이러한 '정신세계의 계엄' 아래서 '정상'이라는 것은 무엇을 말하는 것일까?

트라우마 치료는 트라우마의 깊은 곳에 도사리는 역사와 정치 경제구조에 육박할 수 없는 '사후 약 방문'이 아닌가? 미국의 넘쳐나는 정신치료나 세상을 도배하는 '인권' 담론과 마찬가지로 트라우마 치료도 시장의 논리 속에

매몰되고, 제국주의 헤게모니의 앞잡이나 보조원 노릇을 하면서 그저 대증
요법 만에 안주하는 것이 아닌가 하는 공포감이 엄습해 온다.

며칠 전, 교토의 극장에서 'The Act of Killing'이라는 영화를 보았다. 이
영화는 1965년 인도네시아에서 수하르토 장군이 이끄는 군부가 100만 명에
이르는 사람들을 학살한 '빨갱이 사냥'(9 · 30사건)을 배경으로 한다. 그 당시
학살의 선봉에 선 프라만(Free man에서 온 인도네시아말)이라는 이름을 가
진 우익 테러단원들의 증언을 바탕으로 그들이 자행한 학살을 재현한 다큐
멘터리 영화이다. 그런데 그들은 천인공노할 범죄에 대한 처벌을 받기는커
녕 지금도 '판카시라Pancasila 청년단'이라는 우익단체에 결집하여 부귀와 영
화를 누리고 있다.

그들의 두목인 앙와르는 1,000명도 넘게 죽였는데, 40년간 아무런 문제
도 없었다고 떠벌린다. 그 당시 '빨갱이'나 '중국놈'을 납치해 고문하고 살해
한 범죄 현장인 사무소에 영화감독을 안내하고, 살인 장면을 재현한다. "처
음에는 때려죽였는데 피가 낭자하고 치우기가 힘들어, 피를 흘리지 않는 방
법을 개발했다"고 말하면서 사람을 의자에 앉히고, 나무 기둥에 한 끝을 맨
철삿줄을 목에 감은 다음, 다른 끄트머리에 달린 나무 손잡이를 힘껏 당기는
모습을 재연하는 것이다. 그러면서도 자기 손자에게는 자상한 할아버지로
돌아와, 손자가 오리 새끼를 거칠게 다루다가 오리 새끼 다리를 부러뜨린 것
을 보고는 "오리가 아프지 않니! 미안하다고 사과해!"라고 타이른다. 그는 늘
머리가 아프다고 하고, 자주 악몽을 꾼다. 악몽을 꾸면서 자기가 죽인 자들
이 목 졸려 죽을 때 내던 꽥꽥거리는 '돼지 멱 따는 소리'를 낸다. 그는 트라
우마에 시달리는 것이지만, 이 트라우마를 치유할 것인가 아니면 1965년 이
후 반세기에 걸쳐 인도네시아 사회가 앓아 온 트라우마를 치유할 것인가의
문제는 중립적이고 인도주의적인 트라우마 치유 기술자가 감당해 낼 수 있
는 몫은 아닌 것 같다.

우리 앞에 많은 과제가 놓여 있다. 앞서 말했듯이 한국 현대사에서 발생
한 수많은 국가폭력 희생자의 트라우마를 치유하고, 그들이 평온한 일상을
되찾을 수 있도록 트라우마 센터를 만드는 것이 감옥에서 출소한 후 나의 소

원이었다. 그러나 그 트라우마센터가 설립되어 제대로 사업도 시작하기 전에, 트라우마 사업이 이미 시장화되고 상품화되어 위선적인 서구의 인도주의와 보편성의 논리 속에 회수되어 가는 것을 보면서 몸속에서 치밀어 오는 분노와 슬픔을 느낀다. 식민지 지배와 독재 체제하의 노예적 상태에서 폭도, 반역자, 빨갱이로 탄압받고 희생되었던 자들을 되살려 내고, 그들이 진정한 목소리를 낼 수 있도록 해야 한다. 이제는 거대 자본 논리에 의해 억압받는 자들, 제국주의 헤게모니에 의해 주변화되고 '테러분자', '불량한 집단'으로 몰려 말살당하는 자들의 희생을 깔고 앉아 문명 생활을 구가하고 있는 '민주주의' 자체에 대해 근본적인 의문을 제기하고, 저항을 시작해야 할 때다.

동아시아의 우호까지

국가 폭력과 인권의 제 문제:

신자유주의와 정신적 계엄, 그리고 문화 탄압

세월호 사건으로 드러난 신자유주의와 유신체제의 결합

세월호 사건으로 드러난 신자유주의와 유신체제의 결합[2]

저는 교토의 리쓰메이칸대학에서 '인권법'을 가르치고 있습니다. 특히 동아시아에 관해 관심을 가지고 대만과 오키나와 그리고 중국이나 동남아시아를 많이 돌아다녔습니다. 저의 그런 경험을 토대로 제가 느끼고 있는 문제를 말씀드리고자 합니다.

세월호사건

제가 일본에 있을 때 세월호 참사가 있었습니다. 입국한 것이 4월 30일이었습니다. 일본에 있을 때는 큰일 났구나 생각했지만, 어딘가 먼 곳에서 일어난 사건처럼 느껴졌습니다. 비행기에서 신문을 보면서 몸속에서는 슬픔이 솟구쳐 올랐습니다. 참으로 어처구니없는 사건입니다. 매일 식상할 정도로 똑같은 영상이 나오고 있지만, 그 영상을 볼 때마다 저는 그 배 안에서 고등학생들이 숨을 못 쉬고 물 속에서 죽어가는 장면을 상상하며 참을 수 없는 아픔을 느낍니다. 저 자신이 감옥에서 물고문을 당해 보았기에, 물고문이라는 것이 얼마나 고통스러운지 잘 알고 있기 때문입니다. 세월호 사건에 대해서 이미 여러 가지 해석과 설명을 하고 있습니다. '이것이 한국이다.'라고 이야기하는 분들도 있습니다.

1960년대 제가 대학생이던 시절 와우아파트 붕괴 사고가 일어났습니다. 지진이 일어난 것도 아니고 폭풍이 분 것도 아닌데, 어느 날 갑자기 아파트가 붕괴한 것입니다. 모래와 섞어야 할 시멘트를 충분히 넣지 않고 부실공사를 하여 모래성을 만들었던 것이지요. 그 후로도 삼풍백화점 붕괴, 성수대교 붕괴 사건 등 참으로 어처구니없는 사건들이 일어났습니다. 와우아파트 붕

2   《동아시아를 구상한다 : 신자유주의에 저항하기》 초청 강연회, 순천대학교 지리산문화연구원 주최, 2014년 5월 14일.

괴 사건으로부터 약 50년이 지난 지금도 본질적으로는 같은 사고가 일어난다는 것은 어떻게 설명할 수 있을지 모르겠습니다.

저는 이번 세월호 사건을 '신자유주의와 유신체제의 비빔밥'이라고 이야기를 합니다. 즉 신자유주의라는 경쟁과 효율의 논리를 앞세워 인간을 희생시키는 경제 시스템의 문제이며, 유신체제라는 매우 특이한 정치체제와 그 정신을 계승하려는 통치의 문제가 결합된 것입니다. 그런데 신자유주의에 대해 주변 사람들과 이야기 나눠보면, 신자유주의가 무엇인가 하는 이야기를 정확하게 짚어 내는 사람들은 많지 않습니다. 자유주의가 새로워진 것이 신자유주의라고 하지만 무엇이 새로워졌는지는 설명하기가 어렵습니다.

신자유주의

자유주의는 산업자본주의가 형성되고 발전하는 과정에서 형성된 시장경제를 뒷받침하는 경제논리입니다. 경제학자 아담 스미스는 시장의 논리에 모든 것을 맡기면 최선의 결과가 나온다고 했습니다. 자유방임주의라고도 합니다. 기업가가 이윤 추구를 목적으로 상품을 생산하여 시장에 내 놓고 그 상품들이 시장에서 자유롭게 경쟁하며 거래될 때, 가장 품질 좋고 적절한 가격의 상품이 선택받게 되어 결과적으로 소비자에게도 가장 이득이 되는 최선의 결과가 달성 된다는 것입니다. 따라서 국가나 행정은 가능한 한 간섭하지 말고 시장에 모든 것을 맡기면 된다는 이야기입니다.

신자유주의는 외관상으로는 자유주의와 매우 흡사합니다. 최근에 작은 정부small gorvernement를 이야기합니다. 되도록이면 규제를 완화해서 간섭을 최소화하고 시장에 맡기자는 것인데, 이는 치열한 경쟁을 강요하는 결과를 낳습니다. 그런데 자유주의와 신자유주의의 근본적인 큰 차이는, 산업자본주의가 발생하고 발달하던 단계에서는 소생산자들을 중심으로 개별적인 기업들이 비교적 동일한 조건에서 경쟁했음에 반해, 지금은 규제 완화라는 미명 아래 무한경쟁하는 시장의 운동원리가 커다란 권력이 비호하는 거대자본에 의해 왜곡된다는 데에 있습니다. 우선 국제금융자본이 엄청난 힘을 가지고 한 국가가 저항할래야 할 수 없는 압도적인 힘으로 세계를 지배하고 있으며, 국가는 국제금융자본에 예속되어 있다고 볼 수 있습니다. 우리나라가 금융위기를 겪었던 1998년 IMF 구제금융을 받으면서 신자유주의 논리를 받아들일 수 밖에 없게 되었습니다.

그뿐만 아니라 냉전 붕괴 이후 미국은 단독 패권국가가 되면서, 막강한 군사력을 배경으로 국제적으로 막강한 경제 외적인 권력을 행사해 왔습니다. 그 속에서 원색적인 이윤 추구를 지향하는 자본주의의 모습을 노골화하고, 그 이전의 자본주의의 위기를 구하고자 만들어진 복지국가, 복지주의는 포기했습니다.

자유경쟁을 하면 보이지 않는 손이 조화를 이룬다고 하지만, 실제 그렇게 되지 않았습니다. 19세기 유럽에서는 아주 비참한 현상이 일어났습니다. 자본은 노동자들에게 장시간 노동을 강요하고, 점차 상대적으로 임금이 싼 여성과 아동들의 노동력을 착취했습니다. 예를 들자면, 1890년대 중반 프랑스 파리 인구의 평균수명은 34살 정도였다고 합니다. 불과 20~30년 사이에 10년 이상 수명이 감소하는 현상이 일어난 것입니다. 그 이유는 유아 사망률이 급증하고, 소년·소녀들에게까지 노동력을 착취한 결과, 어린이들이 병으로 죽어갔기 때문입니다. 영화 '레 미제라블'에 파리 콤뮨이 일어날 무렵의 프랑스의 비인간적인 인간 착취의 모습 일부가 그려져 있습니다. 이대로 가다가는 자본주의 자체가 소멸할 수 있겠다는 위기감이 일어났습니다. 자본의 논리대로 방치했다가는 사람들이 다 죽어버리고, 그렇게 되면 생산을 노동에 의존할 수밖에 없는 자본가들도 결국은 공장을 돌리지 못하고 망하는 되는 거죠. 거기서 자본가의 탐욕을 일부 제한하고, 노동자를 두고두고 부려 먹고, 자본주의 체제를 수호하려는 수정 자본주의 또는 개량주의가 제기되고, 복지국가론이 나타나게 된 것입니다.

그 이후 케인즈 경제학에 이르러 고전적인 자유주의와 거리가 있는 공공투자, 사회간접자본투자, 사회복지와 같은 정부의 간섭을 전제로 하는 복합경제론이 나타나고, 미국에서는 뉴딜 정책이 실시되게 됩니다. 이른바 수정자본주의는 사회복지정책을 통해 일정 노동력을 확보, 관리하고 경제 순환에 의한 공황을 회피하면서 세계경제시장을 일구었습니다. 러시아의 사회주의 혁명이 일어나면서, 서방 자유민주주의 국가들도 사회주의적인 논리를 완전히 무시할 수 없었던 측면도 있었습니다.

그런데 자본주의 또는 시장경제에 대한 일정한 견제가 무너진 것은 냉전 종식으로 소련 사회주의권이 붕괴하면서 일어나서부터입니다. 대항자가 없어진 것입니다. 경제에서뿐만 아니라 군사 면에서도 완전히 새로운 현상이 일어났습니다. 미국은 아시아나 중동의 전략적으로 중요한 지역을 제외한 아프리카 혹은 중남미에서 어떤 일이 일어나도 자기들은 관여하지 않겠다는 태도를 취했습니다.

즉 하나는 냉전의 종결과 사회주의권의 붕괴라는 문제가 있고, 또 하나는 자본주의 자체가 커다란 난관에 부딪힌 문제가 있습니다. 그동안 자본주의는 여러 번 난관에 부딪혀 오면서 엄청난 적자를 누적시키는 가운데, 온갖 재정정책을 동원해 실물경제와 괴리되어 돈을 무조건 많이 찍어내는(양적 완화) 응급처치를 해 왔습니다. 빚이 천문학적으로 늘어나고 가까운 미래에 파탄이 오는 것을 외면한 채, 당장의 위기에 대처하기 위해 전망이 없는 처방을 내려온 것입니다.

현실적인 실물경제는 만든 물건을 판매하여 이윤을 얻고 그것을 재투자하는 구조입니다. 하지만 금융자본은 실물 경제와는 관계 없이 이자수익만을 목적으로 하는 장부상의 거래만으로 이윤을 추구하는 독자적인 운동원리에 의해 작동하며, 파생적으로 축적된 거대 금융자본은 사람들이 접근할 수 없는 독자적인 세계를 구축하면서, 마침내 세계경제에 대한 지배력을 확립하게 됩니다. 따라서 신자유주의는 시장에서의 자유로운 경쟁을 통해서 가장 합리적인 결과를 실현하는 시스템이 아닌, 제국주의적인 폭력과 국제금융자본의 시장 지배력을 바탕이으로 세계 경제를 관리, 통제하고 경제 파탄에 대응하는 시스템으로서, '자유로운 시장경쟁을 통해 가장 양질의 적정가격의 상품을 만들어낸다'는 고전적 자유주의와 전혀 다른 모습으로 존재하고 있는 것입니다.

또 하나 이번 세월호 사건의 배경으로 '유신체제'가 있습니다. 제가 투옥되었던 1971년 이듬해 1972년에 유신헌법이 반포되었습니다. 유신헌법 반포 후에 많은 사람이 체포되었습니다. 제가 서울구치소에 수감됐을 때 3,000명이 정원인 구치소에 10,000명 이상의 사람들이 들어왔습니다. 정원 5명의 2.7평의 방에는 10~11명이 지냈습니다. 반듯이 누워서 잠을 잘 수 없는 상황이라, 빈틈을 조금이라도 없애기 위해 한 사람씩 발과 머리를 반대방향으로 두고 모로 눕는 칼잠을 자야했습니다. 옆 사람의 발이 바로 코앞에 있는 상황이지요.

박정희 대통령이 선포한 유신체제는 국민주권이라는 민주주의의 기본원리를 완전히 저버린 체제입니다. 국회의원의 3분의 1을 대통령이 지명할 수 있게 했습니다. 야당이 선거에서 이겨도 여당이 다수가 되는 구도를 만들었고, 선거 자체도 관권 개입했습니다. 그리고 대통령을 직선제가 아닌 체육관에 지방 유지를 모아 뽑게 했습니다. 대통령은 임기가 없어 죽을 때까지 할 수 있는 제도를 만들었습니다.

또한 대통령 긴급조치권을 허용하여 의회 입법기관을 거치지 않아도 대통령의 명령에 의해 법률과 같은 효력들 가지는 '긴급조치령'을 내릴 수 있도록 했습니다. 유신헌법을 제정해 놓고 유신헌법을 반대하는 사람, 유신 헌법을 논의하는 사람, 그 점에 대해 언급하는 사람들을 긴급조치 4호 위반으로 투옥했습니다. 헌법에 대한 논의조차 할 수 없는 제도를 만들었다는 것은 참으로 놀랍습니다. 그 당시 유신헌법은 장제스蔣介石가 37년 동안 계엄령을 선포해 통치했던 대만 헌법을 본받았다는 이야기도 있었습니다. 나치 히틀러의 비상 대권을 본받아 대통령 긴급조치법을 만들었다고도 합니다.

한마디로 말해서 유신체제는 한국형 파시즘이었습니다. 제1차세계대전 후 독재자에 대한 열광을 만들어내고, 그 결과 이탈리아의 무솔리니나 독일의 히틀러가 등장해 제2차세계대전을 일어키고 인류를 파국으로 몰아갔습니다. 제2차세계대전 이후 유엔이 창립됐는데 그 목적은 파시스트들이 다시 일어나지 못하게 하기 위한 것이었습니다. 유엔의 설립목적은 '평화'라고 명기돼 있지만, 그 평화는 다름 아닌 파시스트의 부흥을 통제하는 그런 평화를 말하는 것입니다.

　박정희 대통령은 만주군관학교를 나오고 그곳에서 청년 시절을 보냈습니다. 만주는 일본의 쇼와유신을 신봉하는 극우적인 청년 장교들의 실습장이었습니다. 명치유신을 계기로 사쓰마薩摩 초슈長州의 두 지역을 중심으로 한 번벌藩閥 정치[3]가 천황을 업어 천황제 군국주의를 만들어냈습니다. 제1차세계대전 끝나고 세계 대공황이 1929년에 뉴욕 월가에서 시작해 세계로 번졌을 때 경제 불황 속에서 사람들이 극단적인 초국가주의, 초군국주의로 치달았습니다. 바로 파시즘의 태두인데, 일본에서는 극우주의자들 중심으로 광신적인 천황제 사회주의를 '쇼와유신'이라는 이름으로 널리 퍼뜨렸습니다.

　'쇼와유신론'을 신봉하는 청년 장교들이 5·15사건, 2·26사건으로 국무총리와 장관들 등을 암살하고 정권을 장악하려 했으나 성공하지 못했습니다. 일본 장교들이 지향한 사회는 천황 중심의 국가사회주의였습니다. 천황 아래서 일본 국민은 모두 평등하고, 부패한 자본가, 지주들을 숙청하여 군인이 권력을 잡는 사회를 만들려고 했습니다. 그래서 군이 주도하는 계획경제를 만주에서 실험했던 것입니다.

　독일, 이탈리아의 파시즘과 일본형의 파시즘의 차이는 독일이나 이탈리아는 군중을 동원하는 아래서부터의 열광을 이끌어내는 운동이었습니다. 그 속에서 히틀러와 무솔리니가 등장했습니다. 그러나 일본은 천황에서부터 아래로 국민을 전쟁에 동원하는 하향식 파시즘이었습니다.

　박정희는 1961년 쿠데타를 감행하고, 1972년에 유신헌법을 통과시켜 유신체제를 표방했습니다. 유신체제의 특징은 바로 일본의 파시즘의 방식과 같았습니다. 국민이 자발적으로 열광적인 지지를 한 것이 아니라, 대통령이 국민들에게 규율을 강요하고 새마을운동이다, 무슨 운동이다 하면서 국민들을 동원했습니다. 새마을운동은 밑뿌리에 있는 농민들을 동원하려는 하향식

---

[3]　특정지역의 인맥이 군사, 정치, 경제 등 나라의 골간을 장악하는 정치체제.

파시즘이었습니다. 사람들은 군사정권에 겉으로는 복종할 수 밖에 없고, 속으로는 부정하는 태도를 가지게 되었습니다. 속과 겉이 다른 행동을 하게 되는 것입니다. 법이나 규율은 따르는 척만 하면 되고, 나머지는 적당히 때우면 된다는 식입니다. 이런 태도를 사회학적 개념으로 권위주의적 성격이라고 합니다. 세월호 사건의 한 원인도 이런 태도에 있습니다. 민주화됐는데도 그런가 라고 하겠지만 한국이 정말로 국민 주권의 나랍니까? 국민의 의지가 정치에 반영 되고 있습니까? 저는 그렇지 않다고 생각합니다.

2013년 9월 타이베이에서 홍성담 화백의 '5월 판화' 전시를 하면서 심포지엄과 전시, 연극 등 일련의 문화행사를 했습니다. 그 때 나온 주제가 '정신세계의 계엄'이었습니다. 대만은 계엄령이 해제 된지 25년이 되었으며, 지금의 대만은 한국보다 훨씬 더 자유롭고, 간첩죄도 없는 나라가 됐습니다. 그럼에도 불구하고 사람들의 사고방식은 계엄 시대를 벗어나지 못하는 성향과 트라우마가 상당히 많이 남아있습니다.

우리나라에서도 정신세계의 계엄이 계속되고 있다고 생각합니다. 일본은 동아시아에서 가장 먼저 민주주의 제도를 만들었다고 하나, 자신들이 스스로 만든 것이 아니라 미국에 의해 일본국국주의 해체차원에서 강요된 민주주의입니다. 그런데 오늘날 아베 신조安倍晉三 총리 집권 이후 다시 전쟁 전의 대일본제국의 영광을 되찾겠다고 매우 노골적으로 나오고 있습니다. 전에는 아베를 포함한 일본의 우파정치가들이 제스처로써 그렇게 하는 것이 아닐까 생각도 했습니다. 그런데 이번의 아베 정권에 이르러서는 천황제 대일본 제국의 영광을 되찾기를 진짜 바라는 사람이라고 생각하게 되었습니다.

일본이 1945년 전쟁에 패배한 다음 일본국 헌법을 만든 것이 1947년인데 그때부터 70년이 가까운 시간이 흘렀음에도 일본 사람들의 정신세계는 근대적인 개인으로써의 자각이 없다고 볼 수 있습니다. 그 증거는 2011년 후쿠시마 원전 사고때 일본 국민들이 보인 태도입니다. 당시 지진이 일어나 원전이 완전히 녹아 내려앉아 엄청난 피해가 났음에도 불구하고 일본 국민들은 조용했습니다. 그것을 보고 한국이나 대만에서는 일본사람들이 질서의식이 있다, 혼란스러운데도 불평불만 하지 않고 지시대로 따른다며 칭찬을 많이 했습니다. 그러나 저는 그렇게 보지는 않습니다. 일본사람들은 명령을 따르고 권력자에게 예속되는데 너무 익숙하기 때문이라고 봅니다.

민주주의는 제도만이 아니라 민주주의적 과정을 통해 완성됩니다. 즉, 항상 주권자로 깨어있고 권력의 침해에 엄정하게 대처하는 사람들의 운동이 민주주의인 것입니다. 그런데 일본사람들은 그것을 이해하지 못하고 있습니다. 여론조사를 하면 70%가 원전 재가동 반대라고 나타남에도 아베는 원전 재개를 주장하고 있습니다. 그뿐만 아니라 아베는 핵무장론자며, 국외로 원전을 수출하려고 합니다. 이러한 아베 정권에 유효한 반격을 제기하지도 못하고, 유효한 저항을 하지 못하는 것이 일본 국민입니다. 일본 천황제의 정신세계가 오늘날까지 이어지고 있는 것이 아닐 수 없습니다.

동아시아

유신체제와 신자유주의 문제를 생각할 때 그 근저에는 동아시아 문제가 있다고 생각합니다. 아시아라는 개념을 보통은 세계지도를 펼쳤을 지리적으로 구획되어 있는 지역으로 생각하기 쉽습니다. 그러나 아시아라는 원래 이 지역에 없었던 말입니다. 서양의 그리스에서 다다넬즈 해역을 넘어 지금의 터키 방향을 가리켜 동쪽을 의미하는 아시아, 또는 오리엔트라고 불렀습니다. 그런데 유럽이 확장되면서 동방이 점점 확장되고 한반도와 일본까지 확장된 것입니다. 그러니까 아시아라는 말은 원래 여기에 있었던 것이 아니라 다른 나라가 멋대로 갖다 붙인 타자 개념이라고 할 수 있습니다.

이 타자 개념이 대항해시대, 산업자본주의시대를 통한 유럽의 팽창 속에서, 이 지역에서 진행된 침략과 지배의 과정에서 강요되어 정착된 것입니다. 이 지역에서 살아온 우리가 스스로 아시아라고 언제 주장했습니까? 피와 눈물 속에서, 서구 제국주의의 침략과 지배, 전쟁 속에서 우리에게 각인된 것이 아시아입니다. 중국의 문학자 루쉰魯迅은 "길은 원래부터 있는 것이 아니다. 사람들이 거기를 다니면서 길이 생기는 것이다"라고 했습니다. 아시아라는 개념은 바로 제국주의자들이 무기와 무력을 가지고 왕래해서 만들어진 개념입니다.

와세다 대학에서 동양고대사를 전공한 이성시李成市라는 저명한 재일동포 학자가 있는데 그의 『고대 동아시아 국가교류사』라는 책이 있습니다. 그런데 그것을 볼 때마다 삼국시대, 고려시대 때는 아시아라는 개념을 알지도 못했을 텐데 '고대 동아시아'라고 하는 것은 이상하다는 생각이 듭니다. 동아시아의 형성이 서구에 의해서 강요된 것이자, 그 동아시아에서 서구세계의 가치관이 정착되었는가 하면 그렇지도 않습니다.

30년 전쟁의 종결과 베스트팔렌조약의 체결(1648년)을 계기로 17세기 이후 주권국가가 성립합니다. 주권국가의 독립과 자주, 평등이라는 개념이 확립되어, 그 후 시민사회, 국민국가가 형성하는 계기를 마련합니다. 획기적인 개념이지만, 문제는 이 개념이 조약 체결에 참가한 서구세계 내부에서만 적용되는 개념이었다는 점입니다.

서구세계가 전 지구 크기로 팽창해 나갈 때, 서구 밖 세계의 국가들을 평등하고 독립된 주체로 인정하지 않았습니다. 아편전쟁 이후 서구의 침략 과정을 보면 알 수 있듯이 이 지역을 식민지화하고 노예화했습니다. 사람은 원래 독립되고 평등한데, 지배의 정당화를 위하여 '문명'과 '야만'이라는 논리를 들고 나왔습니다. 즉, 서구는 문명화된 나라이고 비서구 세계는 비문명의 세계이며, 서구와 같은 가치를 향유할 수 없는 지역으로 규정했습니다. 그렇기 때문에 개화기 이후 우리나라나 동아시아 여러 나라가 겪었던 불평등 조약이라는 것은 동아시아 국가는 야만의 나라니 서구 문명국가와 불평등한 것이 당연하다는 논리에 의해 강요되었습니다.

문명과 야만의 논리가 의도 하는 바는 일본이 조선을 침략해서 조선총독부가 통치한 과정을 보면 잘 알 수 있습니다. 조선총독부가 가장 먼저 착수한 사업은 막대한 '조사사업'이었습니다. 농촌의 토지조사, 산림조사도 했고, 조선왕조의 법과 관습 그리고 생활, 종교연구, 풍수연구, 예술, 언어 등 온갖 조사를 실시했습니다. 막대한 조사사업을 펼친 이유는 식민지통치를 위한 기초조사이기는 하지만, 또 하나의 목적은 조선사람은 일본사람들보다 열등하며 불결하고 무지하고 단결심이 없다고 하는 담론을 만들고, 우리 민족을 열등 민족으로 규정하기 위한 것이었습니다. 일본인과 조선인이 평등하고 똑같은 인간이라거나 일본보다 우월하다고 하면 자신들이 우리나라를 통치

할 구실과 명분이 없기 때문입니다.

19세기에 유럽을 석권했던 '사회적 진화론', '우생학'은 '약육강식', '적자생존'을 인간사회에 적용하여, 인간을 '우수하고, 아름답고, 강한 자'와 '뒤떨어지고, 못나고, 약한 자'로 나눈 것인데, 여기서 한술 더 떠서 살 '가치가 있는 자'와 '없는 자'로 나눈 것이 나치의 인종론이었습니다. 사람이 모두 같지 않고, 우열이 있고 차별이 당연하다는 논리 속에서 사회적인 차별, 민족적인 차별, 국가적인 차별이 생긴 것입니다.

동아시아는 그런 논리 속에서 만들어져 왔습니다. 여기서 주목해야 할 것은 일본이 서구의 수법을 그대로 배워서 동아시아에서 제국주의 침략을 감행하는데, 메이지 정부의 구호는 '문명개화'였습니다. 일본은 일본중심의 지배질서를 만들려고 했던 것입니다. 그런데 그것을 '일본주의'라고 할 수 없으니 '아시아주의'라고 했습니다. '아시아주의'라는 것은 일본중심의 아시아 지배질서를 말하는 것입니다. 그래서 일본에서는 '아시아주의', '대아시아주의' 그리고 '대동아' 이런 말들이 만들어 졌습니다.

하버드대학의 역사학자 이리에 아키라入江昭는 '아시아 태평양은 일본이다'라고 말하고 있습니다. 아시아라는 개념, 동아시아라는 개념 자체가 일본에 의해서 만들어졌기 때문에 일본이라는 이름 대신에 쓰여져 왔다고 하고 있습니다. 앞서 일본중심의 지역질서 개념으로 말한 쇼와유신을 신봉하고 그 수법을 따른 박정희 대통령이 바로 '아시아주의'의 꿈속에 있었다고 볼 수 있습니다. 그렇다면 우리의 과제는 무엇인가? 우리의 과제는 서구와, 그리고 서구를 추종하는 일본 중심의 지역질서를 뒤엎는 것이라고 볼 수 있습니다.

실제 오늘날까지 대일본제국이 붕괴되지 않았습니다. 제2차세계대전에서 일본이 아시아에서 2천만 명 이상, 일본 국민들 310만 명 이상을 죽게 하고 패배했지만 일본 천황은 아무런 책임도 지지 않고 그 자리를 유지했습니다. 아베 총리의 외할아버지인 기시 노부스케岸信介는 A급 전범이었는데 미국의 특별사면을 받아 일본의 총리가 되어, 일본 역사상 두 번째로 긴 재임기간동안 권력을 누렸습니다. 기시 노부스케는 구 일본 제국의 중심 인물들을 전부 복권, 부활시켰습니다. 일본은 정신 세계에서뿐만 아니라 인적 자원도, 기업들도 모두 전쟁범죄에 가담한 자들이 중심을 차지하고 있습니다. 우리나라 역시 해방 후 친일파들이 청산되지 않았고, 오늘날까지 여전히 사회의 중심을 차지하고 있습니다.

친일은 애국이다

2009년 민족문제연구소에서 『친일인명사전』을 발간했습니다. 약 5,000명의 인사에 대해서 그들이 행한 친일 행적을 낱낱이 기록했습니다. 물론 박정희도 그 사전 안에 들어있습니다. 박정희는 대구사범학교를 나와 만주군관학교에 들어갔고 그 후에 일본육군사관학교에 갔습니다. 입학할 때 제한연령이 넘었기 때문에 '한 몸 바쳐 천황폐하에게 봉공奉公하겠다'는 혈서를 써서 특별입학을 했습니다. 아들 박지만이 행정소송을 걸어 친일인명사전 발간정지처분신청을 했으나 만주일보에 나온 박정희 대통령의 혈서가 발견되어 패소했습니다.

우리나라에서는 적어도 해방 후 일단 친일파에 대한 비판적인 입장이 공식적인 입장이 되었는데, 『친일인명사전』이 나오자 거기에 대한 반론이 조중동을 비롯해서 거세게 나왔습니다.

조갑제 씨는 '친일은 애국'이라고 했습니다. 친일을 애국이라고 한 것은 박정희를 비롯하여 친일파로 일컬어지는 사람들이 일본에 협력했지만 그 사람들이 없었으면 우리나라가 해방 이후 빨갱이들과 싸워서 어떻게 살아남았겠나 하는 것입니다. 일본의 군사기술, 일본 헌병들 그리고 고등 경찰의 고문 기술을 배웠기 때문에 빨갱이들을 잡을 수 있었다는 것입니다. 이른바 '식민지 근대화론'이라는 일본의 기술을 배워서 우리나라가 경제 성장했다라는 정도의 이야기가 아닙니다. 일본의 악덕한 통치 수법을 배움으로써 대한민국을 건국하여 지켜냈고 번영할 수 있었다라는 것이 조갑제 씨의 논리입니다. 과연 조갑제 씨답다고 그의 배짱이라할까 뻔뻔스러움에 감탄했습니다만, 그렇게 내놓고 노골적으로 말할 수 있는 시대가 된 것이기도 합니다.

이명박 대통령은 어땠습니까? '광복절'을 '건국절'로 바꾸려고 했습니다.

식민지에서 해방 된 것이 중요한 것이 아니라 대한민국이라는 분단국가를 수립한 것이 더욱더 중요한 사건이라고 보기 때문입니다. 조갑제 씨와 같이 반공국가를 세웠기 때문에 우리가 번영해 오늘날이 있다는 것입니다. 식민지 시대를 강조해서 친일을 한 사람들을 비판하는 것은 옳지 못하며, 그 사람들이 대한민국을 위해서 충성하고 좋은 일을 많이 했다고 말하는 것입니다. 유신에 대한 긍정 그리고 지금 박근혜 대통령에 대한 지지가 '식민지근대화론', '친일파 찬양'과 맥락을 같이하고 있습니다.

한마디로 정리하면 동아시아에서 아편전쟁 이후 서구 제국주의가 들어왔고, 이 세력과 결합한 일본이 이 지역에 제국주의 국가를 건설했으며, 오늘날까지 그 맥이 끊기지 않고 이어져 왔다는 것입니다.

우리가 흔히 말하는 과거 청산이라는 것도 모두 그 맥락에 있는 하나하나의 사안입니다. 일본군위안부 문제, 야스쿠니 신사 문제, 그리고 관동대지진 문제, 교과서 문제, 영토문제 모두 그렇습니다. 그래서 우리의 과제는 일련의 역사적인 맥락 속에서 신자유주의와 유신체제 잔영이 지배하는 현실을 주권자로써의 자각을 갖고 우리 스스로가 결정하도록 해야 합니다. 그것이 민주주의 입니다.

앞서 말했듯이 많은 사람들이 한국은 민주화 과정을 거쳐 이제 민주화 되었다고 생각하고 있습니다. 선거를 통해 국회의원도 뽑고, 대통령도 뽑는데 민주화된 것이 아닌가라고 말입니다. 그러나 민주주의라는 것이 무엇입니까? 한국의 민주화는 반쪽 민주화입니다. 여전히 '국가보안법'이 존재하고 있습니다. 인권의 가장 기본이며, 민주주의의 가장 기본인 내면 정신세계의 자유, 사상의 자유 자체가 부정되고 있습니다. 민주주의라고 할 수 없습니다.

이 문제를 빼더라도 국민이 주권자로서 자각하여 정치 사회적 결정권을 행사하고 있다고 보이지는 않습니다. 이제 민주화가 되었다는 것에 안주해서 운동단체들마저 개혁정권 하에서 대우받는데 익숙해져 원래 있어야 할 자생력을 잃었다는 비판이 있습니다. 민주주의는 과정입니다. 끊임없는 운동을 통해서 현재를 보다 나은 미래를 향해서 바꿔가는 것이 바로 민주주의 입니다. 멈춰 있어서는 민주주의는 실현되지 않습니다.

동아시아의 우호까지

국가 폭력과 인권의 제 문제:

신자유주의와 정신적 계엄, 그리고 문화 탄압

김대중, 넬슨 만델라(Nelson Mandela)와의 인연

김대중, 넬슨 만델라(Nelson Mandela)와의 인연[4]

넬슨 만델라와의 만남

감옥에서 나온 1990년 앰네스티 인터내셔널, 휴먼라이트 워치, 한국교회연합 등 미국의 인권단체들의 초청을 받아 한달간의 순회강연을 마치고 일본에 돌아와, 10월 29일 도쿄 히비야 야외음악당 단상에서 넬슨 만델라를 만났다. 만델라는 2월 11일에 석방되자, 빽빽한 일정 속에서 10월 27일부터 5박 6일 일정으로 일본을 방문했다.

나는 2월 28일에 석방되었으니 만델라와 나는 90년대의 벽두, 거의 동시기에 석방된 셈이다. 그 당시 만델라는 남아프리카의 명운을 결정하는 큰 정치인이자 세계의 정치범을 상징하는 인물이었다. 그의 존재와 투쟁으로 세계의 수 많은 정치범들이 고무 격려되었으며, 그로 말미암아 장기 수형 정치범에 대한 세상의 관심이 고조되면서, 세계 각지에 각지의 '만델라'들이 나타났다.[5] 그래서 오랜 옥살이 하는 사람치고 만델라에 관심을 가지지 않는 사람이 없었으며 나도 그 중의 한 사람이었다. 그러나 만델라와 일면식도 없고, 만델라가 남아프리카에서 멀리 떨어진 한국의 감옥에 사는 나의 존재를 알

---

4   2014년 7월 11일, 김대중 노벨평화상기념센터, 국제학술대회 발표 원고
    (사)행동하는 양심 광주전남협의회 주최, 전라남도, 월간 아시아문화 후원
    월간아시아문화 2014년 9월호(통권5호) 특집 '현대 세계 역사 속의 김대중'에 게재.

5   예를 들어 대만에서는 1950년에 체포되어 1984년까지 34년 7개월, 복역한 린수양 (林書揚, 1926~2012)이 '대만의 넬슨 만델라'라고 일컬어지고 있다. 한국에서도 44년 (1952~1996) 감옥살이를 한 김선명, 우용각(2000년 9월 북에 송환) 등이 있으며, 대만에도 린수양과 같은 날 체포·석방되어 역시 34년 7개월동안 투옥된 리무촨(李木川)이 있다. 다만 린수양은 출옥 후에도 대만지구 정치수난 호조회, 대만 노동당을 창설하여 주석을 역임하는 등 운동을 했으며, 형기의 길이만으로 '만델라'에 비유된 것은 아니다.

까닭도 없으니[6] 그와의 만남이 이루어지리라고 생각하지 못했다.

만델라와 만남이 실현된 것은 일본의 반아파르트헤이트 운동을 전개해 온 시민 운동단체인 '아프리카 행동위원회' 등 인권운동단체들의 열망의 결과였다. 애당초 만델라의 일본 방문 일정에 만델라의 석방과 아파르트헤이트 폐지를 위해 싸워 온 운동단체와의 만남이 예정되어 있었으나, 만델라의 방일의 주된 목적이 신생 남아공을 위해 민관의 경제지원을 호소하는 데에 있다보니 우선순위도 밀리고, 게다가 바쁜 스케줄 속에서 몸 컨디션까지 나빠져, 몇몇 행사가 취소되었다. 시민단체들에게는 히비야 야외음악당에서 열린 '넬슨 만델라 석방환영 시민환영대회'에서 만델라에게 꽃다발을 증정하고 악수하는 기회만이 남겨졌다. 그 아까운 기회를 내게 양보하여 나를 단상에 올려주었기에 짧은 만남이 이루어진 것이다.[7] 수십년간 아프리카 문제에 헌신해 오면서 가장 화려하고 빛나는 자리를 나에게 양보한 일본 운동단체 활동가들의 마음은 매우 착잡했을 것이다. 이미 세계적인 대스타가 된 만델라와 그의 석방을 위해 수십년을 헌신해 온 운동가들과의 만남이란 하나의 역사와 운동의 대단원이자, 운동가 개인으로서는 평생의 최고의 승리감의 절정이었을 터인데, 세계 각지에서 따로 이루어진 해방투쟁들의 만남과 새로운 차원의 운동의 가능성을 위해 기꺼이 기회를 양보하는 행동에 운동의 진면목을 보았다.

일본에서 반아파르트헤이트 운동

일본에서 반아파르트헤이트 운동이 시작한 것은 1960년대 중반이었다. 남

---

6 '중국에서, 인도네시아에서, 조선에서, 유럽인은 아시아인보다우수하다는 관념에 기초한 미국, 영국, 네덜란드, 프랑스의 제국주의는 철저히 파멸했다'(Nelson Mandela, No Easy Walk to Freedom)라고 언급을 하고 있듯이 그의 넓은 시야에서 한반도에 대한 인지는 있었다.

7 楠原彰, 「アパルトヘイトからの解放は, 私たちの解放でもある―日本における反アパルトヘイト運動の歩み」, 『現代思想』3月臨時増刊号 ネルソン・マンデラ, 2014, vol42-3, 青土社, pp.211~212.

아공에서의 인종주의적 탄압은 세계여론의 많은 비판을 받아 왔으나, 1960년 유색인종의 상시 신분증 휴대의무를 규정한 '패스법'에 반대한 군중들에게 총격을 가하고 69명을 사살하고 187명을 부상케 한 '샤프빌의 학살'이 남아공 정부의 포악함을 널리 세계에 알리는 계기가 되었다. 1963년에는 만델라 등 아프리카 민족회의 중심인물에 대해 극형을 가하려는 '리보니아 재판'에 일본 지식인들의 관심이 모아지고, 1964년 '남아 인종차별 반대 실행위원회(JAAC: Japan Anti-Apartheid Committee)'가 결성되었으며, 1969년 '아프리카 행동위원회(JAAC: Japan Anti-Apartheid Committee, Youth-Section)'가 출범하고 일본의 아파르트헤이트 반대 운동을 주도하게 되었다. 그들은 지식인, 문화인, 학생들을 중심으로 하고 1960년대부터 시작한 신생독립국, 민족해방운동, 제3세계, 베트남 반전운동에 관심을 갖는 사람들이었다.[8]

나는 우리 민족이 해방되는 해에 일본에서 태어나서, 청산되지 않는 일본 식민지 지배와 그 결과인 조선인 차별 및 민족 분단이라는 모순을 온 몸에서 감지하면서 성장했다. 그러나 나는 일본교육을 받아 대학을 졸업할 때까지 우리말도 못하고 우리나라 사회와 역사도 제대로 알지 못하였다. 그런 내가 대학에 들어가자마자 반군사정권, 민주화, 민족의 통일과 자주 등의 주장에 공감하고 '재일한국학생동맹'에 가입하여 학생운동을 시작했다. 그 당시 진행 중인 한일회담은 베트남전쟁을 추진하는 미국의 입장에서 동아시아의 미국의 전쟁을 수행하기 위한 강고한 전쟁지원태세를 만들려는 요구에서 추진된 것이었다. 자유와 민주주의를 표방하는 미국 대통령으로서 군사정권에 대한 미국의 승인을 구하기 위해 만나기를 간청하는 박정희 소장을 만나기는 껄끄러운 일이었으나, 케네디는 한국군의 베트남 파병과 한일 국교정상화를 조건으로 박정희를 불러들였다. 병사들의 수송, 휴양, 군사물자의 정비, 수리, 보급 등의 후방기지로서의 일본과 미국의 보조군으로 실제 전투에 종사하는 한국을 하나의 군사작전 단위로 유기적으로 묶을 필요가 있었던 것

8   위 책, p.205.

이다. 그래서 일본의 식민지 지배책임 청산 문제는 제쳐놓고, 무상 3억 달러 유상 2억 달러라는 한일국교정상화 축의금 명목으로 경제지원하기로 하고, '한일기본조약'을 맺어 급조된 국교정상화가 이루어진 것이다.

한일기본조약의 부속협정인 '재일한국인의 법적지위협정', '한일어업협정' 등에서 재일동포의 법적 지위, 어업권, 영토권 등의 민족적 권익을 팔아넘길뿐만 아니라, 베트남전쟁 수행과 일체화된 한일기본조약의 체결로 한반도 전쟁위기를 격화시키는 결과를 가져 온다는 이유로 청년 학생들이 격렬히 반대운동을 전개했으나, 폭력으로 진압되었다. 나는 우리말과 우리 문화, 역사를 배우고, 민족적 정체성을 확립하여 우리 나라가 직면하는 여러 과제의 해결에 조금이라도 이바지하고자 모국 유학의 길에 올랐으나, 분단의 덫에 걸려 19년의 옥중생활을 하게 된 것이었다. 지금 돌아 보면 지극히 미숙한 내가 군사독재정권의 옥에 갇혀 지낸 19년이었지만, 일본이나 세계의 많은 사람들이 한국 군사정권의 인권탄압의 전형적인 사례로서 김지하 사건, 김대중 사건과 더불어 나의 문제를 들어 국제적인 석방운동을 전개했다. 일본 정치범의 최장기수는 18년 옥살이를 한 도쿠다 규이치德田球一나 미야모토 겐지宮本顯治경 등 몇 안되니, 19년이란 나의 옥살이가 대단하게 인식되었으며, 한국의 정치범석방과 남북화해와 통일을 지원하는 의미에서 시민운동단체들은 나와 만델라와의 만남을 실현하려고 노력한 것이었다.

만델라와 아프리카 민족회의(ANC)

만델라는 1918년 남아프리카의 코사족의 추장의 아들로 태어났다. 영국의 식민지이던 남아프리카에서는 영국과 싸운 제2차 보아 전쟁(1899~1902)을 겪어 1910년 네델란드계 백인 입식자인 아프리칸스가 주도하는 남아프리카 연방공화국이 성립되었다. 제2차세계대전 후부터 아파르트헤이트 정책이 본격화되었지만, 남아공은 처음부터 유색인의 권리를 인정치 않는 인종차별국가였다. 그래서 1912년에 '남아프리카 원주민 민족회의(1923년 ANC 아프리카 민족회의로 개칭)'가 결성되고 반인종주의 투쟁이 시작되었다.

만델라는 대학을 중퇴하여 1942년에 ANC에 참가하여 1950년 ANC 청년동맹 의장으로 취임하고, 1962년 불복종 저항운동이 개시되면서 ANC 부의장으로 취임했다. 1960년 샤프빌 학살사건의 충격으로 ANC는 비폭력 저항투쟁에서 무장투쟁으로 노선전환하여 1961년 만델라는 무장조직 '민족의 창(MK: Umkhonto we Sizwe)'의 책임자가 되었다가 1962년 국가반역죄로 종신형을 받아 27년간 옥살이를 했다. 그는 출소 후 초대 남아공 대통령, ANC 의장 등을 거쳐 2013년 12월 5일 95세로 서거했다. 장례식에는 세계 140개국의 수뇌들이 몰려들어 역사상 최대의 장례식이 되었으며, 만델라에 대해 '사랑과 평화의 사람'이라는 최대급의 찬사가 보내졌다.

만델라와 그 벗들이 이루어 낸 것

만델라 생애의 목표는 그가 태어나기 전, 백인 제국이 아프리카를 침범하고 아프리카 사람들에게 노예의 멍에를 씌웠을 때부터의 구호였던 '흑인(유색인)을 사람으로 대접하라'는 주장의 실현이었다. 즉 인간의 존엄과 평등을 목표로 하고 간고한 투쟁과 수많은 희생을 바치면서 아파르트헤이트의 폐지라는 목표를 달성했으며, 인권이라는 유럽에서 태어난 말을 아프리카 대륙에까지 끌어들이고 인권을 한단계 높은 차원으로 끌어 올린 위대한 승리자가 되었다. 그들의 정치적 목표는 남아프리카에서 20% 밖에 안되는 백인의 지배의 부당성을 깨고 '한 사람 한 표(one person, one vote)'의 정의를 실현하려는 것이었다.

만델라의 투쟁이 세인의 주목과 평가를 받은 것은 반아파르트헤이트 투쟁을 통하여, 자유와 평등, 인권과 평화라는 보편적인 가치의 실현하려는 노력과 그 실현 방법에 있었다. 만델라는 처음에는 백인들의 억압의 굴레를 벗어 던지고 흑인의 나라를 만들으려고 했지만, 1955년 대중집회에서 채택된 '자유헌장'을 계기로 크게 바뀌었다. 거기서 "남아프리카는 흑인 백인을 막론하여 거기에 사는 모든 사람들에게 속한다. 어떤 정부도 모든 인민의 의사에 기초하지 않는 한, 그 권위를 정당하게 주장할 수 없다"고 표명하면서 복수와 흑인 중심주의가 아니라 인종주의의 보편적인 극복을 주장했다. 거기에는 반아파르트헤이트 투쟁은 유색인뿐만아니라 백인도 자유롭게 한다는 신념이 세워졌다. 억압자도 자유롭지 못하다고 하는 사상이야 말로 억압 받은 자가 우위에 설 수 있을뿐만 아니라, 피억압자가 분노와 복수심에서 놓여나고 보편성으로 다가설 수 있는 길인 것이다.

그 보편성의 사상의 기조에는 우분투Ubuntu라는 사고가 깔려있다. '우분투'란 인간 또는 인간성이라는 뜻이자 인간이 서로를 인간으로 존중한다는 뜻도 포함된다. 즉 '타자를 배려하고 타자의 배려를 받으면서 인간으로 존재한다'라는 생각이 우리가 쓰는 상생이나 인연이라는 말과 상통하고 공동체적인 사고방식을 내포하고 있으며, 서구적인 개인주의와 대치되는 가치관, 인간관이다. '얻는 것은 잃는 것이며, 잃는 것이 얻는 것이다', '얻으면 얻을수록 더 많이 잃는다'라는 불교적인 사고와도 상통된다. 아프리카에서는 권리right보다 존경respect이 중요성을 가지고, '인간은 타자에 의해서 인간으로 존재한다'[9]는 사상을 중요시한다고 한다. '경쟁과 효율'을 최우선시하는 시장경제원리와 상반되고, 더구나 그 극단적인 논리인 신자유주의 속에서 분단되고, 분절화되어 있고, 경쟁 속에서 '갑'이 되기 위해서 물불을 가리지 않는 우리나라의 현실에 대한 뉘우침反思을 불러 일으키는 사고이다. 이러한 사고과 정치적인 방법이 세계의 광범한 사람들의 공감을 얻어 국내에서 여러 종파를 아우르고 백인들까지도 설득했다고 할 수 있다.

또한 이러한 보편적 사고가 과거청산에서 '진실화해위원회'라는 독창적인 방법을 만들어냈다. 즉 과거 아파르트헤이트 체제 하에서 저질러진 인종차별 범죄를 처리하는데 있어서 '네가 저지른 만큼 대가를 치러라'는 정의의 실현보다 진실 규명과 화해의 실현에 중점을 두고 범죄자들의 형사책임을 범죄의 시인과 진실의 진술만으로 면죄하고, 피해자에게는 보상으로 종결짓는 '진실과 용서'의 실현을 중요시한 것이다. 이 방식은 정의의 실현이라는 면에서 하자가 있고 무서운 범죄로 피해를 당한 사람이나 그 유족들의 트라우마를 치유하고, 감정을 달래기에는 미흡하나, 복수의 연속 고리를 차단하

---

9   勝俣誠·津山直子, 「ただ, Ubuntuのために-マンデラと南アフリカの長い道のり」上掲, 『現代思想』3月臨時増刊号, pp.36~37.

고, 백인들의 필사적인 저항과 사회적 혼란을 막아내고, 신생 남아공에게 필요한 백인의 전문인력을 확보할 수 있다는 장점이 있다. 현실 속에서 또 하나의 내전을 피하려면 불가피한 선택이라고 할 수 있다. 이 과거청산의 방식이 중남미를 비롯한 세계의 많은 곳의 과거청산 작업에 시사를 준 것은 부인할 수 없다.

그러나 반면 '진실화해위원회'의 방식은 피해자가 관대하게 '단죄'를 구하지 않고 '면책'의 손을 내밀고 있는데도 가해자들은 그것을 기화로 스스로의 범죄를 '자백'하지 않고 '용서'도 구하지 않은 채 만델라의 성인화에만 급급하다는 지적도 있다. 남아공 국내의 일부 백인뿐만아니라, 만델라 장례에 몰려든 아파르트헤이트의 공범인 구미, 일본 등 '가진 나라들'의 수뇌들[10]도 만델라의 위대함을 찬양할뿐, 자신들의 과거 범죄, 즉 아파르트헤이트를 용인하고 백인 정권을 지지한 책임에 대한 뉘우침을 표명하지 않았다. 또한 진실화해위원회의 관할이 남아공 국내에서 이루어진 인종차별범죄에 한정되어 '아파르트헤이트가 식민지주의의 극단적인 형태이며, 그 기원이 훨씬 이전에 있음에도 위원회는 식민지주의 아래서 저질러진 폭력이나 범죄를 다루지 않았다'는 점에서도 미흡함이 있다고 한다.

만델라의 꿈과 현실

만델라는 1993년의 연설에서 다가오는 새 정부의 최우선 과제로 "아파르트헤이트를 개선하는 것이 아니라 확실하게 근절하기 위해 남아프리카를 재건하는 일. …기아, 질병, 빈곤이 없는 나라, 모두가 무지에서 해방되어 집을 가지고, 굴욕을 당하지 않는 나라를 이루고 싶다. 평화와 안전과 고용이 있는 나라를 이루고 싶다"[11]고 하였다.

---

10 예를 들어 아파르트헤이트 시기의 백인 정권을 최대의 무역국으로 받쳐주고, 준백인으로의 우대와 특혜를 받아가면서 최대의 이익을 얻은 일본은 황태자부부와 특사를 보냈다.

11 Vijay Prashad., 『The Poor Nations; A Pssible History of the Global South』, Verso, 2013.

만델라의 꿈은 1955년의 '자유헌장'에서 밝히고 있듯이 첫째, 문화적 정체성을 달리하는 집단들이 평화적으로 공존이며, 둘째, 빈자와 부자의 구조적 불평등을 착실히 해소 하며, 사람이 사람을 학대하지 않는 사회를 건설하는 것[12]이었다.

그러면 그의 꿈을 이루어졌을까? 첫째 과제의 달성에는 적어도 법적인 테두리를 만들었다는 데에 이론이 없지만, 둘째 과제의 실현은 좌절했다고 평가되고 있다. 1994년 신생 남아공의 설립과 거의 동시에 사회주의권의 붕괴와 시장경제의 승리, 신자유주의의 대두라는 파도가 밀려 왔다. ANC의 1994년 선거공약은 '모든 사람에게 보다 나은 생활을'이었다. 부의 재분배를 위해 '부흥개발계획'이 발표되었으나 만델라가 1년으로 대통령직을 물러나니 계획은 공중에 뜨고, 인종 간의 격차 해소라는 미명하에 백인의 부에는 손을 대지 않고, 일부 가진 흑인을 더욱 부하게 만드는 정책이 전개되었다. 그결과 백인과 흑인의 엘리트들이 부를 독점하여 남아프리카에서는 고소득층 20%의 평균수입은 저소득층 20%의 평균수입의 20배를 넘어 젊은이들이 절망에 빠져 있다고 한다.[13] 조지 소로스는 2001년 다보스 회의에서 "남아프리카는 국제자본의 손아귀에 들어있다"고 했다. '인종적인 아파르트헤이트'는 끝났지만, 남아공은 이제 '경제적(계급적)인 아파르트헤이트' 아래 있다는 비판도 있다.

오늘날의 남아프리카에서는 "만델라는 해방투쟁을 백인의 이익을 위해 팔아넘겼다"라는 목소리가 나날이 높아져 가고 있다. … '9월의 민족회의'는 "남아프리카는 백인의 이익을 우선하는 ANC에 의해 관리된 반 흑인의, 백인 특정집단지상주의의 나라다. 흑인만이 스스로를 해방할 수 있다"고 생각한다.[14]

---

12 峯陽一, 「闘いはわが人生－マンデラの夢の彼方へ」上掲, 『現代思想』3月臨時増刊号, p.113.

13 미국에서는 8.5배, 일본에서는 3.4배라 한다. 『United Nations Development Program』, *Human Development Report*, 2011.

14 Zakes Mda, 『The Contradiction of Mandela』, *The New York Times*, Dec. 5, 2013.

만델라는 경제문제에 대해 거의 개입을 하지 않았다. 혹자는 그는 추장의 아들로 태어난 엘리트이고, 27년의 옥중생활을 통해서도 밑바닥의 대중들과 접촉할 기회가 없었으며 서민생활과 빈곤에 대한 실감이 없었다고도 한다. 그는 고귀한 불굴의 투사였으나, 투쟁과 타협의 양면을 지닌 현실정치가이며 결코 성인이거나 순수한 혁명가는 아니라는 비판을 흘러 듣기에는 남아프리카의 부패와 부정이 너무나 지나친 단계에 이르고 있다.

김대중 대통령과 넬슨 만델라

내가 처음으로 김대중 대통령을 만난 것은 서울대학원 대학원에서 공부하던 1968년쯤일 것이다. 흰 양복에 백 구두를 신고, 빨간 넥타이를 맨 멋쟁이 모습은 지금도 눈에 삼삼하다. 그러나 직접 대화해 본 것은 김대중 대통령을 리쓰메이칸 대학에 초청하기 위해 자택을 찾았던 2007년 3월이다. 그로부터 10월 리쓰메이칸대학 방문까지 그 분의 여러가지 면모에 접할 수 있었다.

김대중 대통령은 평생을 반독재 민주화와 우리나라의 평화, 통일을 위해 헌신한 분이다. 만델라와는 자유, 민주, 인권, 평화를 위해 투옥, 암살기도, 테러, 감시, 협박 등의 고난을 무릅쓰고 투쟁하고 화해의 정신으로 갈라진 백성을 하나되게 하려 했던 공통점이 있어 가히 영웅[15]이라고 할 수 있다. 여기서 김대중 대통령의 생애와 업적에 대해서 이미 많은 작업들이 있어서, 이 글에서는 넬슨 만델라와의 연관 속에서 몇 가지만 이야기 하겠다.

만델라는 백인 제국의 식민지 지배에 의해 만드러진 인간의 노예화를 거부하고 투쟁했다. 인간의 존엄을 지키려고 싸웠던 것이다. 인간의 존엄이란 인간이 인간으로서 자각하여 인간으로 대접 받는 것을 말한다. 즉 존엄이란 인간선언이자 타자를 인간으로 대접하는 것이다. 김대중 대통령은 왕자로 태어난 만델라와 달리 자그만 섬에서 소실의 아들로 태어나 갖은 신산과 모멸을 겪으면서 성장했으며, 원초적인 평등사상을 가지고 그것을 현실 속에

---

[15] 만델라는 영웅이란 '강한 신념을 가지고 용기가 있으며 보다 나은 사회의 실현을 위해 목숨마저도 내놓을 수 있는 사람'이라고 말하고 있다.

서 실현 하고자 하는 정치의지를 가졌다. 만델라와 마찬가지로 자신이 사람으로 대접받고, 남도 사람으로 대접하려는 원초적이고 경험적인 의지가 있었다.

김대중 대통령과 만델라는 식민지주의와 식민지주의가 구조적으로 지탱한 봉건주의, 그리고 식민지주의의 후과인 독재정치에 반대하기 위해 민주화 투쟁을 했으며, 분열된 공동체의 화해와 통합을 위해 노력한 점을 평가받아 노벨 평화상을 받았다. 만델라의 화해정책에 대해서는 위에서 언급했는데, 김대중 대통령의 화해 정책[16]은 분단된 겨레의 통일과 화해가 중심임은 물론이지만, 전방위적인 화해정책이라는 점에서 그 누구도 흉내낼 수 없는 독창성이 있다. 남북의 화해 통일이라는 대 목표를 이루기 위해 치밀하게 전방위적인 포석을 두고 나갔던 것이다. 국내의 동서 갈등 해소, 보수와 개혁 간의 갈등의 해소뿐만 아니라, 일본 대중문화 개방 정책과 일본에 대한 미래지향의 화해 제스처도 단순히 대일 화해만을 지향한 것이 아니었다. 대중국, 대소련 화해를 포함해서 전방위적인 화해를 이루고, 그것을 통해서 주변국가의 신뢰와 보장을 담보로 북일, 북미 화해를 유도하고 한반도 화해와 통일의 길을 열려는 심려원모이며 매우 고차원의 전략이었다. 그 포석이 평양 방문과 '6·15공동선언'으로 열매를 맺고, 절정을 이루는 것이다.

그 이후 보수정권의 등장으로 그 성과는 크게 훼손되기는 했으나 '6·15 공동선언'이야 말로 한반도 평화와 남북 화해 통일에 대한 원칙과 정책을 제시한 역사적인 금자탑이다. 6·15공동선언은 냉전과 분단, 일본과 동아시아의 역사적인 갈등이라는 지극히 중층적이며 복잡한 한반도 상황에서 고안되고 실천된 선언으로, 알기 쉬운 인종차별이라는 상황 속에서 세계의 보편적인 지지를 받을 수 있었던 아파르트헤이트 반대운동보다 고차원적이고 훨씬 어려운 정책이라고도 할 수 있다.

해방 후 우리나라에서는 분단의 비극을 맞아 군사독재 지배에서 자유와

---

16 졸저「한반도 화해의 정치학」,『민주주의와 인권1권(전남대 5·18연구소, 2001년 4월)참조.

민주, 인권이 억압을 받았으나, 문제의 뿌리는 더욱 깊은 곳에 있다. 애당초 역사적으로는 만델라가 투쟁했던 남아프리카를 식민지 지배한 자는 영국이었으며, 그 영국과 우리나라를 지배했던 일제는 1902년부터 1923년까지 영일 군사동맹 관계를 맺었다. 1899년 보아전쟁이 일어나서 영국은 많은 군사력을 남아프리카에 투입하지 않을 수 없게 되어 유라시아를 둘러싼 러시아와의 패권 싸움에 전력을 쏟을 수 없게 되자, 일본과 동맹을 맺게 되었다. 그래서 보아전쟁과 러일전쟁, 한국병합은 일련의 사건으로 보아야 하며, 메이지 이래 일제가 서구 제국주의국가를 추종하고, 그들과 결탁해 온 연장선상에서 아파르트헤이트 백인정권과의 최대 무역국으로서 명예 백인 자격을 향유한 일본이 있는 것[17]이며, 우리나라의 식민지화와 분단도 있다고 볼 수 있다.

'남아 일본 협회' 회장을 지낸 극우 정치가 이시하라 신타로石原慎太郎는 "남아공의 희금속은 일본의 생명선"이라고 해서 남아 백인정권에 대한 지지를 표명했다. 일제가 조선반도 생명선론을 내걸고 우리나라를 침략했고, 만몽 생명선론을 내걸고 만주를 침략한 역사를 떠올리지 않을 수가 없다. 인종차별국가를 지지한 이시하라의 인간관이 오늘날 일본의 한반도 남북과 중국에 대한 혐오 풍조와 재일동포에 대한 헤이트 스피치(인종혐오 언동)라는 인종주의 범죄가 만연하는 일본으로 이어져 있는 것이다.

이렇게 볼 때 김대중 대통령과 만델라는 근대 이후 서구 중심의 인간 소외의 세계, 노예제와 식민지 지배에 반대하고 인간 해방을 위해 투쟁한 인류의 미래를 위한 동지라고 할 수 있다. 차별과 억압을 반대하는 인류의 투쟁에서 선열들의 피나는 투쟁으로 일정한 발전이 있었다고 할 수 있다. 그러나 일본은 민주화가 형해화되어 선거를 통한 다수의 의지라는 미명하에 군국주의와 전쟁국가가 부활하고 있으며, 소수자에 대한 탄압과 압박이 기승을 피우고 있다. 지금 우리나라를 비롯한 많은 곳에서도 날조된 다수에 의한 지배와 폭력이 난무하고, 민주주의가 희화화되고 시련을 받고 있다. 그와 함께 신자유주의의 세계지배globalism는 민주주의를 무력화하여 인류사회에 심각

---

17   鵜飼哲,「マンデラという鏡に映るもの」上揭,『現代思想』3月臨時増刊号, p.105.

한 균열을 만들어 내고 있다.

꿈은 아직도 이루어지지 않았다. 현실정치가로서, 또한 화해의 정치가로서 '원수에게 이익을 줌'으로써 큰 그릇에 잡다한 것을 모두 담아낼 넓은 도량을 두 정치가는 가졌으며, 그 결과 역사에 획을 긋는 위업을 만들어냈다. 그러나 동시에 그것은 그 정치 자체를 내부에서 갉아 먹고, 침식하는 싹을 내포하고 있다. 정치란 현실 속에서 한걸음의 전진을 얻어내기 위해 엄청난 희생을 바치면서 전진하는 아득한 길인 것이다.

동아시아의 우호까지

국가 폭력과 인권의 제 문제:

신자유주의와 정신적 계엄, 그리고 문화 탄압

내가 겪은 5·18

내가 겪은 5·18[18]

나는 5·18을 감옥에서 맞이했습니다. 박정희가 암살당할 때도 감옥에 있었습니다. 감옥이 요즘은 많이 달라졌지만, 옛날엔 신문을 볼 수 없었고 라디오, TV도 시청할 수가 없었기 때문에 박정희가 죽은 것을 바로 알 수가 없었습니다. 그런데 분위기가 심상치 않았습니다. 교도소 보안과 건물 앞 국기게양대에 반기가 올랐습니다. 소내 유선방송이 모두 조용한 클래식 음악으로 바뀌었습니다. 사동 안에는 교도관이 근무했으나, 구내에는 군인들이 조를 짜고 순찰했습니다. 그래서 우리가 무슨 큰일이 일어났다고 눈치를 채게 됐습니다.

사동에 있는 간수들이 평소에는 입구 근처에 앉아 있거나, 잠자고 있는데, 5·18이 일어났을 때에는 계속 교대를 하면서 시찰을 돌았습니다. 나는 대구 감옥에 있었지만, 광주 감옥에서는 시민군들이 광주감옥을 해방시키기 위해 공격을 해서 총격전이 벌어진 것은 다 아실겁니다.

상세한 이야기는 교도관들이 해줬습니다. 주로 호남 출신의 교도관들이 광주에서 일어난 일을 걱정하면서 말해줬습니다. 그것도 완전한 소식은 아니죠. 광주에서 무슨 일이 일어났는지 그 자체를 통제 했기 때문에 떠도는 소문에 지나지 않았습니다. .

나의 어머니는 내가 동생인 서준식과 둘이 감옥에 들어간 이후 비행기 타고 한달에 한번 정도 면회를 오셨습니다. 그런데 만기가 되어 출소할 줄 알았던 동생이 보안감호법으로 청주의 보안감호소에 이송되고 난 다음 큰 충격을 받고 마음 고생을 많이 하셔서, 5·18이 일어나기 1년 전에 암이 발병했습니다. 일단 수술을 하고 더 이상 손을 쓸 수 없어서 집에서 요양하라고

---

18   2014년 5월 9일, 노원구민센터 강연회 녹취록.

해서 집에 있는데, 환부가 터져서 하혈하다가 돌아가시게 되었습니다. 암이 발병되고 수술을 받고 난 후 첫 눈이 휘날리는 상당히 추운 날씨에 저희를 면회하러 오신 것이 1979년 10월 말이었습니다. 어머니는 그때 마지막 면회가 되리라고 예감하셨는지, "사람은 혼자 살아가야 하는 거다. 그러니 무슨 일이 있다 할 지라도 안에서 씩씩하게 굳세게 살아야 한다"고 말씀을 남기고, 그리고 몇 달 동안 소식이 없었습니다.

우리 어머니는 초등학교도 다니지 못하셨기 때문에 글을 깨우치지 못했습니다. 우리 형제가 감옥에 들어간 다음에 글공부를 시작하셨습니다. 비행기타고 왔다 갔다하고, 감옥 면회라도 하려면 최소한 글씨는 읽고, 자기 이름 정도는 써야 했기 때문이기도 하고 또 어머니로서는 당연하겠지만, 당신 아들들이 어떻게 석방되지 않을까 하는 기대와 이 세상이 바뀌지 않을까 하는 기대를 많이 하셔서 신문을 보고 싶었던 거죠.

어머니와 같이 살면서 어머니를 도왔던게 막내 동생인 서경식이었습니다. 아침마다 어머니는 일어나자마자 신문을 가져와서 막내동생에게 읽어달라고 하셨습니다. 동생이 게을러서 아침에 늦잠자고 읽기를 귀찮아 하니까, 본인이 신문을 볼 수 있어야겠다고 생각한 것이 글을 배우게된 하나의 큰 동기였습니다. 처음에는 일본의 히라가나, 가타가나부터 공부하고 우리말을 공부하시고 그 다음에 천자문을 공부하셨습니다. 그때 빽빽하게 연습하신 노트가 남아있습니다. 그때 어머니는 나이가 오십 중반을 넘었는데, 공부해서 신문을 볼 수 있게 됐습니다. 그리고 서툰 글씨지만 자신의 이름을 쓸 수 있게 되었습니다. 비뚤어진 글씨로 남동생 여동생의 도움을 받아 어머니가 직접 쓰신 편지가 1980년 1월에 왔습니다. "거기에 감기가 걸려 몸 상태가 안 좋아 면회를 못가지만 걱정하지 말고 잘 살아라. 그리고 사람은 결국은 혼자 살아가야 하는 거다"라는 말씀이 적혀 있었습니다. 가족 대신 아는 일본사람이 면회와서 어머니가 감기 걸려서 누워있지만 큰 걱정하지 말라고 했는데, 5·18이 일어나고 광주가 함락된 이틀 후인가, 여동생이 면회를 왔습니다. 여동생이 방에 들어 오자마자 창백한 얼굴로 '어머니가 돌아가셨다'고 울었습니다. 자궁암 수술을 했는데 암이 전이되어, 자궁 후벽이 터져서 병실 바닥이 피바다가 되도록 하혈을 하신 끝에 돌아가셨다고 했습니다. 어머니가 돌아가신 날이 공교롭게 바로 1980년 5월 18일 새벽이었습니다. 아주 운명적인 죽음이 아닌가 생각합니다. 이 것이 바로 내가 광주 5·18을 남일처럼 생각할 수 없는 이유입니다.

대구감옥에는 5·18로 잡혀들어온 사람이 그리 많지는 않았지만, 광주 5·18이 촉발되어 한국뿐만 아니라 세계 각지에서 한국의 독재정권에 반대하며 싸운 사람들이 여럿이 잡혀 왔습니다. 한국에서는 알려지지 않았지만, 그 당시 일본에서는 엄청난 규모의 김대중 석방, 독재 정권에 반대하는 시위가 있었습니다.

또 내가 감옥에 있을 때인 1985년 '구미유학생 간첩단 사건'이 터져서 잡혀들어온 사람들이 있었습니다. 그 중에 지금 광주 트라우마센터 강용주 소장이 있었습니다. 전남대학교 2학년 의예과 학생이었는데 잡혀들어 왔죠. 그는 5·18 당시 광주 동신고등학교 3학년생였으며, 시민군에 가담해서 수협 앞에서 총들고 지키다가 계엄군의 총알이 날아와 건물 벽에 튕긴 파편에 손등을 스쳐가는 부상을 당하고는 깜짝 놀라 도망쳤다고 합니다. 그 후 1년동안 농촌을 전전하면서 도망다니다가 학교 담임선생이 수소문해서 학교로 돌아와도 괜찮다고 해서 1년 후 복학하여 전남대학교 의대에 들어갔습니다. 강용주 소장은 당시 유럽, 미국은 물론이고 북한도 서울도 가보지 못한 촌놈인데, '구미유학생 간첩단 사건'에 얽혀서 무기징역형을 받았습니다. 감옥에서 마지막까지 사상전향을 거부하고 준법서약서, 각서까지 모두 거부하고, 마지막까지 한치 양보도 없이 심지 굳게 산 친구입니다. 보안감찰법이라는 법에 의하면 사상범이나 공안 사건으로 투옥되어 석방되면서 준법서약서를 쓰지 않으면 관찰처분을 받습니다. 관할 경찰서에 자기 동정을 다달이 보고하고, 해외에 나갈 때라든지 정치 집회에 참가할 때에는 법무장관의 허가를 받게 되어있습니다.

이것은 재판도 아니고 법무부 차관이 위원장인 보안관찰위원회에서 결정한 행정처분인데 강용주 소장은 처분거부를 해왔습니다. 강 소장이 연루된 구미간첩단 사건은 미국의 사우스일리노이 대학의 유학생들이 광주 5·18에 즈음하여 학습회를 열고 유럽을 통해서 체코 프라하에 있는 북한 대사관 사람과 접촉하고 동베를린에 있는 북한 사람들과 접촉한 것이 문제가 된 사건이죠. 이 사건도 광주 5·18의 파장 속에서 일어난 사건이라고 할 수 있습니다.

5·18의 역사적 성격

나의 체험과 학문적인 탐구를 바탕에 두며 5·18에 대한 성격을 정리해 봤습니다. 우선 명칭 문제입니다. 사건 이름은 그 사건에 대한 입장을 반영하는 것입니다. '5·18(광주)민주화운동'이 지금 공식명칭입니다. 이것도 나는 썩잘 지었다고 보지는 않습니다. 민주화라고 하지만 5·18이 일어났을 때 많은 사람들이 민주주의가 뭔가를 명확히 의식해서 그 투쟁에 참가했다고 생각하지 않습니다. 김대중 대통령을 구속한 군사정권에 대한 분노, 광주에 대한 차별에 대한 반감 등을 직접적인 이유가 되어 터져 나온 것이라고 생각합니다. 어쨌든 '민주화운동'이 공식용어로 정착되어있으나, 광주 '민중항쟁'이라고도 하고, 광주 '인민봉기', '인민항쟁'이라고도 합니다. 유럽에서는 광주학살Gwangju Massacre이라는 말을 많이 씁니다. 일본에서는 광주사건이라고도 하고, 광주사태라고도 합니다. 그 외에도 군사정권 측에서는 광주폭동, 소요 등으로 부릅니다.

역사적으로 볼때, 광주 5·18이 한국 현대사에 분수령이 되었다고 봅니다. 광주 5·18은 약 300명에 가까운 희생자를 낸 처참한 사건이었습니다. 1980년 5월 27일 2만 명의 계엄군이 도청을 향해 공격하고, 도청에 남아 있었던 30명의 젊은이들이 거기에서 학살을 당하는 결과를 가져왔습니다. 광주 5·18은 군사적으로는 계엄군의 일방적인 승리이자, 시민군 또는 시민들의 완전한 패배였습니다. 시민군들이 무장했지만 항쟁의 자세를 고수하지 못하고 내부적으로 분열이 일어나 일부 사람들만 끝까지 무기를 들고 도청을 지켰죠. 그런데 광주 시민들이 무기를 들고 싸웠다하더라도 결과적으로는 조직된 군대와의 승부는 처음부터 뻔한 것이었습니다. 군사적으로는 군이 승리를 했지만 승리한 순간 군은 정치적으로 도덕적으로 패배합니다. 자국 국민들을 지켜야 하는 군대가 자국의 국민들을 죽였기 때문에, 도덕적으로 치명적인 패배를 한 것이죠. 광주 5·18을 경계로 해서 아주 드러내놓고 한국군의 정당성과 권위는 실추했습니다.

세계의 역사를 볼때 군이 자국 국민을 지켜왔는가 하면 꼭 그렇진 않습니다. 베트남 전쟁에 대위로 참전하다가 베트남 반전운동가로 변신한 다글라스 라미스라는 학자가 있습니다. 그의 연구에 의하면, 역사적으로는 군대는 적국이나 타국의 사람을 죽인 숫자보다 자국민을 죽인 숫자가 더 많다고 합니다. 우리나라는 5·18뿐만 아니라, 한국전쟁 전후에 발생한 민간인 학살도 자국민을 죽인 사례입니다. 일본에서도 메이지 초기의 일본의 내전시기뿐만 아니라, 2·26사건이나 5·15사건 등 군의 쿠데타 사건에서도 나아가서 오키나와 전에서 민간인에 대한 '자결' 강요, 관동대지진 때 '제국신민'이던 7,000명에 이르는 조선인에 대한 학살도 그렇고 캄보지아의 킬링 필드, 인도네시아에서 50만 명의 민간인을 학살한 1965년의 9·30사건 등 동남아시아에서도 그렇고, 대만에서는 앞서 말했 듯 50년대 백색테러, 2·28사건 등 자국민을 자국 군대가 죽인 사건들이 벌어졌습니다.

5·18은 한국의 자주반미운동에서 결정적인 기점이 되었습니다. 5·18에 투입된 12사단은 전방에서 이동해 광주로 와서 시민들을 학살했는데, 한국에서 군의 이동은 작전권을 미국이 가지고 있어서 마음대로 할 수 있는 것이 아닙니다. 미국이 이것을 사주 내지는 지시했다고 볼 수 밖에 없는 상황입니다.

광주 5·18이 일어나자 미국이 5·18을 틈 타서 북한이 남침할 수 있다는 핑계로 '코럴 씨Coral Sea'라는 항공모함을 부산에 보냈습니다. 그 때 광주 시민들은 대부분이 미군이 광주를 군사력을 갖고 제압하려고 군부, 전두환을 견제하기 위해서 왔다고 생각했다고 합니다. 그런데 오히려 전방에서 군대를 빼내서 광주를 탄압하기 위해 생겨난 공백을 미군이 받쳐주는 역할을 하고, 그 보호 아래 군사정권이 광주에서 마음껏 시민군을 학살할 수 있었다는 사실을 나중에 알게 된 것입니다. 그래서 '민주주의의 수호자' 미국에 대한 배반감에서 5·18이 끝난 다음에 미문화원에 대한 공격이 일어나고, 미국이란 무엇인가에 대해 사람들이 각성하게 되었으며 미국에 의존해서는 참된 민주화도 통일도 이루어 낼 수 없다는 자각에서 반미·자주 운동이 생기게 됩니다.

광주에서는 시민들이 자치하고 은행 강도나 상점 강도도 없었고, 시민들끼리 협력한 해방 공동체가 형성되었다고 합니다. 이를 두고 '광주꼬뮨'이라고 한 학자도 있습니다. 파리꼬뮨처럼 어떤 통치권력도 없는 분쟁상황에서도 자발적인 공동체가 형성되었다는 말입니다.

그리고 광주 5·18을 광주민주화운동이라고 하다보니 독재에 대항하는 민주주의가 뭔가를 다시 생각하게 되고 인권이라는 화두도 심화되었습니다. 특히, 김대중 대통령이 5·18에서 군사정권에 체포되어 사형을 받고 미국으로 추방되는 과정에서 오히려 국제사회에서 전두환 군사독재 정권의 광폭성, 범죄성이 널리 알려지고, 미국에 종속되어 있는 한국의 모습을 알리게 되었고, 국제적인 반군사정권 연대운동이 확산되었으며, 광주의 진상을 밝히고 시민에 대한 국가폭력의 청산을 요구하는 운동으로 발전하게 되었습니다.

이때 5·18에서 가해진 국가폭력의 책임을 청산하기 위한 '5월운동'이 일어나고 '5·18청산 5원칙'이 마련되었습니다. 이것은 과거청산의 일반원칙과 거의 유사한 것입니다. 진상규명, 가해자 처벌, 피해 보상, 사죄, 화해·기념이 광주 5·18진상규명 명예회복 운동으로 시작되어 그 후에 한국의 과거사 청산 운동에 큰 흐름을 틔웠다고 봅니다. 나치 독일이 패배한 다음 유럽에서 과거청산 운동이 일어났고, 1980~90년대에는 중남미의 군사정권의 학살과 탄압에 대한 청산운동이 있었습니다. 그러나 동아시아에서는 제대로 이루어지지 못했습니다만, 광주가 그 물꼬를 텄으며, 전직 대통령을 법정에 세우고, 진상규명 보상법을 제정하는 등 일련의 과거청산 과정은 세계에서 상당히 높이 평가받을 만한 운동이라고 할 수 있습니다. 자국민을 지켜야 할 군대가 자기 국민을 학살했다는 원죄를 추궁하는 과정에서 5·18이 반군사독재와 민주화운동의 선봉에 서게 되었고, 그 결과로 김대중, 노무현 정권의 탄생을 주도하는데 큰 역할을 했다고 봅니다.

오늘날의 5·18

그렇다고 해도 오늘날 광주가 완전히 명예회복이 되었다고 할 수 없습니다.

이 사회 전체가 아직도 식민지시대, 분단시대를 넘어서지 못하고 있기 때문입니다. '임을 위한 행진곡'을 5·18 국가행사에서 허용하지 않는다든지, 광주 5·18에 대한 여러가지 왜곡이 여전 합니다. 어느 경상도 사람들은 아직도 광주 사람들을 '빨갱이'라는 식의 이야기를 하곤합니다.

제주 4·3이 금년에 국가추념일로 지정되었습니다. 제주 4·3평화기념공원의 추모당에 위패가 진열되어 있는데 남로당 관계자, 유격대 관계자 등 주도자들의 위패를 철거하라는 요구를 강력하게 받고 있습니다.

제주에 놀러온 사람들 중에는 제주 4·3사건은 빨갱이들을 진압한 정당한 행위였다고 지금도 태연히 이야기 하는 사람들이 있습니다. 광주도 역시 마찬가지 입니다. 그럼에도 자신들이 돈 모아서 출연하기도 하고, 광주에는 5·18재단이라는 큰 기관이 생겨 국가예산을 받으면서 해마다 큰 행사를 하고 있습니다. '행사광'이라는 생각이 들 정도로 별별 행사들이 열리고 있죠. 걷기 대회도 있고, 음악회도 열리고 있습니다. 그 과정에서 광주에 있는 사람들이 고심해야 하는 것은 광주를 어떻게 기념해야 하나, 그리고 광주 5·18을 가지고 어떻게 살아야하나 하는 문제입니다.

'광주 인권도시'를 선언한 것이 벌써 10년이 되었습니다. 선언을 준비하면서 광주시 주최로 토론회가 개최되어 나도 방청을 했습니다. 그때 광주시청에서 나온 사람이 광주를 '인권도시'로 만들면 거기서 오는 경제적인 효과가 얼마이고, 유치할 수 있는 관광객이 얼마라는 이야기를 열심히 했습니다. 그래서 나는 방청석에서 "광주 5·18을 팔아먹지 마라. 광주는 세일하고 판촉해서 위대해지는 것도, 인권도시가 되는 것도 아니다"라고 일갈한 바 있습니다. 광주는 과거의 희생에 매달리고 그것을 과대포장하려고 하지말고, 스스로 자세를 낮추고 더욱더 어려운 사람들과 함께하는 광주이어야 독재에 저항하고 탄압 받은 의미가 있는 것이 아닌가 생각합니다.

3년 전인 2012년에 광주인권헌장이 선포되었습니다. 거기에는 인권일반에 대해서 이야기 하고 있습니다. 2014년에는 '국가폭력과 5·18'이라고 하는 세션에서 내가 기조발표를 했습니다. 거기서 광주가 가장 옹호해야하고 주장해야하는 인권은 '저항권' 즉, 인권의 마지막 보루로서의 저항권의 실천이 광주 5·18이라는 이야기를 했습니다. 국가 폭력에 대해서 맞설 수 있는 권리가 원래 인권인데, 권력이 인민들의 주권을 인정치 않고 독재정치를 밀고 나갈 때 실력으로 독재정권을 뒤집어 엎을 수 있다는 것이 미국독립선언이나 프랑스 인권선언에서 천명하고 있는 저항권의 의미입니다. 이 저항권의 실천인 광주 5·18은 이 부분을 크게 강조하고 기념을 해야할 것입니다.

지금 광주가 독재권력에 대한 저항자에 만족하지 못하고 보편적인, 세계적인, 국제적인 존재가 되려고 하는 과정에서 세계 표준, 이른 바 '보편성'에 맞추려고 스스로를 오히려 정체성이 없는 존재로 전락시키는 결과를 가져오고 있는 것이 아닌가 생각합니다. 그것을 위해 세계 각지에서 인권 조각품을 모아 세계인권공원을 만든다고 합니다. 광주가 세계 각지의 인권 조각을 끌고와서 장식한들 광주가 더욱더 빛나리라고 생각하지 않습니다. 광주를 장식하고 자랑하면서 선전할 것이 아니라, 5·18의 희생이 무엇인가 하는 것을 깊이 생각하고, 자세를 낮추고 억압된자들의 고통을 대속代贖하는 마음으로 국가폭력의 희생자에 대한 지원을 하고 희생자의 대열의 앞장서야만이 광주가 광주로서 존재할 수 있다고 봅니다.

구체적으로 말하자면 국가보안법, 보안관찰법의 문제가 있습니다. 그 시대의 희생자들도 있습니다. 자신들의 희생이 무엇이었으며 목표가 무엇인가를 광주가 뚜렷하게 인식하고 있다고 보지 않습니다.

내가 제안하고 주도한 한국, 일본, 대만, 오키나와로 구성된 '동아시아 냉전과 국가 테러리즘'이라는 국제 심포지엄 운동이 1997년에 타이베이에서 처음 열렸습니다. 그때 한국에서는 50명의 사람들이 참가했습니다. 강만길 선생, 김창국 변호사, 박원순 변호사, 서중석 역사학자, 강창일 교수 등이 참가했습니다. 광주 5·18 사람과 제주 4·3 사람들도 참가했습니다. 그때 광주에서 온 사람 중에 "5·18은 순수한 민주화 운동이고, 제주 4·3하고 같이 하지마라"는 이야기가 나왔습니다. 나는 깜짝 놀랐습니다.

내가 국가폭력이라는 용어를 한국에서 제일 먼저 사용했다고 할 수 있는데, 그때 타이베이에서 한국에서 온 사람들은 국가폭력이라는 말은 너무 과격한 것 아니냐, 쓰지 않았으면 좋겠다고 이야기했습니다. 또 1999년 8월 제주에서 심포지엄을 했을 때, 여수지역사회 연구소에서 여순(여수, 순천)사건의 민간인 학살 문제를 이야기하러 왔습니다. 그 때 제주 4·3 사람들이 "여순사건으로 4·3에 고춧가루가 뿌려진다"고 했습니다. 자신들은 순수하고, 다른 사람들은 '빨갱이'라는 말이죠. 자신의 운동이 힘들게 겨우 합법 공간 속에서 인지되게 되었는데, 광주는 제주와, 제주는 여수, 순천을 차별화하면서 '자신들은 무고하고 억울한 사람들이고, 순수하고 천진하다'고 주장하는 의식이 운동 속에 있다는 것이 상당히 큰 문제라고 생각합니다. 그러한 의식이야말로 타자에게 낙인을 찍고 희생시키면서 자신은 살아남으려는 졸렬하고 비겁한 태도이며, 일찍이 자신들이 그러한 '양민사상'에 의해 피해를 보아 온 것이 아닌가요?

광주가 지향하는 것이 무미무색하고 교과서에 쓰여진 일반 보편적인 국제인권도시는 아니지 않습니까? 보편이 중요한 것이 아니라 '지금, 이 현장에서' 구체적인 특수성이야 말로 가장 중요한 것입니다. 분단체제 속에서 종북으로 낙인찍히고, 비국민화되는 현실을 방관하거나, 동조하는 운동세력의 내부의 문제야 말로 가장 큰 문제라고 생각합니다.

광주는 그런 문제를 더욱더 심각하게 생각해야 합니다. 다른 도시하고 제휴를 해야하고 광주를 많이 홍보하고 선전한다는 식으로 이야기를 하지만 광주는 일정한 입지를 확보하고 정부에서 보상을 받은 다음에 특권화 되었습니다. 그리고 그 속에서 다른 지역 사람들은 광주는 아니라는 시각이 생겨났다고 생각합니다.

상징적인 이야기가 있습니다. 2000년 광주에서 국제회의를 했을 때, 거기서 5·18의 기록영화를 상영했습니다. 도청 앞에 있는 체육관에 5·18 희생자들의 시체를 운반해서 태극기에 감싸고 있는 것을 보고, 일본 사람이 국가폭력에 의해서 학살 당한 사람들을 왜 국기로 감싸고 있는지 의문을 제기하기도 했습니다. 광주 5·18의 참가자 유족들은 국가에 의해 명예 회복 받는 국가유공자가 되기를 원합니다. 망월동 국립묘지를 만들 때에도 논란이 많이 있었습니다. 5·18 구묘역이 좋다는 주장도 있었습니다. 그것을 민중 묘지로서 지키고 내용을 충실하게 하면 된다는 말입니다. 하지만 높은 탑이 서 있는 아주 비인간적인 공간이 만들어졌습니다. 그러나 유족들이 스스로 그 장대하고 거대함을 원하고, 국가 유공자로서 자신을 빛내주기를 원한 결과입니다. 이러한 현상은 제주 4·3 등 다른 지역도 마찬가지입니다. 국가권력에 의해 유린 당한 사람들이 결국은 국가에 회수되고 그 범죄를 저질은 국가를 빛내주는 결과를 낳고 있습니다.

결론적으로 말하면, 이미 30년이 지나고 있는 광주가 어떻게 변질이 되었으며 우리가 참된 광주의 정신을 앞으로 지켜내기 위해서 무엇을 해야 하나 생각해야할 시점입니다.

동아시아의 우흐까지

바기가

국가 폭력과 인권의 제 문제:

신자유주의와 정신적 계엄, 그리고 문화 탄압

4 · 3사건과 재일동포

4·3사건과 재일동포[19]

일본에서 만난 4·3사건

일본에서 태어나서 대학을 졸업할 때까지 일본 학교를 다녔기에 나는 우리 말도 우리 역사도 잘 몰랐습니다. 그런 내가 제주 4·3사건을 알게 된 것은 중학교를 졸업할 무렵이었습니다. 겨울 방학 때 놀러 왔던 형의 선배가 비좁은 응접실에서 새까만 코트를 머리까지 뒤집어쓰고 화로에 걸터 앉을 듯이 다가 앉아서 이야기 한 모습으로 보아하니 그날은 몹시 추운 날이었던 모양입니다. 구석에 앉아 대학생치고 꽤 나이 들어보이는 그의 이야기를 듣고 있으니 4·3이야기였습니다. 북제주의 초등학교에 다닐 때 4·3사건이 터지자 그의 담임선생님이 잡혀가서 그의 눈 앞에서 처형당했다는 것입니다. 끌고 간 사람의 목을 쇠사슬로 꿰뚫어 굴비 엮듯이 엮어서 돌멩이에 매달아 제주 앞바다에 버리는 것을 봤다고 합니다. 학살 현장을 눈앞에 보고 일본으로 도망쳐 온 그는 불법체류로 강제퇴거 당하지 않으려고 도쿄의 사립 대학을 8년째 다니고 있었습니다.[20] 그의 이야기가 나의 4·3사건에 대한 기억의 원점으로 뇌수에 박혀 있습니다.

최근 일본국적을 취득하지 않는 영주자인 '재일동포'[21]들의 숫자는 많이 줄었습니다. 결혼 등으로 일본 국적을 취득하는 사람들이 많아졌기 때문입니다. 재일동포의 수를 대략 50만 명 미만으로 보는데, 그 중 약 15~20% 정도가 제주 사람들입니다. 식민지 지배하에서 가난한 우리나라 백성들은 북

---

19   2014년 4월 4일, 우리겨레하나되기운동본부 제주 4·3 강연

20   밀입국자라도 재학 중에는 강제출국시키지 않는 것이 국제적인 관례이다.

21   한국 국적자와 조선적(籍) 자를 합친 수.

은 만주로, 남은 일본으로 유랑했는데, 일본에 가까운 제주는 가장 가난한 지역이었습니다. 예전에는 보리, 고구마, 수수, 조 따위 밖에 경작이 되지 않고, 바다에 나가 고기잡이를 해서 생계를 이어가다 보니 풍랑을 만나 남자들이 많이 희생되어 여자들만 남게 되어, 돌과 바람과 여자가 많은 '삼다도'라 했습니다. 1922년에 제주–오사카 정기항로가 개설되어 기미가요마루君ヶ代丸가 취항하자 많은 제주 사람들이 오사카로 가서 노동을 했습니다.

일본은 메이지 이후의 산업화의 과정에서, 특히 다이쇼 시대(1920년대)에 오사카 일대에 경공업, 방적을 중심으로 하는 공장지대가 형성되고, 상당히 경기가 좋았다고 합니다. 일본의 10대 방적회사들이 모두 오사카에 있었는데, 노임이 일본사람의 반 이하인 조선사람 아니면 오키나와의 어린 소녀를 직공으로 많이 썼습니다. 해방 후에는 대부분의 사람들이 우리나라로 돌아왔으나, 4·3사건이 일어나자 일본으로 도망쳐 나온 사람들이 많아졌습니다.

저의 아버지는 종업원 네다섯 명밖에 안되는 영세공장을 운영하셨는데, 한 때 공장장을 지낸 제주사람이 있었습니다. 제주농고 출신의 그는 일본에 밀항해 와서 신분증도 없었지요. 상당히 똑똑하고 일 잘 하는 사람이었지만, 까다롭게 신분을 따지지 않는 뒷골목의 동네공장에 숨어들 수 밖에 없었습니다. 그는 어느 날 나타나서 일을 시켜달라고 하더니 어느 날 홀연히 사라져 버렸습니다. 일본 경찰들이 항상 밀항자를 주시하고 발견하면 바로 오오무라 수용소에 보내고 강제송환하여, 그는 신변의 위협을 느껴 다른 곳으로 옮겨 간 것이었습니다.

4·3사건의 정치난민

제주에서 4·3사건이 터지자 생명의 위협을 느껴 일본으로 밀항해 온 사람들의 숫자는 정확한 통계는 없지만 대략 2만 명 이상으로 추정되고 있습니다. 당시 제주 인구가 30만 명 정도였으니 그 중 일본으로 2만 명, 여타 육지에 간 사람까지 하면 제주 전체 인구의 10분의 1이상 도망 나왔다고 볼 수 있습니다. 일본으로 온 밀항자들은 재일동포나, 일본인이 운영하는 영세공장에 들어가서 저임금으로 노동한 것입니다. 악질 업주들은 공장 다락방에 기숙사를 만들어 신분증 없는 것을 기화로 임금도, 휴식도 주지 않고 계속 일을 시킨 것이죠. 불평불만 하면 바로 일본경찰에 밀고해서 잡혀가게 하기도 했습니다. 이렇게 내가 어렸을 때부터 제주 4·3사건은 내 주변 가까이에 있었습니다.

본디 이들은 국제법적으로 따진다면, "신념이나 정치적 이유에 의하여, 생명·신체의 안전에 대한 위협으로 인해 고향을 떠날 수 밖에 없는" 정치 난민입니다. 비록 국제난민조약이 체결된 것이 4·3사건 보다 뒤인 1951년 7월이라고 하지만 전쟁·내전으로 인한 난민에 대한 인도적 보호는 1930년대부터 규정되어 있으며, 1950년에 설립된 밀입국자 수용시설인 오오무라 수용소는 국제난민조약이 체결 이후에도 우리나라 사람을 열악한 시설에 수용하고 강제송환한 것으로 악명 높습니다. 강제송환되면 한국에서 심문, 재판을 거쳐 형을 받아 감옥살이를 해야 했습니다. 이러한 사실은 인도적인 관점으로 보호대상인 난민을 한국의 독재정권과 결탁하여 사냥하듯이 몰아붙인 일본정부의 큰 역사적 죄책이라 하겠습니다.

제주 4·3사건의 기원

우리 민족이 해방이 되자 억압이 없는 나라의 주인이 된다는 희망을 갖게 되었습니다만 남북이 분단되어 미군과 소련이 주둔하자 그 희망은 깨지고 말았습니다. 분단, 그리고 해방의 좌절이 제주 4·3사건이 일어난 배경입니다. 해방이 되자 제주에서는 일찍이 인민위원회가 구성되었는데, 거기에 식민지 시대에 민족의식을 갖거나, 오사카에서 선진사상을 접하고 노동운동이나 사회운동에 종사한 사람들도 상당히 있었습니다. 그런 사람들을 중심으로 인민위원회가 구성되었는데, 미군정은 이를 인정하지 않을뿐만 아니라, 1947년 삼일절에 경찰이 시위대에 발포하고 희생자가 나오자 제주인민과 정부의 대립이 격화됩니다. 제주 4·3사건은 1948년 이승만이 기도한 단독정부 수립과 단독선거에 반대한 운동이었으며, 그들의 요구는 통일, 미군주둔반대였습니다.

4월 3일에 남로당 제주위원회 사람들과 인민위원회 사람들이 중심이 되어 "단정단선 반대", "반제국주의, 민족통일"을 외치고 도내 24군데 중에 12군데의 경찰 지서를 습격했습니다. 그것을 진압하기 위해 경찰, 서북청년단, 대한청년단 등의 극우 테러단과 군대가 투입되었습니다. 그 당시에는 경찰이 군대보다 더 악질적이고 무력도 강했는데, 경찰은 서북청년단 등의 우익 테러단들과 같이 주민 학살을 벌였습니다. 지금 학살 희생자수에 대한 여러 집계가 있는데 진상규명위원회에 의하면 약 3만 명이 희생됐다고 합니다. 그 중에서 군·경·우익테러단들은 전체 5% 정도이고, 나머지는 모두 제주 주민들입니다.

제주 4·3의 성격에 대해서 그 당시부터 한국정부는 공산당의 반란, 폭동이라고 해 왔고 지금도《조선일보》등 보수 언론에서는 그렇게 주장하고 있습니다. 가상 그들이 공산폭도들이라고 하더라도, 그리고 그들은 죽어도 되는 사람이다 하더라도 당시 남로당 제주위원회와 무장대 등 핵심은 약 500명으로 집계돼 있습니다. 3만 명이나 되는 사람들을 왜 죽였는가 하는 문제가 있습니다.

제주에서는 1948년 4월 봉기가 일어났고, 단독정부 수립을 위한 5·10 제헌 국회의원 선거를 실시 못한 유일한 지역이 되었습니다. 그래서 제주에 경비사령부가 설치되어 10월에는 여순사건 발생하고, 본격적인 소탕작전이 시작되어 1948년부터 1949년에 걸쳐 겨울에 대대적인 토벌작전이 전개되어, 거의 모두 섬멸됩니다. 마지막 빨치산이 사살된 것은 한국전쟁이 끝난 이듬해이며, 1954년 한라산 금족령이 해제됨으로써 6년에 걸친 4·3 항쟁은 끝났다고 봅니다.

백조일손지묘

4·3사건 이후 1980년대까지 한국에서는 4·3사건을 공산폭도들의 폭동이라고 하고, 4·3사건의 진실에 대해서는 아무도 이야기할 수 없었습니다. 4·3항쟁에 대한 진압이 일단락되고 곧 한국전쟁이 발발하여 불온분자들의 예비검속이 시작되었습니다. 제주 서남지역, 대정읍에는 '백조일손지묘百祖一孫之墓'가 있습니다. '백조'라는 말은 백명의 조상을 '일손'은 하나의 자손

을 뜻합니다. 1951년에 일대 마을 사람들을 빨갱이라고 트집을 잡아 연행하여 193명을 몰살했습니다. 거기서 살아남은 마을사람들이 사건이 발생하고 7년쯤 지나 학살현장인 섯알오름 탄약고 터를 파서 뼈를 수습했습니다. 뼈를 수습했어도 어느 뼈가 누구의 뼈인지 다 섞여서 알 수가 없었습니다. 게다가 일가 친척이 모두 몰살 당한 집도 있었습니다. 그래서 어쩔 수 없이 그 뼈를 다 모아서 공동으로 제사를 지내게 된 것입니다. 그렇게 해서 백사람의 조상을 한사람의 자손이 모신다는 의미로 '백조일손지묘'라는 이름이 붙여졌습니다. 4·19 혁명 이후 이곳에 비석을 세웠는데, 박정희가 정권을 장악하자마자 이 묘비를 산산조각으로 박살냈습니다. 지금도 '백조일손지묘'에 가면 깨진 비석 조각을 볼 수 있습니다. 묘까지도 박살내는 반인륜적인 만행이 박정희 군사전권의 본질입니다. 깨진 비석은 겨우 1990년대에 다시 재건했습니다.

기억의 환기와 계승−4·3문학과 재일동포

한국에서 4·3사건을 처음 언급한 것은 현기영 소설가였습니다. 현기영작가는 1979년 박정희 재임 시기에 『순이삼촌』이라는 소설을 집필해서 '창작과 비평'에 발표합니다. 4·3때 남편을 학살로 잃은 삼촌(이모)이 실어증에 걸린다는 내용인데, 이 소설 때문에 현기영 작가는 박정희가 죽은 다음에 군경 합동수사본부에 끌려가 고문을 당하고 49일 동안 구금되었습니다. 1979년은 제주 4·3사건이 발생한지 30여 년이 지난 시점이었습니다. 한국에서는 반세기 이상 소설의 형식이든 시의 형식이든 4·3사건에 대해서 언급 할 수 없었습니다.

당시 북한에서 '제주인민항쟁'에 대한 보도나 프로파간다는 있었지만 당내 사상투쟁 등의 여러가지 사정에 의해 오래가지 못한 것 같습니다. 4·3사건에 가장 지속적이고 큰 관심을 가져 온 사람은 일본에 살거나 피난한 제주사람들이지요. 자기와 가족과 고향의 문제니까요. 그래서 일본의 제주사람들이 제일 먼저 본격적으로 4·3에 대해서 이야기를 하기 시작했습니다. 50년대 초에 나온 재일동포 역사가 김봉현 씨의 『제주 4·3 피의 투쟁』이 전체 과정을 서술한 최초의 책일 것입니다. 한국에서 무서운 탄압을 받고 잔혹한 정치의 현장을 목격한 사람들이 조총련의 가장 핵심적인 구성원이 되었던 것은 자연스러운 흐름이었다고 할 수 있습니다.

1956년 김석범 소설가가 제주 4·3에 관한 소설을 문학동인지에 쓰기 시작했습니다. 내가 대학 다닐 때 간행된 단행본인 『까마귀의 죽음』에서는 제주 목사 관아 앞, 관덕정 누각 처마에 '반도'들의 목이 줄줄이 달려 있는 모습을 묘사하고 있습니다. 4·3사건을 주제로 한 몇 편의 중편소설을 쓴 다음 1976년부터 장편소설 『화산도』의 연재를 시작해서 97년에 6권으로 출판됩니다. 일본어로 쓰여진 『화산도』는 우리 현대사의 암흑을 파헤친 거작이자, 작가 스스로 "현대일본소설로서 누구도 능가할 수 없는 문학"이라는 자부심를 가지고 있는 작품입니다.

또 제주 4·3을 고발하고자 했던 김명식 시인이 있습니다. 김명식 씨는 시인이기도 하고, 예수회의 수사였는데, AALA연구소(4·3연구소의 전신)를 만들어 일본에서 선구적으로 나온 4·3 관계 책을 번역해서 출판했다가 1988년 국가보안법 위반으로 체포되었는데, 일본에서 그의 석방운동이 일어나기도 했습니다. 김명식 씨는 4·3을 운동화하는데 결정적인 공헌이 있었던 사람이고, 재야운동연합체인 전국연합의 대외위원장도 지냈습니다.

재일동포들은 4·3사건으로 상당히 큰 상처를 입었지만 한국에서 철저히 금압되었을 때, 그 기억을 고발하고 계승하는데 큰 기여를 했습니다.

4·3사건의 공론화와 '제주 4·3진상규명 명예회복을 위한 특별법'

나는 1990년에 출소한 다음 미국과 유럽에 2~3년 있다가 일본에 돌아와서 동아시아 평화 문제에 관심을 가지고 운동을 시작했습니다. 내가 관심 가진 것은 냉전시대, 국가폭력과 그 희생자의 권리회복 및 배상문제입니다. 1997년 타이베이에서 장제스 치하에서 자행된 국가폭력을 주제로 '동아시아 냉전과 국가테러리즘' 제1회 국제 심포지엄을 개최했습니다. 제2회는 1999년 8월에 제주에서 대만, 오키나와, 일본, 한국 사람들과 함께 4·3사건을 주제로 국제심포지엄을 했습니다. 동티모르의 노벨 평화상 수상자 라모스 홀타, 일본의 덴 히데오田英夫 참의원의원, 한국의 국회의원들도 초청했습니다. 그렇게 해서 희생자, 활동가, 연구자 500명 정도가 모여, 해방 후 최대의 민간 국제심포지엄을 열었습니다. 그 결과라고만 할 수 없지만 심포지엄 끝난 후에 국회에서 4·3 청문회가 열려, 진상규명과 명예회복 논의가 있었고 그해 12월 말에 국회에서 '제주 4·3진상규명 명예회복을 위한 특별법'(이하 4·3법)이 통과되고 다음해 1월부터 발효 되었습니다. 그 때 제주사람들이 "처음으로 공개적으로 경찰 앞에서도 4·3문제에 대해서 이야기를 할 수 있게 됐다"고 우리 심포지엄을 평가했습니다. 제주 4·3사건을 공론화, 국제화하고, 입법의 계기를 만드는 데에 약간의 기여를 했다고 할 수 있습니다.

'4·3법'을 보면 다른 과거사법에 없는 특이한 규정들이 있습니다. 우선 4·3 희생자의 명예회복에 관한 신청이 해외공관에서도 된다는 점입니다. 외국에서는 이런 경우가 많이 있습니다. 칠레나 아르헨티나에서는 군사정권 때의 피해자들이 국외로 피난을 갔습니다. 특히 칠레는 1973년 피노체트의 쿠데타로 인해 80만 명 정도가 캐나다나 유럽으로 망명했습니다. 1990년 피노체트 정부의 붕괴 후 제정된 칠레의 과거청산법은 해외공관에서 조사하고, 피해 접수를 하게끔 되어 있습니다.

제주 4·3사건으로 피난한 재일동포들이 많기에 일본에 있는 영사관에 조사처를 만들어 피해 접수를 했으나, 결과는 수십 명의 신청자 밖에 없었습니다. 법이 생기기 반세기 전의 이야기지만 여전히 사람들에게는 4·3은 생각하기도 두려운 트라우마로 남아있기 때문입니다. 그리고 한국 대사관과 영사관에 대한 불신도 있습니다. 주일 공관은 김대중 납치사건 때도 그랬지만, 재일동포를 보호하기보다 감시하고, 억압하고, 경우에 따라 잡아 한국에 보내어 고문하거나 감옥에 보내거나 했던 전력이 있기 때문입니다.

재외동포뿐만 아니라 제주 안에서도 아직도 4·3에 대해 말하길 꺼려하는 사람들이 있습니다. 피해자도 있지만 가해자도 많습니다. '군경유족회'라는 단체가 있는데 당시 군대와 경찰 그리고 테러단 사람들의 유족모임입니다. 그 사람들은 4·3 이후 4·3사건에 대한 여론을 오도하여 그들의 관계자는 모두 국립 현충원에 모셔져 있습니다. 자기 나라 시민을 죽였다는 공로로 현충원에 들어가 있는 것입니다. 놀라운 일이지만 이것이 사실입니다.

4·3법의 특수성

4·3법의 가장 큰 특징은 법이 대상으로 하고 있는 4·3사건에 대한 성격규정이 없다는 점입니다. 법의 제2조(정의) 1에는 "제주 4·3사건"이란 1947년 3월 1일을 기점으로 1948년 4월 3일 발생한 소요사태 및 1954년 9월 21일까지 제주도에서 발생한 무력충돌과 그 진압과정에서 주민들이 희생당한 사건을 말한다'고 했지만, 여기에는 누가 뭣 때문에 누구를 죽였는가가 명기되지 않고, 제주 4·3사건이 역사적으로 어떤 의미가 있는가를 밝히고 있지 않습니다.

이것은 아주 이상한 법입니다. 다른 과거사법에서는 사건의 성격을 밝히고 있습니다. '민주화운동 관련자 명예회복 보상법'에는 "'민주화운동'이라함은 1969년 8월 7일 이후 자유민주적 기본질서를 문란하게 하고 헌법에 보장된 국민의 기본권을 침해한 권위주의적 통치에 항거하여 민주 헌정질서의 확립에 기여하고 국민의 자유와 권리를 회복·신장시킨 활동을 말한다."고 규정하고 있습니다.

'5·18민주화운동 관련자 보상 등에 관한 법률'에서는 5·18은 '민주화운동'이라고 규정하고 있습니다. '거창사건 등 관련자의 명예회복에 관한 특별조치법' 제2조(정의)에서는 "'거창사건' 등이란 공비토벌을 이유로 국군병력의 작전수행 중 주민들이 희생당한 사건"이라고 규정하고, 학살을 희생이라고 둘러대고 있으나 군경이 가해자임을 인정하고 있습니다.

하지만 제주 4·3사건은 누가 무력을 행사하여 누구를 죽였는지 알 수 없습니다. 진압했다는 말이 들어있기 때문에 짐작은 하지만 이것이 독재정권에 대한 항거라거나 민주화운동이라든가 하는 규정은 아무것도 없습니다. 오늘날까지도 4·3사건의 성격에 대한 결론이 내려져 있지 않습니다. 먼저 진상규명위원회를 만들어서 조사 결과를 보고, 사건의 성격을 규정한다고 하는데, 사건의 성격 규정을 전제하고 진상 규명의 방향을 설정한다는 상식과는 반대로 되어있는 것입니다. 보상규정이 없고, 진상 규명과 명예 회복만 하고, 4·3평화공원을 조성하고, 재단을 만들고 그와 관련한 자료관을 만들었습니다. 이런 것들을 집단적인 보상이라 해서 국가예산으로 집행했습니다.

4·3법 제11조(호적 등재)에는 "제주 4·3사건 당시 호적 등재가 누락되거나 호적에 기재된 내용이 사실과 다르게 된 경우 다른 법령의 규정에 불구하고 위원회의 결정에 따라 대법원규칙이 정하는 절차에 의하여 호적에 등재하거나 호적의 기재를 정정할 수 있다."고 한 점도 특이한 점입니다. 이는 중산간 마을을 전부 불태워버려 호적이 없어진 경우, 혹은 4·3사건 이후 당국의 추궁을 피하고, 신분을 감추기 위해서 호적을 위조하거나 다른 사람 호적에 들어간 사람들이 꽤 많기 때문입니다.

그 다음에 증언자, 피해자의 보호입니다. (제5조) 누구든지 제주 4·3사건과 관련해서 자유롭게 증언할 수 있다는 규정입니다. 이는 증언하는 것이 자유롭지 못하기 때문에, 자유롭게 증언할 수 있다는 규정을 만든 것 입니다. 그리고 얼마 전에 제3차 개정이 있었습니다. 제주 4·3사건 자체가 보상과 진상규명 명예회복이 처음부터 완성된 것이 아니고, 많은 정치적인 세력의 관계 속에서 타협의 산물로 만들어진 것입니다. 오늘도 치열한 사회적인, 정치적인 투쟁 속에서 완성을 향해서 추가 수정되고 있으며, 완성된 것이 아닙니다.

제노사이드로서의 제주 4·3학살

앞에서도 이야기했습니다만, 4·3항쟁 진압의 두드러진 특징은 비인간적이고 잔악무도하다는 점입니다. 백선엽 등 일본군 출신 군인이 일제가 중국이나 만주에서 항일 무장세력이나 독립군, 조선백성을 학살하는데 사용한 수법을 그대로 사용했습니다. 삼광三光(殺光: 깡그리 죽이고, 燒光: 깡그리 불사르고, 劫光: 깡그리 약탈하는)작전으로 제주를 불모지로 만든 것입니다. 제주에서는 '초토화작전'이라고 하는데 이로 인해서 중산간 지대에는 사라져버린 마을이 많이 있습니다. 4·3사건이 일어나자 제주에서는 해안으로부터 5킬로미터를 넘어 산쪽에 있는 사람들을 모두 해안지대로 강제이주시켜, 그 지역으로의 출입을 일체 금지시키는 금족禁足령을 내리고, 산에서 내려오지 않는 사람들을 공비로 간주하고 무조건 죽이고 불살라버렸던 것입니다. 미군이 금족 지역에 집중적인 함포사격과 폭격을 가했으며, 한라산을 불태우고 짐승 몰듯이 포위하고 섬멸했습니다. 김석범 작가는 미국이 4·3 진압에 직접 관여했으며, 지리산 중산간지대를 초토화하는데 미국의 화력이 결정적인 역할을 했다고 합니다.

지금도 제주 곳곳에 성벽이 남아 있습니다. 중산간 일부 지역에 단단한 성곽을 만들어 성 밖에는 일절 식량을 두지 않고, 낮에 농사 나갈 때는 군대가 감시했고, 유격대의 식량을 공급한다든지 정보를 제공하는 것을 차단하고 게릴라를 말려 죽이는 견성청야堅城淸野라는 고전적인 전술이 채용되었습니다. 만주에서 항일부대 토벌에 사용된 수법입니다.

제주에서도 고문, 강간, 신체훼손, 방화, 강제이주 등이 저질러졌습니다. 이승만은 "제주도를 불살라버려라"라고 했습니다. 어떤 지역, 어떤 인간 집단을 지칭해서 무차별적으로 말살하는 것은 명백히 제노사이드(학살)입니다. 동학농민전쟁 때 인천에 지휘소를 둔 일본군에게 히로시마에 있는 대본영은 "동학교들을 모두 죽이라"고 지시했습니다. 이는 특정 종교집단의 말살을 의도하고 실행한 것으로 명백한 제노사이드이며, 우리나라에서 저질러진 제노사이드의 시초입니다.

참으로 처참한 이야기는 북에서 내려온 서북청년단, 대한청년단 등 극우테러단이 제주에서 저지른 만행입니다. 그들은 제주 여성들을 유린했는데, 예쁜 여자가 있으면 강제로 자기 것으로 만들어 버리고, 아이를 낳게 되면 자기 집안 내력을 아이들에게 이야기 못하게 했습니다. 제주에는 그런 여성들이 많이 있습니다. 그리고 어떤 경우는 자기 집안의 아들이 산에 올라가서 빨치산이 되었는데 남은 가족은 살아남기 위해서 여동생을 경찰에 시집보내 경찰의 환심을 사고, 경찰가족이라는 증명을 받아 신변의 안전을 도모하기도 했다고 합니다. 그 과정에서 극우테러단에게 제물로 바쳐진 제주 여성들의 고통은 상상을 넘습니다

'양민학살'이라는 말

동아시아 국가테러리즘 국제심포지엄 운동을 하면서 한국의 과거청산운동을 하는 사람이 쓰던 '양민'이라는 말은 '선량한 사람'이라는 뜻이었습니다.

'양민학살'이라는 말 자체가 국가폭력의 시선이 서려 있는 말입니다. 양민이라는 말 자체가 지배자에게 순종하는 봉건 신분사회의 냄새가 분분하지만, 양민이 아니라고 규정된 사람은 학살해도 무방하다는 논리가 되기 때문에 요즘은 '양민학살'이 '민간인 학살'로 바뀌게 되었습니다.

제주 4·3법이 제정된 다음에 한국의 '성우회'라는 퇴역 장군들의 모임과 자유총연맹 등의 반공단체에서 4·3법이 위헌이라는 소송을 제기 했습니다. 제주 4·3사건은 남로당 골수분자인 빨갱이들이 일으킨 사건인데 명예회복을 시킨다는 것은 말이 안 된다는 것이고, 적어도 그 당시에 남로당 지도부나 폭동의 주도적 인물은 배제해야 한다는 것이었습니다. 4·3사건 진상규명을 하는 과정에서도 이 사람들을 배제해야 한다는 주장이 많이 있었습니다. 제주사람들의 입장은 남로당이든 뭐든 4·3과 관련해 희생된 자들은 전부 희생자로 인정해야 한다고 이야기하고 있습니다. 이건 아직 해결되지 않았고, 해마다 4·3평화공원에서 실시되는 4·3위령제에서 우익들은 각명비 등에 새겨져 있는 희생자 명단에서 빨갱이 이름을 삭제하라고 소동을 피웁니다.

4·3사건의 역사적 성격

4·3사건을 바라보는 입장에는 극우파들이 주장하는 공산 폭동이라는 시각부터 지금의 제주 4·3법의 배경과 관련있는 무고한 양민 내지는 민간인 학살이라는 시각까지 있습니다. 후자가 제주에서 통용되는 일반적인 시각입니다. 그러나 4·3사건은 미군의 지배와 우리나라 분단에 반대해서 단독정부수립에 반대한 민족자주 통일운동의 선구자라고 이야기하는 사람들도 있습니다. 제주에서도 치열한 논쟁이 있었습니다. 결국은 기술적으로 1999년 법이 성립되는 당시의 국회의원이나 한국정부 수준에서 받아들일 수 있는 정도로 양보를 하다보니 4·3투쟁에서 희생된 사람들은 순진하고 무고하다는 주장을 하게 되었습니다. 물론 오늘날은 공산주의가 잘못됐다고 생각하는 사람들이 많이 있겠지만, 문제는 그 당시에는 어떠했느냐 하는 것입니다. 그래서 나는 제주 4·3 항쟁의 성격을 사회주의를 지향한 '반제 민족자주통일운동'으로 보는 것입니다.

또 하나의 문제는 우익의 입장에서 일반적으로 제주 4·3사건을 남로당 제주위원회가 주동해서 일으킨 사건이라고 합니다. 단정단선에 반대하고 남로당 제주위원회가 핵심에 있었던 건 사실이니, 그 사람들이 4·3사건에 막대한 희생을 가져온 모험주의자이며 제주의 대량학살이 그들의 책임이라고 말합니다. 이런 주장에 대해 김석범 작가는 "그것은 무슨 이야기인가. 물론 남로당에 문제점이 있었겠지만 보다 본질적인 책임은 미국에 있는 게 아닌가? 제주 4·3사건 때 제주를 포위하고 사람들을 학살한 사람들이 누구인가? 미국이 없었더라면 단정단선이라는 이승만의 노선이 나왔겠는가? 누가 분단을 시키고 누가 우리나라 인민을 학살했는가?"라고 이의 제기를 했습니다. 이것이 본질적인 문제입니다.

일본에서는 4·3을 생각하는 모임이 있어서 도쿄와 오사카에서 4월에 위령제를 하고 있습니다. 1997년부터 시작되어 제주사람들이 중심이지만 관심 갖고 있는 제주 밖의 사람들과 일본사람들도 참여하고 있습니다. 이 운동이 제주 4·3운동에 일정한 도움이 되고 격려도 되는 것이 사실이지만, 역시 일본에서도 4·3사건의 성격이 무엇인가 하는 것을 둘러싸고 우리나라의 분단 상황이 반영되어 역사의 본질을 파헤치고 있지 못하는 구석도 있다고 할 수 있습니다.

오늘날 더욱 혼란스러운 것은 민주화를 거친 한국이 지금 어디에 서있는가 하는 것입니다. 민주화가 무엇이며, 북한에서 추구하는 사회주의는 무엇인가, 우리 겨레는 오늘날 왜 이렇게 되었는가 하는 어려운 과제가 있습니다.

제국주의 과거 청산의 성과와 그늘:

재일동포와 야스쿠니

동아시아의 우호까지 ゆうかじ

제국주의 과거 청산의 성과와 그늘:
재일동포와 야스쿠니

한일국교정상화 50년 과거청산의 과제 – 재일동포문제를 중심으로

한일국교정상화 50년 과거청산의 과제 – 재일동포문제를 중심으로[22]

요즘 한일 상호간의 외교적인 소통이 막히고, 양국국민 상호호감도가 대폭적으로 악화되어 있다.[23] 그 원인은 아베 정권이 정책으로 추진한 야스쿠니 참배, 집단적 자위권, 군사화·우경화, 일본군 위안부문제, 영토문제 등에 있으며, 그에 맞서는 박근혜정부의 강경한 입장에 있다. 이런 대립 속에서 한일양국의 관계는 급냉하여, '정냉, 경냉' 현상이 두드러져 있으며 재일동포사회에 중대한 영향을 끼치고 있으나 돌파구를 찾지 못하고 있다.

2009년 8월 이명박 대통령이 독도에 상륙할 때 도쿄 쇼쿠안 도오리에 있는 코리아 타운의 한국음식점이나 한국상품 가게들은 일본 우익들에 의한 공격으로 심대한 타격을 받았으나, 지금 더욱 상황이 악화되어 '사상 최악'이라고 한다. 그래서 '한일정상화를 요청하는 관광업계[24]' 라는 신문의 헤드라인이 등장하기도 한다. '한일정상화'가 된지 반세기인데 '정상화'를 요청하는 목소리가 이다지도 간절하다면, 지난 1965년 한일국교정상화는 무엇이었으며 지난 50년은 무엇이었는가?

이 글에서는 한일협상의 원점으로 되돌아가서 과거청산이라는 시각을 축

---

22 《한일수교 50년: 사람, 교육·문화' 국제학술심포지엄》 / 2015년 1월 9일, 발제문.

23 많은 통계가 있으나, 예를 들어 2014년 10월 일본 내각부의 국민의식조사에서는 '한국에 친근감을 느끼지 않는다'고 회답한 사람은 66.4%로 1975년 조사가 시작된 이래 가장 높았다. '한국에 '친근감을 느낀다'는 회답은 2013년에 비해 9.2%가 줄어든 31.5%로 과거 최저치였다. 한류붐이 한창이던 2009년도에는 호감도가 63%를 넘었다. http://survey.gov-online.go.jp/h25/h25-gaiko/2-1.html

24 최근 한일관계의 여러 여론조사를 정리한 것은 (오구라, pp.103~105)
日韓関係「正常化」を朴政権に要請する韓国観光業界の"断末魔"…「韓流」終焉，日本人行かず業界は壊滅 http://www.sankei.com/west/print/130708/wst1307080078-c.html

으로 '잃어버린 50년'의 의미를 재일동포 문제를 중심으로 살펴보려고 한다.

헤이트 스피치[25]

일본에서는 주말마다 도쿄, 오사카 등 큰 도시의 번화가, 역전, 코리아 타운 등지에서 "조선인은 떠나라", "죽어라, 죽어라, 죽어라", "바퀴벌레, 구더기 조선인", "쏴 죽여라", "좋은 한국인도 나쁜 한국인도 모두 죽여버려라"라고 쓴 플래카드를 들고 선동하거나, 거리시위를 하는 사례가 눈에 띤다. 2013년 2월 24일에는 오사카의 코리아 타운이 있는 츠루하시에서 진행된 '일한국교 단절 국민대행진 in 츠루하시'에서는 "언제까지나 잘난 체 하면, 난징 대학살 이 아니라, 츠루하시 대학살을 실행합니다"라는 제노사이드를 상기하게 하 는 무시무시한 언사까지 나왔다(모로오카 A, p.3). 사오년전부터 재특회(재 일 특권을 허용하지 않는 시민모임) 등이 중심이 되어 벌이는 '헤이트 스피 치hate speech(인종주의 증오 표현)'다.

헤이트 스피치는 2013년 이래 계속 늘어나고 있는 추세이다. 연간 360건 이상 차별데모, 가두선전이 이루어지고 있다고 한다. 헤이트 스피치란 인종, 피부색, 민족, 국적, 언어 등에서의 피차별자, 즉 소수집단 또는 개인에 대해 그 속성을 이유로 하는 차별적 언동이다. 그 본질은 차별이고, 소수자를 향 하는 차별에 기초한 언동에 의한 공격, 박해이며, 차별·폭력의 선동'이라고 한다(모로오카 B, p.83). 일반적으로 폄훼·위협·선동만이 아니라 폭행·상 해·강간·방화·약탈·살인 등의 범죄행위를 포함해서 인종주의 증오범죄

---

25 2016년 5월 24일 '헤이트스피치 규제법'이 일본중의원을 통과하여 성립되었다. 법 의 정식명칭은 '이 나라(本邦)외 출신자에 대한 부당한 차별적 언동의 해소를 향한 행동의 추진에 관한 법률'이라고 한다. 즉 일본에 사는 외국 출신자 및 자손들에 대 한 차별의식을 조장하거나 유발하는 것을 목적으로 공공연히 그 생명, 신체, 자유, 명예 또는 재산에 위해를 가한다고 표명하는 등, 외국인임을 이유로 지역사회에서 의 배제를 선동하는 행위의 해소를 위해 나라나 공관청이 노력하고, 계발 교육하고, 인권 교육할 것을 의무화 하는 법이다. 노력 목표들을 내걸고 있으나, 벌칙이 없어 서 얼마나 실효성이 있을지는 두고 볼 일이다.

hate crime라고 일컬어지는데 가장 핵심적인 요건은 민족, 인종, 피부색, 언어, 종교, 성별 등으로 집단의 우열을 매기고 그것을 범죄 실행의 이유·동기로 삼는 점이다. 일본에서는 지금까지 조선학교 여학생들에 대한 치마저고리 자르기, 폭행, 협박, 기물파괴 등의 증오범죄가 없었던 것은 아니었으나, 주로 증오 선동, 언어 폭력이 중심이었다.

헤이트 스피치는 일반적으로 소수집단에 대한 언어 행동 폭력으로 일반화되어 있으며, 일본에서는 한국·조선인 외의 중국 및 기타 외국인이나 부락, 여성, 오키나와 등 일본 내 소수집단에 대해서도 공격의 칼날을 겨누기도 하지만, 이 문제가 조선인 차별, 특히 조선학교에 대한 공격에서 시작했다는 점과, 공격의 중심이 한국·조선을 겨냥하고 있다는 것이 한국·조선과 일본의 과거청산이라는 측면에서 본다면 가장 중요한 대목이다.

이렇게 본다면 일본의 헤이트 스피치, 헤이트 크라임의 연원은 일제 식민지시대까지 거슬러 올라 갈 수 있다. 조선총독부는 광범한 조사사업을 통해서 우생학적 시각을 담은 조선민족열등론을 조작 유포·교육시켰으며, 해방 후에도 일본 사회에서 그러한 담론이 바로 잡힐 기회가 만들어지지 않고, '조선인 차별'이 재생산되어 왔다. 해방 후 냉전시대를 통해서 일본에게는 한국은 반공우방이기는 했으나 군사독재시대의 한국은 일반적인 일본인에게는 무섭고 근접하기가 어려운 나라였고, 경제성장과 88올림픽을 계기로 한국은 일반 일본인에게도 가까운 존재가 되어갔다. 그 이후 민주화와 맞물려 '시장경제와 민주주의'라는 가치를 함께하는 나라로 양국관계는 비교적으로 순탄했으며, 김대중 대통령의 일본대중문화 개방정책과 적극적인 미래지향적인 대 일본 관계정립 제스처도 있었으며, 한류붐까지 가세해서 한일관계는 가장 양호한 시기를 맞이했다고 할 수 있다.

원래 일본에서는 해방후에도 뿌리 깊은 조선인 차별의식이 있었으나, 한일국교정상화를 계기로 일본사회에서 '한국'이 공식화되어, 한국정부가 한국을 조선과 차별화하면서 분단현실과 분단의식이 일본과 재일동포사회 속으로 침투하였다. 냉전·반공주의(자유민주주의)적 가치를 중시하는 일본정부 및 일본사회의 태도도 한국과 조선을 구별하고 차별하는 이중적인 태도를 취하게 되었다. 그러므로 차별과 증오는 '조선'이라는 허용된 회로에 수로화 canalizing 되었다. 게다가 2001년 고이즈미小泉純一郎 총리의 평양방문 때 터져나온 납치문제로 일본의 대 북한 여론이 급격하게 악화되었고, 핵 미사일 문제까지 겹쳐 북한을 증오하는 국민적 여론이 형성되어 조총련 관련시설이나 조선학교 및 학생들에 대한 공격으로 비화되었다. 신문 잡지, 주간지, TV 와이드쇼, 인터넷 등 모든 미디어는 '북한 때리기', '조선인 때리기'로 일색화되어, 일본 패전 후, 전무후무한 거국적인 차별적 증오가 표출되었다.

그런데 2005년 2월 '다케시마의 날' 제정을 계기로 동아시아를 진동시킨 '동아시아 반일 시위' 속에서 영토문제, 교과서문제, 일본군위안부문제, 일본 총리의 야스쿠니 신사 참배문제 등 일본과 동아시아와의 역사청산문제가 불거져나와 일본과 한국·중국의 관계는 급속히 악화되었다. 과거에 '북한 때리기'를 즐기던 한국의 처지가 달라진 것이 노무현 정권 때부터였으나, 2012년 8월 10일 이명박 대통령의 독도 상륙과 천황방한의 전제로서 사과가 필요하다는 발언은 결정적인 한 방을 안기고, 급속히 반한, 혐한嫌韓 정서가 일본사회를 지배하게 되었다. 이 무렵부터 전에 볼 수 없었던 일본 우익의 선전차街宣車가 일본 각지의 한국 영사관을 표적으로 공격하는 풍경이 일상화되었다. 강 건너 불구경을 하다가 때로는 일본우익의 '북한 때리기'를 거들곤 하던 한국 민단도 혐한류의 유포 속에서 헤이트 스피치 반대캠페인에 나서지 않을 수 없게 되었으며,[26] 한국 대통령까지 헤이트 스피치의 확산에 우려를 표명하기에 이르렀다.[27]

---

26 제69회 광복절 경축 중앙기념식전이 15일…히비야(日比谷) 공회당에서 단원 약 2500명이 참가한 가운데 열렸다… 결의문의 5에서 '민족차별을 부추기는 헤이트스피치를 좌시하지 않고 동포의 인권을 지키기 위해 법적 규제를 일본 당국에 강력히 요구한다'를 채택했다 [민단신문 Online] http://www.mindan.org/kr/newspaper/read_artcl.php?newsid=14266

27 박근혜 대통령이 7월25일 방한 중인 마스조에 요이치 도쿄도지사와 청와대에서 회담을 갖고, 일본국내의 일부단체에 의한 '헤이트스피치' 등 혐한 데모에 대해 "이웃나라의 국민감정을 손상시키고, 일본의 국제적 이미지도 실추시킬 수 있는 문제"라며 우려를 표명했다. 동시에 재일동포가 "양국관계에 가교 역을 하고 있다"면서, "도

'한일회담이 지향한 바는 원래 식민지 지배의 청산과 새로운 국가간 관계수립에 있었다'(오오타 A, p.11). 한일조약 타결을 통해 한국이 얻고자 한 것은 일본의 식민지 지배의 청산과 독립국 대 독립국으로서 국교수립을 하자는 것이었는데, 일본은 기본적인 입장이 달랐다. 1951년 미국의 주선에 의해 시작되어 14년간 진행된 회담은 과거청산이라는 본질적이고 역사적인 임무를 다하지 않은 채 돈문제로 변질되고 봉합되어버렸다. 이미 알다시피 한일기본조약 제2조에 식민지 지배청산에 관한 조항을 마련했지만, 일본은 식민지 지배의 불법, 부당성에 끝까지 동의하지 않고, already라는 말을 넣어 한일 양국이 각자의 편의대로 해석하기로 함으로서 역사적 식민지청산은 물 건너간 것이다.

1949년에 한국외무부에서 작성된 "대일배상요구조서"서문, '대일배상요구의 근거와 요강'에서는 '1910년부터 1945년 8월 15일까지의 일본의 한국 지배는 한국국민의 자유의사에 반하는 일본의 일방적인 강제행위이며, 정의, 공평, 호혜의 원칙이 배제된 폭력과 탐욕의 지배'였다고 원칙적이고 정당한 지적을 하고 있다(오오타 B, p.115). 그러나 일본은 한국이 교전국이 아니라는 이유로 배상 대상에서 배제했으며, 요시다 시게루吉田茂 일본총리는 한국 정부가 샌프란시스코 강화조약 회의에 참여하는 것을 완강히 반대했다.

일본정부가 '한국병합조약 유효론'을 주장한 이유는 다음과 같다. 첫째 제국의 구 식민지가 '이번 전쟁과 관계없이 제국이 정당하게 취득했고, 게다가 제국의 주권행사에 대해 종래 다툼이 없었던 영토'이며, '일한병합조약, 한국병합선언에 대해서 오늘까지 미, 영, 소의 어느 나라로부터도 이의 제기된 바가 없다', 즉 '국제법, 국제관례상 보통으로 인정된 방식'에 의해 '정당하게 취득'되었다는 인식이다. 둘째, 일본은 조선식민지 지배에 있어서 '국가

쿄도로서 우리나라 동포들의 생활과 안전에 위협이 되지 않도록 확실한 대책을 세웠으면 좋겠다"고 요망했다.
http://www1.president.go.kr/news/newsList.php?srh[view_mode]=detail&srh[seq]=6716

로부터 다액의 보조금이나 민간 자금을 주입하여 "적자"였으며, 조선인의 소득 및 생활수준은 향상 되었다'는 인식이었다.

　원래 식민지 지배를 청산하여, 독립된 주권국가 대 주권국가로 외교관계를 정상화하려는 한일회담의 역사적인 사명은 애당초부터 이루어질 수 없는 과제였다. 일본은 식민지 지배의 불법·부당성을 시종일관 인정하지 않았으며, 군사 쿠데타로 정권을 장악하고 '경제개발을 서둘렀던 한국정부는 대일청구권을 포기하고, 일본의 "독립축하금"이라는 경제협력자금을 받아들였으며'(요시자와, p.14), 명분과 논리, 정의를 모두 포기해버렸으며, 게다가 미국이 자국의 이익의 관점에서 처음부터 한일관계를 강제 중재하려 했던 것이다. 따라서 한일조약은 역사청산이라는 과제에 대해서 제대로 응답할 수도 없고 응답하지도 않았고, 전혀 그 사명을 다하지 못했다. 그래서 한일간의 식민지 지배에 관한 역사적인 청산 문제는 여전히 미제상태이며, 1990년대 이래 전후보상 요구가 쏟아져 나온 것은 당연한 일이었다.

재일동포의 과거청산

일본이 샌프란시스코 강화조약을 조인하여 주권회복이 시야에 들어왔을 때, 한일회담 준비를 위해, 1951년 10월 20일부터 11월 28일까지 예비회담이 개최되었다.

　일본의 독립에 따라서 야기되는 재일조선인의 법적지위문제에 고심한 미국은 한일회담의 알선을 시도했다(요시자와, p.36). 일본의 연합국총사령부 GHQ와 일본정부는 공산주의자가 많이 있다고 생각되는 재일조선인을 어떻게 처리할지 고민하고 있었고, 한국전쟁이 일어나면서 더욱 고민이 깊어졌다. 급기야 미국이 개입해서 일본이 재일한국·조선인의 법적지위에 대하여 한국정부와 협의하도록 지시했다(다카사키, p.23). 한일회담의 시작은 치안문제로서의 재일조선인문제였다.

　한일 예비회담은 1951년 10월 20일 연합국총사령부에서 시볼트 외교국장의 입회 하에 시작되었는데, 실제는 한미일회담이었다(다카사키, p.24). 1950년 2월 이승만 대통령은 "동양에 공산주의의 위험이 있는 한, 한일 양국은 과거를 잊어버리고, 밀접하게 협력할 필요가 있다"고 표명했는데, 이것이 한미일 3국의 공통된 인식이었을 것이다. 회담에서 식민지 지배책임을 추궁당하고, 배상 요구를 받게될 일본으로서는 스스로 원해서 협의를 할 처지가 아니었고, 한국도 그다지 적극적이지 않았다. 이승만 대통령은 미국의 알선에 호응한다는 차원이었다고 한다.

재일조선인은 일제 시기에서는 일본 제국주의 신민으로 간주되었으며, 1952년 샌프란시스코 강화조약이 발효됨에 따라 일본국적의 상실이 결정되기까지는 일본국적을 가진 자로 간주되었음에도 불구하고, '천황제를 반대한다'고 경계한 일본정부는 1947년, 일본 전후 첫째 총선거에서 조선인을 배제하기 위해 천황의 마지막 칙령으로 외국인등록령을 발포했다. 이로써 조선인을 '외국인'으로 취급하게 되어 선거권을 비롯한 일본국민에 준하는 권리들이 박탈되었다. 그래서 1952년 일본국적을 상실하여 출입국관리법의 적용을 받게 되면서, 외국인 등록에 따른 지문날인이 시행되었다. 재일조선인의 법적지위문제에 대해, 한일회담에서 쟁점이 된 것은 ① 국적, ② 영주권, ③ 처우, ④ 강제퇴거였다(요시자와, p.38). 국적문제에 있어서는 '한국 국적'과 1947년 외국인등록령에 의해 재일조선인 전체에 부여된 '조선적'이 남게 되고 한국 국적 소유자에 한해서 협정영주권이 부여됨으로서 재일조선인 사이에 남북분단을 현재화시켰다. 처우에 있어서도 연금수급대상에서 배제되었고, 변호사, 공무원 등, 각종 자격 시험에 국적조항이 있어서 재일조선인은 배제되었다. 일본이 1979년 국제인권규약 비준, 1981년 난민조약의 비준을 배경으로 1991년 입관특례법에 의하여, 남북조선 및 대만 출신자와 그 후손에게 일괄하여 '특별영주권'을 부여함으로써 조선적 차별문제는 해소되었으나, 공무원 임용권, 지방참정권, 자의에 의하지 않고(불가항력) 특별영주권을 상실한 자들의 자격회복문제 등이 과제로 남아 있다(다나카, pp.214~215).

일본의 조선식민지통치의 결과로 존재하게 된 재일 한국·조선인, 특히 강제연행자는 법적인 지위를 원상회복 하고 정당한 보상 이후 귀국하게 해야 하는 것인데, 이제는 일본에 거주하는 대부분의 한국·조선인은 일본에서 정착하고, 이른바 '자이니치在日化'하고 있다. 그래서 '자이니치'의 요구는 일본사회에서 살아가는 자로서 '최대한 일본인과 동등한 자격'의 획득하는 것이 되었다. 그것이 그동안의 권리 투쟁이 지향하는 바였다. 그래서 재일동포들은 현실 생활 상의 처우개선에는 관심이 많지만, 재일동포사회에 내재하는 전쟁, 총동원체제, 징병, 징용, 강제연행, 일본군 위안부, 관동대지진, 피폭자, 야스쿠니 신사 등 식민지 과거청산 문제에 대해서는 일부를 제외하고, 비교적 무관심하다. 또한 조선학교와 같은 민족교육의 권리에 대한 일본정부의 탄압에 대해서는 분단상황이 어두운 그림을 드리우고 있으나 한국 및 민단 측은 방관상태에 있다. 그러한 상황이 결국 '조선인 때리기'를 조장하는 결과가 되어, 오늘날의 헤이트 스피치, 헤이트 크라임의 창궐을 가져왔다.

일본의 역사적인 진실의 무시 또는 왜곡은 한일관계와 동아시아지역 국제관계에 큰 불행을 초래하고, 재일동포에게 치명적인 재앙이 되는 것이다. 재일동포의 실질적인 생활보장과 인간적 존엄의 향유의 기반은 일본사회의 식민지 지배의 청산에 있다고 하겠다. 그런데 첫째, 과거청산의 사명을 띤 한일교섭이 처음부터 역사문제를 이차적인 문제로 여겨, 한일국교정상화의 임무를 다하지 못하였고, 둘째, 일본정부가 일관되게 을사늑약조약과 식민지 지배의 합법성을 주장하여 과거청산의 의지가 없으며, 셋째, 한일교섭의 중개자이자 감독자이던 미국이 자국의 국가이익 추구에 골몰하여 천황을 비호하고, 일본군국주의의 핵심정치가들을 부활케 하여, 연합국의 주역으로서 일본에 대해서는 역사적으로 파시즘을 청산하게 하는 임무를 다하지 못하고, 넷째, 남북분단 상황이 일본에게 농간을 부릴 틈을 주어서, 과거청산을 더욱 어렵게 만들었다. 그래서 일본의 조선식민지 지배 청산을 위해 전면적으로 일본과 남북조선 간의 협의가 시작되어야 한다고 할 수 있다. 새롭게 역사청산을 제대로 하자는 이야기는 무리한 이야기만은 아니다.

전 주한 일본대사를 지낸 오구라 가즈오小倉和夫는 대담 속에서 다음과 같이 말하고 있다. "전전戰前의 치안유지법부터 시작한 (일본의) 자유와 평등에 대한 탄압에 대해서, 도대체 일본정부나 일본국민이 어떠한 반성을 했나? 나는 자유, 민주, 평등 사회를 만들어냈다는 증거를 일본이 보여주기 위해 일본 자신이 전전의 일본 국내의 자유와 평등의 탄압을 반성해야 한다고 생각한다. 과거의 극복은 일본에게 정말로 중요하지 않을까?"(오구라, p.151).

일찍이 일본의 주류사회 속에서 들리지 않던 목소리다. 그것이 한일관계가 역사상 최악의 시기에 나온 의미를 음미해야 할 것이다. 일본과 우리나라에서 식민지과거청산을 전면적으로 확실하게 전개해야 한다. '늦었다고 생각할 때가 가장 빠르다'는 격언을 상기하면서.

참고문헌

모로오카 A 　師岡康子,『ヘイト・スピーチとは何か』, 岩波新書, 2013年 12月.

모로오카 B 　師岡康子,「包括的人種差別禁止法制定に向けて−国連人種差別撤廃委員会勧告の意義」,『世界』2014年11月号, No. 862, p.82.

오오타 A 　『日韓交渉−請求権問題の研究』, クレイン, 2003年 3月.

오오타 B 　太田修,「日韓条約−null and void−をめぐる対立を克服するために」, 和田春樹他編,『日韓 歴史問題をどう解くか−次の100年のために』, 岩波書店, 2013年 12月.

요시자와 　吉沢文寿,『戦後日韓関係−国交正常化交渉をめぐって』, クレイン, 2005年 8月.

오구라 　小倉紀蔵他編,『日韓関係の争点』, 藤原書店, 2014年 11月.

다카사키 　高崎宗司,『検証 日韓会談』, 岩波新書, 1996年 12月.

다나카 　田中宏,「日韓条約に見る「在日」処遇の点描」, 和田春樹他編 ,『日韓 歴史問題をどう解くか−次の100年のために』, 岩波書店, 2013年 12月.

동아시아의 우현까지

제국주의 과거 청산의 성과와 그늘:
재일동포와 야스쿠니

통일과 재일동포

통일과 재일동포[28]

오늘은 재일동포 문제에 대해 말씀 드리려고 합니다. '통일과 재일동포'라는 주제에 대해서 여기서도 이때까지 강의가 없었을 것 같습니다.

저는 어렸을 때부터 일본에서 나서 살면서도 "여기는 내 고향이 아니다"라고 생각했습니다. 보통 고향이라고 하면 그 사람이 태어났거나 오래 살았던 곳을 말합니다. 저의 할아버지는 1920년대에 충청남도 청양에서 일본으로 건너오신 분입니다. 저는 어렸을 때 청양을 구경해 보지도 못했지만 누군가가 고향이 어디냐고 물으면 반드시 충청남도 청양이라고 답했습니다. 그러면 "아니 교토에서 태어나서 자랐으면 교토가 고향이지요"라는 말이 되돌아왔는데, 그 말에 상당한 거리감이 느껴졌습니다.

저의 세대-해방 전후부터 60년대까지 청춘시대를 보낸 사람들-의 재일동포에게 고향 또는 조국은 가장 숭고하고 큰 화두였습니다. 그런데 오늘날에 그 양상이 상당히 바뀌었습니다. 저는 세월호 침몰 참사로 엄청난 충격을 받았습니다. 사고 소식을 일본에서 뉴스로 들었을 때는 직접 와닿지 않았습니다. 그런데 한국으로 오는 비행기에서 한국신문을 보니까 억제할 수 없는 슬픔이 솟아 올라와 눈물이 나오는 바람에 저 자신이 상당히 당황했습니다.

신자유주의와 유신체제라고 할까요, 자본주의와 권위주의적인 정치의 유산이 결합된 것이 이번 참사라고 생각합니다. "이것이 바로 한국이다"라고 이야기 하는 분들도 있지만, 제가 주목하는 것은 자식을 잃은 부모님들 중에

---

28 2014년 5월 3일, 경남대학교 북한대학원대학교 강연 녹취록.

'이제 우리는 이민을 가겠다'고 하는 분들도 있고, '한국 국적을 포기하겠다' 하는 분들도 있는 점입니다.

오늘 홍성담 화백을 만났습니다. 그의 작업실은 안산 단원고등학교 옆에 있습니다. 단원고등학교가 있는 안산은 신흥 공장지대이며, 이주노동자도 많이 사는 곳이며, 부자 동네가 아닙니다. 세월호 희생자 학부모들이 사는 곳은 주로 노동자들이 많이 사는 곳인데, 아파트 단지는 평수도 크지 않고 부모가 맞벌이 해서 근근히 살아가는 사람들입니다. 외국에 이민을 간다는 것도 쉽지 않을 것입니다. 절망이 얼마나 클까 생각했습니다.

한국 국적 반환을 요구한다

『한겨레21』1004호에 실린 '나는 꿈꾼다. 국적없는 자유를'이라는 기사를 읽었습니다. 고강호라는 교토에 사는 치과의사가 국적포기를 위한 행정소송을 제기했으나 결국엔 기각되고 대법에서도 패소했습니다. 한국 국적을 반환하겠다는 것입니다. 이 내용이 이번 사건과 공통점이 있는 것 같고, 재일동포의 지금의 처지가 어떤가 하는 것과도 관련이 있어서 소개합니다.

고 씨는 일본에서 태어났고 아버지가 경상남도에서 일본에 건너온 사람입니다. 아버지는 재일동포 가운데 우파에 속하는 민단에서 일했습니다. 이 친구도 반공·반북입니다. 대학생 때 오사카대학에서 치과를 전공하면서 광주 5·18 이후 재일한국학생운동에 참여 한 적이 있었습니다. 그는 리미오라는 여의사와 결혼을 했는데 그 여의사는 아버지가 제주도 사람이고 어머니는 일본 사람입니다. 아버지는 일본에서 조선학교 선생을 했고 시인이기도 합니다. 『삼천리』라는 잡지의 편집장도 했습니다. 어머니도 시인입니다. 문학자 집안에서 태어나 조선학교를 쭉 다녔습니다. 고등학교까지 조선학교에 다니다가 검정고시 보고 일본의 의대에 들어가서 호흡기외과 전문의가 됐습니다.

리미오 선생은 뜻이 있는 사람이라서 북한이 1997~98년 자연재해 때문에 상당히 곤란한 상황에 빠졌을 때, 북한에 대한 의료지원을 하겠다고 나섰습니다. 남편은 치과 치료를 지원하고 본인은 결핵약을 지원했습니다. 어떤 조직에도 속하지 않고 북에서 조차 환영받지 못하는 자발적 행동이었습니다. 그래서 자기들을 '의료 게릴라'라고 합니다. 권력과도 조직과도 관계되지 않고 독립적으로 신출귀몰하게 활동한다는 뜻이겠지요. 김대중·노무현 정권 때는 한국에도 자주 왔습니다.

북한에 의료 지원하는 과정에서 평양에 가면 안내원들이 명승지나 만경대 등 혁명유적지의 참관이나 참배를 요구하니, 아주 고집불통의 고의사는 "의료지원하러 온 거지, 구경하러 온 것이 아니다"고 호텔에서 한 발짝도 안 나가고 거부하자 입국 금지를 당하고, 다시는 평양에 못 가는 신세가 되었습니다. 부인 리미오 선생은 조선학교를 나온 조선적籍입니다. 이명박 정권이 들어서서 천안함사건이 일어나자 '5·24 조치'로 조선적 재일동포들은 한국에 입국 못하게 되었습니다.

그래서 리미오 선생에게 "전향하라", "한국 국적으로 바꾸라"고 오사카영사관의 정보 영사가 여러 차례 협박을 했다고 합니다. 아버지가 돌아가신 뒤에 산소를 고향인 제주에 모셨는데 찾아가지 못하게 되었습니다. 인도주의고 인권이고 막무가내로 조선적을 바꾸라는 것이었습니다. 조선적은 국적이 아닙니다. 일본에서 '조선적'이란, 1947년 일본정부가 그 때까지 선거권을 가지고 있던 재일동포에게 부여되었던 권리를 박탈하기 위하여 '출입국관리령'을 급조하여, 재일 조선인을 무국적자로 규정할 때 만든 일종의 기호입니다.

리미오 선생은 조선학교를 나왔지만 북한이나 조총련에 충실한 사람이 아니고, 아주 독립적이고 자존심이 강한 여자입니다. 인도주의적인 문제에 관심 가지고 있고 민족의식이 선명한데, 부부가 둘 다 분단을 100% 받아들일 수 없다는 입장입니다. 북한에는 남편이 갈 수 없게 되고, 부인은 한국에 갈 수 없게 된 상황이 되었습니다. 북한에 대한 의료지원도 가끔 리미오 선생이 혼자 가고, 결국은 우편으로 약을 보내주고 있습니다. 의료 지원을 하는데 돈이 모자라다고 자기가 죽으면 2억 엔 정도 받는 생명보험을 들고 빚을 냈습니다. 그런데 분단 상황에서 부부가 함께 남도 북도 여행할 수 없고, 북한에 대한 의료지원도 국정원에서 사사건건 시비를 거니까 "이런 나라는 필요없다"고 국적포기 신청을 한 것입니다.

'국제인권협약'이나 '세계인권선언'에 보면 거주지 선택의 자유라든지 국적선택의 자유가 있습니다. 그런데 기각한 법적 논리는 무국적자를 만드는 것은 국제 인권적인 관점에 맞지 않으니, 한국 국적을 포기하는 것을 허가할 수 없다는 것입니다. 현대사회에서 인권은 기본적으로 국가 공공력에 의해 보호받고 있으며, 무국적자는 여러가지 사회보장이나 공무원 취임권, 참정권, 외교적 피보호권 등 국적을 가지지 못함으로 인해 많은 불이익을 받게 되기에 무국적자를 줄이는 것이 국제인권의 사명이라는 논리입니다. 다만 외국인과 결혼한다든지, 이중 국적자 등 다른 나라 국적이 있는 경우에는 한국 국적의 이탈을 허가합니다. 그래서 고 선생은 한국 국적 포기도 뜻대로 안 되는 상황입니다.

조선인의 일본 도항 역사

1910년 을사늑약 이후에는 자연적으로 조선에서 일본으로 도항이 이루어졌습니다. 조선에서 1910년대에 토지조사 사업으로 토지 수탈이 이루어졌고, 1920년 산미증산계획이 시작되면서 쌀의 수탈, 일본으로의 이출이 되면서 농촌에서 많은 유랑민들이 일본에 건너가기 시작한 것입니다. 그것을 막기 위해 일본에서는 몇 차례 도항 통제령을 내렸지만, 도항자는 꾸준히 늘어갔습니다. 1923년 관동대지진이 일어났을 때 약 8만 명 정도의 조선인들이 일본에 있었다고 하는데, 관동대지진에 의해서 7천 명 내지는 8천 명 약 10%정도가 학살 당했습니다. 그런 일이 있었음에도 도항인구는 늘어났습니다. 조선에서 살기 어려워졌기 때문에 남쪽에 사는 사람들은 일본으로, 북쪽에 사는 사람들은 만주로 밀려나갔습니다. 일본에 온 사람들은 대략 경상남북도 사람이 가장 많고 그 다음에 제주 사람, 전라도 사람들입니다. 저와 같은 충청도 출신은 드뭅니다.

1938년 일본의 국가 총동원법은 만주사변 이후 일본이 전시체제에 들어가 사람뿐만 아니라 모든 자원을 전쟁을 위해 동원하겠다는 법입니다. 이 법이 성립된 다음에 한국인의 도항이 급격하게 증가 됩니다. 1939년에 국민총동원령이 발포된 이후, 1945년 일본에서 사는 조선이 2백10만 명으로 집계됩니다. 정확하지는 않지만 대략 200만 내지 250만 명의 사람이 있었다고 합니다. 이것은 상당한 숫자입니다. 조선의 남북을 합친 (그땐 분단되지 않았기 때문에) 총 인구가 2,526만 명(1945년)으로 추정되고 있으니,[29] 10%정도가 일본으로 건너 간 것입니다.

만주에는 일본이 만주 침략을 하기 전에도 한말에 함경북도에 있는 조선 사람들이 두만강을 건너서 훈춘, 용정 등 지금의 옌벤조선족자치주 일대로 이민을 갔습니다. 그런데 일본이 본격적으로 침략을 시작한 1930년대 60만 명이었던 인구가 전쟁 말기에는 150만 명으로 2.5배 정도 늘어났습니다.

일본으로 간 조선사람 약 210만 중에서 100만~140만 명이 강제 연행자라고 전문가들은 분석하고 있습니다. 조선에서 일본으로의 노동력 강제연행 100만 명 이상 그리고 군속으로 징용된 자가 15만 5천 명 정도 됩니다. 이들은 조선에서 정식 징용령이 떨어진 전쟁이 끝나기 1년 전인 1944년 주로 중국, 남태평양, 동남아 등 가장 전쟁이 험악했던 곳으로 끌려가서 많이 희생되었습니다.

야스쿠니 신사 참배가 요즘 많은 문제가 되고 있습니다. 야스쿠니 신사에는 현재 18,000명 정도의 조선 사람들의 이름이 '영새부'라는, 전사를 군신으로 등재한 명단 속에 들어가 있습니다. 말하자면 영혼을 빼앗기고 있는 것입니다. 그런데 그 대부분이 군인이 아니라 군속입니다. 박재규 경남대학교 총장의 형님인 박정규 씨처럼 스스로 일본군에 자원해서 (그 사람도 교토에

29 2009, 박경수, 「식민지시기(1910년~1945년) 조선의 인구동태와 구조 」, 『한국인구학』, p.32.

서 초중학교 다닌 사람입니다만) 들어간 사람들과 같은 경우를 제외하고, 조선 사람에 대한 징병령이 1944년에 떨어져 이후 복무하기 시작한 것이 일본이 패전하기 5~6개월 전 입니다. 그러다 보니 실제 전선에 나가서 전사한 사람들이 많지는 않습니다. 주로 징용으로 끌려간 사람들이 죽었습니다. 그 사람들이 지금 야스쿠니 신사에 들어가 있습니다.

다음은 군수공장 등에 근로 동원된 사람들입니다. 이는 주로 여성입니다. 수십만 명 되는 사람들이 근로정신대, 근로보국단이라는 단체에 소속되었는데, 여기에는 주로 여학교를 다니던 10대 초중반의 어린 소녀들이 많이 동원됐습니다. 이렇게 일제 때 일본에 끌려가거나 건너 간 사람들은 일부를 제외하고는 해방되면 우리나라 고향으로 돌아가야겠다는 생각했습니다. 그런데 한국전쟁이 터지는 바람에 오도가도 못하게 되어 그대로 일본에 남게 되었습니다.

우리 어렸을 때도 재일동포 인구가 약 60만 명이라고 했습니다. 2013년 통계에 의하면 현재 55만 명으로 나와있습니다. 이것은 일시 체류자, 유학생 이런 사람들을 뺀 영주자 수입니다. 일본에 해방 전부터 살았던 사람 내지는 그 자손을 특별영주자라고 해서 일본사람에 준하는 자격을 부여받은 사람들입니다. 특별영주자는 1965년 한일기본조약(한일협정)의 결과 만들어진 협정영주권을 기반으로 1991년에 특별영주권으로 확대된 지위입니다. 이외에 정주자, 영주자가 있는데 영주자는 해방 전부터 살았던 사람 외에 영주권을 받은 사람이고, 정주자는 일시 체류자와 다른 거주를 목적으로 해서 일본에 들어왔으나 영주권은 인정받지 못하는 사람들입니다.

해방 직후부터 1960년대까지 재일동포들은 기본적으로 조국으로 돌아가겠다는 생각을 하고 있었습니다. 자신들은 주권을 빼앗긴 사람들이라는 그런 자각이 있었기 때문입니다. 고향을 빼앗기고 나라를 빼앗기고 그리고 자신들이 조금 가지고 있었던 것도 빼앗기고 그것을 언젠가 되찾겠다는 생각을 했고, 조국에 돌아간다는 것이 큰 삶의 목표였다고 볼 수 있습니다.

그러나 그 이후에 상황이 많이 변하게 됩니다. 1950~60년대에 북한에서 귀국사업을 실시합니다. '북송'이라고 해서 북한에서 재일동포들에게 조국에 돌아올 수 있는 문을 개방하기로 하고, 일본측 적십자사와 협정을 맺고 귀국사업을 시작했습니다. 여기에 대한 연구도 근래에 많이 나와있고 일본의 의도가 무엇이었고 북한의 의도가 무엇이었나 등등의 이야기들이 있지만, 재일동포의 입장에서는 어쨌든 조국으로 돌아가야 한다는 생각이 있었습니다. 그 당시만해도 재일동포들의 생활은 어려웠고, 무엇보다도 사회적인 차별이 상당히 심했습니다. 사회적인 차별뿐만 아니라 법적인 차별도 있었습니다.

　　제가 중고등학교 다닐 때 부모님이 말씀하시기를 재일동포들은 대개 남자는 택시나 트럭 운전수, 건설현장에서 일을 하고, 나머지는 빠칭코와 같은 장사를 하고, 여자들은 술집에 나가거나 암시장에서 장사를 한다고 했습니다.

자이니치(在日)의 형성

지금은 제가 일본 대학교 교수를 하고 있는 것은 한국에서 19년 동안 감옥에 있었던 덕분이라고 볼 수 있을 것입니다. 제가 대학교를 졸업한 것이 1968년입니다. 제가 고등학교 들어갈 때 5등으로 들어갔는데 2등으로 들어간 친구가 재일동포입니다. 교토대학교에 들어가서 그 친구는 물리학을 전공했습니다. 그리고 대학원에 진학했는데 그 당시 재일동포들에게 대학교 교수로 취업이 되지 않았습니다. 변호사 시험도 개방 안되어 그 친구는 대학원에서 박사학위까지 땄는데 시간강사를 겨우 하고 그 이상 승진할 수 없었습니다. 결국은 정신이상자가 됐습니다. 아주 뛰어난 친구였는데 나중에 그런 소식을 듣고 많이 안타까웠습니다. 재일동포 중에 그런 사람들이 비일비재합니다.

　　그런데 제가 19년간 감옥에 있는 동안 일본 사회에 변화가 일어났습니다. 1980년대에 들어와서 국제화 시대가 되어 일본에서도 외국인을 받아들이고 소위 다문화 공생사회를 만들려고 한 것입니다. 일본의 재일동포에 대해 변호사 시험이 공개된 것이 1974년였습니다. 와세다 대학 출신의 김경덕이라는 사람이 재일동포 변호사 1호가 되었습니다. 재일동포들에게 대학 교수의 자리가 마련된 것은 거의 1980년이 다 되어서입니다(아마 제가 그대로 공부를 했었더라면 대학교 교수가 못되고 정신이상자가 되었을 겁니다).

앞서 이야기 했듯 재일동포들의 현실은 매우 힘들었습니다. 북한의 귀국사업은 재일동포들의 향학열과 사회적 상승 욕구를 흡수한 셈입니다.

북에서는 노동력도 부족하고 또 자원도 부족하고 정치적인 의도도 있어서 귀국사업을 실시했는데, 그 당시 한국 정부에는 재일동포들을 적극적으로 받아들이는 정책이 없었습니다. 기본적으로 해외동포들은 그 나라에서 잘 먹고 잘 살면 되지 굳이 한국에 들어올 필요가 있는가? 해외에서 국위선양 하라는 말입니다.

이는 재일동포의 눈으로 보면 기민정책입니다. 실제 그런 측면도 있습니다. 귀국사업이 10여 년 연속되니 북한의 여러 실상과 모순이 전해지고, 게다가 결정적으로 1970년대부터 1980년대로 넘어가면서 냉전구도가 붕괴되고 사회주의 진영자체가 몰락하는 과정에서 북한에 대한 매력도 없어졌을뿐만 아니라 일본 정부가 북한과 매우 대립적인 관계로 접어들면서 재일동포 사회에서는 선택지가 상당히 좁아졌습니다.

저는 실질적인 3세지만 3 · 4세대가 일본사회에 흡수되어가는 과정에서 특히 일본 여성과 한국 남성, 한국 여성과 일본 남성의 결혼이 상당히 많아지는 경향이 있습니다. 양친 중 한사람이 일본국적이면 자식은 일본국적자가 된다는 법의 규정에 따라, 아이들은 모두 일본사람이 됩니다. 우리말도 모르고 우리 역사도 모릅니다. 이런 상황에서 이제 고향 내지는 조국으로 돌아간다는 생각을 점점 버리게 된 것입니다. 7 · 80년대에 재일동포의 생각은 조국 지향과 재일 지향의 두 방향으로 분기한다고 합니다. 일본화하는 경향, 일본에 태어나서 살았으면, 일본에서 마이너리티(소수자)로 살아가면 된다는 사고 방식이 많아졌고, 오늘날에는 그것이 주류를 차지하고 있습니다. 소위 자이니치론(재일론)이라는 재일동포의 아이덴티티를 둘러싼 하나의 사조가 형성된 것입니다. 저는 반드시 조국 지향은 아니지만 재일론에 찬성하지 않습니다.

시간이 흐르면서 이제 완전히 일본 사회에 흡수되어가는 경향과 고 선생과 같이 조국에 절망한 사람들이 꽤 많이 나왔습니다. 그러니 고향이나 조국에 대한 지향에서부터 일본에 정착하는 재일론(자이니치)이라는 코리안도 조선인도 한국인도 아닌 자이니치라고 하는 정체성으로 옮겨 갔다가, 이제는 국적을 포기하고자 하는 사람까지 나타나고 있다고 말할 수 있습니다.

정리하면, 우리나라 통일은 헌법에도 나와 있고 각 역대 정권의 중요 정책과제로 내걸려 있습니다. 우리나라는 식민지 시대를 겪고 민족해방, 독립을 꿈꾸고 열심히 살아왔음에도 불구하고 분단되고 말았으며, 여전히 참된 독립 즉, 통일을 이루지 못하고 있습니다. 말하자면, 제대로 된 근대국민국가의 형성이라는 염원을 이루기도 전에 이제 국적포기, 국적이탈이라는, 국가가 책임을 다하지 못하고 국민의 이탈을 자초하는 현상이 일어나고 있는 것입니다. 요즘 "지구촌 사회다", "보다레스borderless 사회다" 하면서 국경이 없어지고 글로벌한 정부가 나타난다는 현실성 없는 담론이 오가고 있습니다. 그런 담론과는 별개로 국가 자체가 국가로서의 능력과 자격을 상실해서 자기 붕괴를 해가는 현상이 나타나고 있습니다. 사람들이 능력이 없어서가 아니라 신자유주의라는 시장(초 시장적인 시장)의 규율, 국가 주권도 신자유주의라는 다국적인 (또는 초강대국 미국의) 군사적 금융자본의 지배를 받아, 꼼짝달싹할 수가 없기 때문입니다.

우리가 통일이라고 할 때는 남과 북만을 생각하기 쉬운데, 사실은 전체 남북을 합친 한반도의 외곽에 포치하는 재외동포까지 포함해서 민족공동체라는 통일개념이 조명되어야 합니다. 왜냐하면 지금 한반도 밖에 있는 사람들 속에서 분명하게 분단을 인식하고 아픔을 공유하는 사람들이 있기 때문입니다. 그 테두리가 어디까지인지 국민국가로서 주권국가로서 통일을 이룰 것인가 하는 문제를 포함해 상당히 어려운 시기에 와 있다고 봅니다. 통일이라는 구호 자체가 옛날처럼 희망적이지 않습니다. 여기서 공부하는 분들은 주로 이 부분을 생각하시는 분들이 많다고 봅니다. 그래서 한국에서 이탈하고자 하는 사람들까지 포함해서 경계가 매우 유동적인 형태로 움직이고 있다는 말씀을 드리고 싶었습니다.

질문

1. 실제 석방된 것은 엠네스티 구명활동보다 정권교체가 되면서 석방된 것 같다. 그런데 국제사회의 노력에 대해 선생님께서는 어떻게 평가하시는지. 그리고 (개인적으로) 북한 인권에 대해 어떻게 생각하는지?

– 국제 인권운동의 효과 이야기

정확히 분석하기는 어렵습니다만 저는 그래도 상당히 큰 영향력이 있었다고 봅니다. 인권이라는 말 자체가 우리나라의 들어오게 된 것은 해방 직후 죠. 특히 1948년 대한민국 헌법에 그런 이야기가 나옵니다. 일제 때는 아무 것도 없었고 인권이 인정되지 않고 천황이 허가하는 '신민의 권리'를 규정한 대일본제국헌법마저도 적용이 안됐었습니다. 그러나 실제 우리나라에서 인 권이라는 개념자체가 사람들에게 와 닿고, 헌법에 쓰여져 있는 말만 아닌 뭔 가 약간의 실효성이 있는 것으로 나타나기 시작한 것은 1970년대 거든요. 우 리나라 반유신 운동 속에서 많은 학생들, 시민들이 체포되어 (마침 그때 저 는 감옥에 있었습니다만) 서울 구치소에 있을 때 3,000명 정원에 10,000명 이 들어왔습니다. 발 디딜 틈조차 없을 정도로 사람들이 잡혀 들어 왔지요.

그때 미국에서 지미 카터 대통령이 인권이라는 말을 쓰기 시작했습니다. 미국에서 인권이라는 말을 할 수 있게 된 것이 1965년에 남부 여러 주에서의 유색인에 대한 법적인 차별을 폐지하고 공민법이 통과되면서 부터죠. 미국 이 독립선언의 전통을 자랑하지만, 오래 동안 인권과는 거리가 먼 나라였습 니다. 1965년까지는 남부 여러 주에서는 제도적으로 인종차별을 하고 있었 으니 인권에 대하여, 말하고 싶어도 못하는 형편이었고. 베트남을 비롯한 세 계 각지에서 독재정권을 지원하면서 전쟁을 수행하고 있었고, 1970년대 와 서 겨우 인권이라는 말을 할 수 있게 되었습니다. 물론, 지미 카터의 정책이 다분히 이중잣대였습니다. 국제사면위원회(앰네스티 인터내셔널)가 형성된 것이 1964년인데 그 이후 인권운동이 국제적인 조류의 일각으로 자리하게 되었고, 냉전붕괴와 더불어 국제 NGO의 역할이 나름대로의 몫을 하게 되었 습니다.

한국의 정치범 문제가 김대중 대통령이나 김지하씨의 구속을 계기로 크게 국제사회의 주목을 받게 되었죠. 그 속에서 한국의 민주화가 국제 사회에서 개별적, 독자적으로 이뤄졌다고는 보지 않습니다. 물론 근본적으로는 우리나라 사회의 힘이고 우리나라 사회의 모순에서 나타난 것이긴 하지만 한국의 민주화 운동 내지 인권운동이라는 것은 국제인권운동과 매우 밀접한 관계를 가지고 있었다고 봅니다. 어느 것이 결정적인 힘이었나 하면 국내동력이 기본입니다.

국제인권운동이 정치범석방에 상당히 큰 역할을 했습니다. 참으로 다양한 NGO와 다양한 사람들이 한국정치범 문제에 관심을 가지고 지원을 했습니다. 1991년 12월 칠레 산티아고에서 WHO와 스웨덴, 칠레정부 공동주최의 '비조직적인 폭력에서부터의 구제' 회의에서 나는 '한국 정치범의 실태'라는 보고를 했으며, 미디어에 소개되었는데, 그 다음 날 현지 신문에 칠레에 거주하는 교민이라는 투고가 올라왔습니다. 외국에 나가서 자기나라에 정치범이 있고, 다 인권탄압이 있다고 이런 치부를 이야기 하는 것은 매국적인 태도라는 비난의 글이었습니다.

그런 경험을 통해서 인권은 무엇인가, 민주주의는 무엇인가에 대해서 교육도 받았고 그 속에서 우리가 지구상에서 고립된 존재가 아닌 이상 상호응답 속에서 많이 힘을 얻을 수 있다고 봅니다. 그렇다고 외국 덕분으로만 우리가 성장했다고 보는 것도 옳지 않고, 우리의 힘만으로 이루었다고 보는 것도 옳지 않는 것 같아요.

– 북한 인권에 대해서는

저는 북한 인권문제 전문가가 아니라서 잘 모르겠습니다만, 흘러나오는 이야기를 듣고 대단히 우려하고 있습니다. 그러나 떠돌아 다니는 북한 소식은 너무 편향되어 있어서 믿기 어려운 구석도 있습니다. 북한의 상황에 대해서는 한국에게도 책임이 있다고 해야겠습니다. 자유민주주의, 인권 등의 가치들이 절대적인 것이냐, 특히 민주주의라는 문제를 둘러싸고는 상당히 생각해봐야 합니다. 앞에서 이야기했듯 신자유주의가 절대적인 지배력을 가지고 있는 오늘날 민주주의가 제 구실을 하고있나 하는 문제입니다. 이념적으로 말하자면 독립된 자유로운 개인이 존재함으로써 사람들이 비로소 주권자로서 주권을 행사할 수 있는데, 독립된 주권자를 찾아보기가 쉽지 않습니다.

일본은 제2차세계대전 이후 아시아에서 가장 앞선 민주주의적인 제도가 실시되었다고 하는데, 오늘날의 일본은 완전히 반역사적인 방향으로 나가고 있습니다. 민주적인 결정이라고 할지라도, 유권자의 17%의 지지를 받은 자민당이 의석수의 2/3를 차지하는 제도적 문제를 감안한다 해도, 근본적으로는 그 제도를 지지하고 만들어 온 일본 주권자의 문제이기도 합니다. 역사인식 문제도 주권자가 선택했다고 할 수 있습니다. 한국에도 정도의 차이는 있지만 유사한 문제가 있을 것입니다.

우리가 북한의 인권문제 혹은 정치적인 자유의 문제를 논할 때 내용이 남북이 함께 고쳐야 되는 점도 있고 스스로를 돌아보면서 접근해서 새로운 비전을 만드는 과정이 필요하다고 생각합니다. 국가보안법이나 보안관찰법이 엄존하는 한국의 인권이 정상적이라고 할 수 없지요. 너희는 아무 것도 없지 않느냐라는 이런 태도는 옳지 않다는 생각이 듭니다.

제가 여러분들 보다는 조금 더 알겠죠.

중국 동북이라든지 러시아도 여행하고 전문가들도 만나고 토론도 하고 일본의 조선 대학교 교수들하고 교류도 하고 논의도 하고, 제가 몸담고 있는 리쓰메이칸 대학 코리아연구소 저널에 고정칼럼으로 북한의 연구자들이 투고를 하기도 합니다. 아마 한국, 일본, 미국을 포함해 유일할 것입니다. 요즘도 리쓰메이칸 대학 출신 교수 10명이 평양을 방문합니다. 학생도 몇명씩 해마다 갑니다. 그런 교류가 있습니다.

솔직히 말씀 드리면, 비참하고 개탄스런 문제들이 엄청나게 많습니다.

먼저 인권문제 민주주의 문제를 논하기 이전에 지금같이 폐쇄된 상태는 북한에게는 좋지 않은 상태라고 봅니다. 많은 사람들이 가서 보고 만나야 하고, 의료기기 같은 것은 싫어해도 억지로 지원하고, 이렇게 해 나가면서 문을 비집고 열어 가야 되지 않나, 그러면서 한국에서의 이른바 민주주의와 신자유주의 체제에 대한 반성도 하고 이런 생각이 듭니다.

동아시아의 우현까지

제국주의 과거 청산의 성과와 그늘:

재일동포와 야스쿠니

세계화하는 아베의 야스쿠니

세계화하는 아베의 야스쿠니[30]

나는 동아시아의 국가폭력을 극복하고 민중 중심의 동아시아 세계를 만드는 운동을 구상하고, 1997년부터 2002년까지 '동아시아 냉전과 국가테러리즘 국제 심포지엄 운동'을 대만, 오키나와, 한국, 일본 등지에서 전개했다.[31] 반파시즘을 내건 제2차세계대전의 승리에도 불구하고 우리민족은 분단되었고, 베트남은 17도선으로, 중국은 대만해협으로 갈라졌으며, 오키나와는 미군정 하에 신음하게 되었다. 동아시아 여러민족이 해방되어도 냉전을 주도한 미국과 그 비호를 받아 과거청산을 하지 않는 일본의 헤게모니 아래서, 각지에서 독제정권이 맹위를 떨치고 수많은 '민간인학살'이 저질러졌다.

이러한 국가폭력과 민중의 수난을 고발하여 정의의 회복을 도모한 것이 '동아시아 냉전과 국가테러리즘' 국제 심포지엄 운동이었으며, 1990년말부터 대만, 한국에서 국가폭력에 의한 민간인학살의 진상규명과 보상법이 성립되는 등 일정한 성과를 거두었다.

그러나 동아시아 국가폭력의 배경에는 미국과 일본이 있으며, 특히 일본에서는 오히려 군국주의 부활의 조짐을 보이고 교과서문제, 일본군위안부, 강제연행, 원폭피해자, 관동대지진 조선인 대학살, 영토문재 등에서 나타나듯이 과거청산의 의지가 없음이 드러났다. 일본의 그릇된 역사 인식과 일본 군국주의 부활의 동향이 동아시아 평화와 안전의 가장 중대한 위협이 되고 있으며, 그 저지가 매우 중대한 역사적인 과업임이 분명해졌다.

---

30   2014, 「특별기획_1 세계화하는 아베의 야스쿠니」, 『독립정신』78호, 2014년 11, 12월호, 대한민국입시정부기념사업회.

31   이에 대하여 『동아시아평화기행』, 창비, 2011년 11월 참조.

야스쿠니 반대 촛불행동

위에서 말한 심포지엄 운동을 발전시키고, 새로운 운동을 구상하기 시작하면서 일본군국주의 부활의 뿌리가 야스쿠니 신사에 있다고 확신하게 되어 2005년에 '야스쿠니의 어두움에 평화의 촛불을!' 야스쿠니 반대 동아시아공동행동을 조직하였다. 과거 일본의 야스쿠니 반대투쟁은 공인 특히 일본 총리의 야스쿠니 참배가 정치와 종교의 분리를 규정한 일본헌법 20조 위반임을 주장하는 것이었다. 그러나 나는 그것은 야스쿠니의 본질을 보지 못하고 있다고 판단하고 새로운 야스쿠니 반대운동을 시작하기로 결심했다.

새로운 야스쿠니 반대운동의 특징은 야스쿠니가 첫째, 종교시설이 아니라 군사시설임을 전제하여, 평화적 생존권 또는 일본 헌법의 3대 기본가치의 하나인 평화주의에 위배되고 둘째, 일본의 침략전쟁을 대동아 성전聖戰으로 미화 찬양하는 그릇된 역사 인식을 선전하고 있으며 셋째, 일본 사람은 물론, 22,000명의 조선사람과 28,000명의 대만사람을 유족의 동의도 없이 일방적으로 야스쿠니의 군신으로 합사하여 천황과 일본군국주의를 찬양하게 하고 있다는 문제의식을 가지고, 일본뿐만 아니라, 한국, 대만, 오키나와 등의 동아시아 민중의 연대투쟁으로 진행했다는 점에 있다.

야스쿠니는 망발하고 아베는 마각을 드러냈다.

그 때부터 9년 여러가지 곡절은 있었지만 일본의 우경화가 진행되고, 대만의 친일적인 정서에 호소하기가 힘겹고, 오키나와는 미군기지 반대운동에 몰입되어, 한국에서조차 야스쿠니가 일본의 역사 인식과 일본군국주의 부활과 본질적으로 연관이 되어 있는 문제임을 이해하는 사람이 얼마 안되어 관심이 희박해졌다. 운동이 힘겨워 모두 지쳐있을 때 2013년 12월 26일 가미카제神風처럼 아베 총리의 야스쿠니 참배가 있었다. 이에 일본의 직접적인 침략을 받은 동아시아 여러 나라뿐만 아니라, 이때까지 관심을 보이지 않았던 미국을 비롯한 서구 국가들이 경악하고 일본을 의심하면서, 야스쿠니 문제는 세계의 문제로 주목을 받기 시작했다. 세계의 많은 사람들이 '일본에서 파시즘, 군국주의 청산이 제대로 안된 것이 아닌가'하는 의심을 품게 된 것이다. 아베의 야스쿠니 참배에 '실망'을 표명한 미국의 의도는 기울어져가는 미국의 세계군사패권을 유지하기 위해 한미일 군사동맹 부활이 시급한 상황에서 일본이 자꾸 한국의 반일 정서를 자극하는데 대한 신경질적인 반응이었으나, 일본에서는 미국의 불쾌감이 큰 반향을 불러 일으켰다. 그럼에도 불구하고 2014년 8월 15일 아베는 대리인을 보내 다마구시료玉串料[32]를 상납하고, 우익민간단체가 주최하는 '제39회 전국전몰자위령 대제'가 야스쿠니의 예배소에서 거행되어 내각 각료 세 명을 포함한 국회의원 194명(대리참가 포함)과 육해공 자위대 막료장(참모장) 등이 참가했다. 거기서 위령회 회장은 "(작년의) 총리의 야스쿠니 참배에 경의와 감사를 표명하고, 아베 총리의 지도 아래, 전후체제에서 벗어나서, 그릇된 역사 인식을 바로 잡아 '강하고 믿음직한 자랑스러운 나라, 일본'의 재생을 지향하여 매진하겠습니다"라고 제문을 올렸다.

위령대제에 이어 '전몰자 추도 중앙 국민집회'가 있었는데, 거기서 학생이 낭독한 성명 속에 다음과 같은 귀절이 있다.

"건전한 국민정신 확립의 첫걸음이 … 전몰자 위령 현창의 중심 시설인 야스쿠니 신사를 총리가 정부와 국민을 대표하여 … 영령에게 깊은 감사와 추도의 뜻을 표명하는 것이다. 전몰자에게 경배와 추도의 뜻을 바치는 것은 '국가 존립의 정신적 원천'이며, 보편적인 심정"이라고 했다. 이어 "한중 양국에 일본에 대한 외교적 압력이 무의미, 무력함을 깨닫게 하기 위해 총리가 야스쿠니 신사 참배를 계속해야 하며, 헌법개정의 조기실현을 위해 국민운동을 가일층 힘차게 전개할 것을 맹세한다"고 했다.

야스쿠니의 옆에 있는 일본무도관에서는 정부공식행사인 '전국전몰자 추

---

[32] '다마구시'란 신에게 바치는 천이나 구슬을 단 나무가지를 말하는데 그 나무가지에 신이 깃든다는 관념이 담겨있다. 우리나라의 솟대와 마찬가지 뜻이다. '다마구시료'는 다마구시를 바치는 대신 바치는 돈을 말하는데, 다마구시료의 봉납은 국정에 책임이 있는 정치가의 종교행위이므로 정교분리 규정 위반으로 일본의 역대 재판에서는 헌법 20조 위반으로 판결을 받아 왔으나, 일본 정치가들은 공인이 아니라 사인으로서 한 일임으로 위배되지 않는다고 강변하고 있다.

도식'이 천황과 황후의 참석하에 거행되었으며, 야스쿠니에는 예년을 능가하는 17만 명의 사람들이 몰려 들었다고 한다.

보다 심각한 문제는 아베가 2014년 4월 29일 전범을 기리는 비석을 지켜온 와카야마현의 어떤 절의 추모법회에 메시지를 보낸 일이다. 1994년에 세워진 '소화순난자법무사추도비昭和殉難者法務死追悼碑'[33]에는 도쿄 전범재판을 '세계역사상 유례를 볼 수 없는 가혹하고 보복적인 재판'이라고 비판하고 있다. 아베는 자민당 총재 명의로 '오늘의 평화와 번영을 위하여 자신의 영혼을 바쳐 조국의 주춧돌이 되신 순직자의 영혼에 삼가 애도의 뜻을 바친다'라는 글을 보냈다. 전범을 일본의 주춧돌로 표현한 아베는 2004년과 201년에도 메시지를 보냈다. 아베는 일본의 전쟁 책임과 포츠담 선언-유엔체제라는 전후 국제질서를 완전히 부정하는 확신범임이 드러났으며, 작년 야스쿠니 참배로 비판을 받은 후 '전범을 숭배하는 것이 아니라, 전쟁의 참화가 없는 시대를 만드는 결의'라고 한 변명이 거짓이었음이 확인되었다.

야스쿠니는 종교 시설인가, 군사시설인가?

야스쿠니 신사 반대운동은 일본에서 1968년 경부터 본격화한 야스쿠니의 국립추모시설화 논의를 계기로 국가신도의 부활, 야스쿠니의 국가경영에 반대하는 법정투쟁으로서 시작했다. 거슬러 올라가면 일본 패전 후 야스쿠니는 일본군국주의를 정신적으로 지탱하는 국가신도國家神道의 대본산으로 미군정의 일본군국주의 해체 작업의 우선적인 대상이었으나, 1946년 독립종교법인으로 둔갑하고 '종교자유'를 내세워 미군의 해체조치를 모면했다. 그러나 일본군국주의의 전쟁을 신성시하여, 천황의 충량한 군인으로 목숨 바치기를 종용하는 야스쿠니의 본질은 변함이 없었고, 정부가 결탁하여 야스쿠니의

---

33 「昭和殉難者法務死追悼碑」란 전범들은 일본이 당한 재난으로 법적인 살해를 당한 나라를 위해 순직한 자를 추도하는 비석이라는 뜻이다. 거기에는 사형당하거나 옥중에서 병사, 자살 등으로 죽은 A·B·C급 전범 1,180명의 이름이 새겨져 있다.

유지에 힘써 왔으며, 기회 있을 때마다 다시 국가 운영으로 돌아가려는 움직임이 지속되어 왔다.

그러한 움직임에 대하여, 반대파들은 헌법 20조(정치와 종교의 분리)[34]를 내세우고 일본총리가 야스쿠니에 참배하는 것은 나라가 특정 종교에 특별히 관심을 기울이거나 특권을 주는 것이므로 헌법 20조 위반이라는 논리를 폈다. 그러나 그러한 운동 논리는 결국 전후 야스쿠니가 미군의 해체 방침을 회피하기 위해 편의적으로 종교법인 자격을 취득한 일을 정당화하는 셈이 된다. 헌법 20조에 의거해서 정교분리원칙 위반을 따지는 것은 종교시설이 아닌 야스쿠니를 자꾸 종교시설이라고 강조함으로써 그 위장 술책을 인정해주고 야스쿠니가 천황 숭배와 일본군국주의의 근간을 이루는 군사시설임을 제대로 보지 못하게 하는 구실을 하고 있다고 할 수 있다.

야스쿠니 신사란 무엇인가[35]

유래

1868년 천황을 업은 사쓰마薩摩 조슈長州 등의 지방 세력은 도쿠가와 막부와의 권력투쟁에서 승리함으로써 메이지정부를 수립했다. 그 이듬해 메이지정부는 천황을 위해 도쿠가와 측과 싸워서 죽은 자를 기리는 '도쿄쇼콘샤東京招魂社'를 건립했다. 그것이 1879년에 '야스쿠니 신사靖國神社'로 개칭되었다.

야스쿠니 신사는 국민의 이념 통제를 위해, 천황을 신의 정점으로 하고 내무성 신사국이 직접 관리하는 국가신도의 핵심적인 시설이며, 육군성과 해군성이 관할하고 주로 육군 대신이 사제장宮司을 겸임하고, 군사예산으로

---

34 일본헌법 20조는 다음과 같다.
  ① 신앙의 자유는 누구에게나 보장된다. 어떠한 종교 단체도, 국가로부터 특권을 받거나, 정치상의 권력을 행사해서는 안 된다.
  ② 누구도 종교상의 행위, 축전, 의식 또는 행사에 참가하는 것을 강요받지 않는다.
  ③ 국가 및 어떤 국가 기관도, 종교 교육 기타 어떠한 종교적 활동을 할 수 없다.

35 이하의 기술은 서승 「우리에게 야스쿠니는 무엇인가」, 『질문하는 한국사』, (2008년 4월)에 의거하고 있다.

운영되는 군사시설이다. 야스쿠니 신사에 합사되는 대상자는 1877년(明治 10)의 세이난西南전쟁에서 사이고 다카모리西鄉隆盛가 이끄는 반군을 토멸시키기까지는 일본 내전에서, 그 이후는 일제의 아시아 침략전쟁에서 오로지 천황에 충성을 다하고 죽었다고 인정되는 군인, 군속, 민간인 협조자 등이다. 즉 그들의 물불 가리지 않는 '천황에 대한 맹목적인 충성심'을 기리고 부추길뿐만 아니라, 합사된 자에 대해서는 계급에 따라 은급恩給이라는 형태의 물질적인 보상을 주는 등 황군 병사들을 전쟁에 몰아세우고, 전쟁을 독려하는 심리전을 위한 군사시설로 설립된 것이다.

야스쿠니 신사는 일본 패전 후인 1945년 11월에도 육군 대신을 제전위원장으로, 군복을 입은 천황을 맞이해 제2차 세계대전의 전사자를 합사하는 대대적인 초혼식이 진행되었는데, 이듬해 9월에 독립종교법인으로 등록을 마친 것이다.

야스쿠니의 부활은 샌프란시스코조약 체결로 미군의 점령통치가 일단 종식하여 일본이 '자주권 회복'한 1952년 4월 이후 노골화되었다. 4월 28일 샌프란시스코조약이 발효된 지 이틀 만에 일제 때의 '군인은급법'을 부활시킨 '전상병몰자 전몰자 유족 등 원호법'(이하 유족원호법)이 공포, 시행되어 일제의 군인, 군속과 그 유족들에게 연금과 조위금이 지불되었으며, 그해 11월에는 정부가 야스쿠니 신사에 부지 3만 평을 공식적으로 무상 양여했다. 현재 246만여 명이 영새부靈璽簿[36]에 등재되어 있으며,[37] 전사자는 아니지만 '쇼와昭和 순난자'로서 1970년까지 B·C급 전범 1,000명을 합사했고, 1978년 10월 17일에 A급 전범 14명을 합사했다.

---

[36] 야스쿠니에 신으로 모셔진 자의 명단. 육해군(전후에는 후생성)에서 올라 온 전사자 명단을 날을 택하여 천황이 자정에 사람을 멀리 한 가운데 의식을 집행하여 신위에 오르게 한다. 야스쿠니에는 유골이나 유물은 없고 이 명단이 주신인 것이다.

[37] 포로가 된 자, 자살자, 사고사, 기타 불명예 사망자 제외. 민간인 중 종군 간호원, 군속, 학생정신대 등 포함

야스쿠니 신사 발행의 『우리들의 야스쿠니 신사』라는 소책자에 다음과 같은 역사관이 피력되고있다.

'메이지시대에는 청일전쟁, 러일전쟁, 다이쇼시대에는 제1차세계대전, 쇼와로 들어가서 만주사변, 지나사변(중일전쟁), 대동아전쟁(제2차세계대전)이 일어났습니다. … 전쟁은 참으로 슬픈 일이지만 일본의 독립을 튼튼히 지키고, 평화로운 나라로 이웃 아시아 국가들과 더불어 번영키 위해서 싸우지 않을 수 없었습니다. 이들 사변이나 전쟁에 거룩한 생명을 바쳐주신 많은 분들이 야스쿠니 신사의 신으로 모셔지고 있습니다. 또한 일본과 싸운 연합군의 형식적인 재판에 의해 일방적으로 전범이라는 누명을 뒤집어쓰고, 무참하게 목숨을 빼앗긴 1,068분, 야스쿠니 신사에서는 이 분들을 '소화수난자'라고 부르고 모든 분을 신으로 모시고 있습니다'.

이 글에서 알 수 있 듯이 야스쿠니는 도쿄 전범재판을 거부하고, 일본의 침략전쟁을 '대동아전쟁'이라고 명명하면서 자존自存 자위의 전쟁이자, '아시아민족해방전쟁'이라고 왜곡하고 있다. 야스쿠니가 지닌 가장 큰 문제는 일본 군국주의의 역사관을 준수하고 선양하고 있는 점이다.

야스쿠니 신사에 대한 한중 양정부의 비판을 일본 정부는 '야스쿠니는 독립 종교법인으로 정부와 무관하다'라는 핑계로 회피하고 있지만, 야스쿠니의 부지가 일본정부에 의해 '기부'되어 일본 총리, 장관, 국회의원이 무더기로 참배하는 것은 차치하더라도, 영새부에 등재되는 명표名票가 구 제국군인으로 구성되어 있던 일본 정부 후생성(현재 후생노동성)의 원호국 조사과에 의해서 공급되었으며, 유족 원호법의 원호금 지급과 연동되어 있다는 것을 보아도 일본 정부의 주장은 단순한 눈가림으로 밖에 볼 수 없다. 일본 패전 후 2014년 8월까지 야스쿠니 신사에 참배한 일본 총리는 16명이며 횟수로는 65회에 이른다. 야스쿠니 신사는 일본의 우경화와 더불어 천황제 군국주의 정체성을 부활시키기 위한 '기억 장치'로 자리하고 있다.

전쟁박물관, 유슈칸(遊就館)

유슈칸은 처음에 야스쿠니 신사에 부설된 무기 전시장으로 1882년에 설치되었으며 역대 관장은 육군 중장 또는 소장이 임명되었다. 그 이름은 『순자荀子』 권학 편의 「유필취사遊必就士」에서 따왔다고 하며, 일제의 내전 외전에서 노획한 무기를 중심으로 전시해 널리 국민에게 관람시켜 일본군의 위광을 과시함과 동시에 국민의 호전성을 부추기기 위해 만들어졌다. 1908년에 청일·러일전쟁에서 약탈한 물품을 전시하기 위해 대대적으로 증수했으며, 진열품 배치도에서 볼 수 있듯이 우리나라에서 약탈한 물품도 전시되어 있다. 1931년에는 관동대지진으로 파괴된 유슈칸을 증수했고, 1934년에는 부설시설로 온갖 무기를 전시하는 '국방관'이 건설되었다.

일제 패망 후에는 명색이 보물관으로 둔갑했으나 내용의 변화는 없었고 특별전의 이름으로 해마다 전쟁 찬양 전시를 해 왔다. 그것이 2002년도에 이르러 현대적인 시설 건물로 개수되어 내용면에서도 일본 가미카제 특공기, 로켓기인 사쿠라의 전시 등으로 더욱 화려하게 전쟁을 찬양했다. 앞마당에도 대포, 특공 자살 어뢰 등이 전시되어 있으며 한마디로 유슈칸이야말로 일본 군국주의가 지금도 살아 숨 쉬는 곳이라 하겠다. 노무현 대통령의 유슈칸을 구경하고 싶다는 발언을 일본 우익은 오해하고 기뻐하는 희극도 벌어졌지만, 모든 사람들은 반드시 자기 눈으로 아직도 청산되지 않은 일본 군국주의의 산 증거를 볼 필요가 있다고 생각한다.

야스쿠니를 둘러싼 쟁점

야스쿠니 신사를 국립시설화 하려는 '야스쿠니 신사 호지護持 법안'이 1969년에 처음으로 국회에 상정되었으나 1973년까지 5회에 걸쳐 상정이 무산되자 이를 주도하던 자민당 보수파는 방향을 선회해 총리가 야스쿠니 신사를 공식 참배하는 것으로 야스쿠니에 권위를 부여하려 했다. 그 이후 총리의 참배를 둘러싼 정교(정치와 종교)분리(헌법 20조) 원칙 위반 소송 및 1979년《아사히 신문》 보도로 불거진 A급 전범 합사 문제가 한중과의 주요 외교쟁점으로 부상했다.

야스쿠니와 정교분리 문제

위에서도 언급했듯이, 총리의 야스쿠니 참배를 둘러싼 일본 헌법 20조 위반 여부는 1985년 나카소네中曾根 총리의 공식 참배를 계기로 세 건의 손해배상 소송이 제기되는 가운데 쟁점화되었다. 소송 자체는 기각되었으나, 1992년 2월 후쿠오카 고법은 공식 참배는 위헌이라고 지적했다. 1991년에 센다이仙台 고법이 천황이나 총리의 공식 참배는 '명백한 종교행위'이며 위헌이라 했으며, 1992년 7월 오사카 고법은 위헌의 의심이 있다고 판시했다. 고이즈미 총리의 참배에 대해서는 도쿄, 지바千葉, 오사카(두 건), 마쓰야마松山, 후쿠오카福岡, 나하那霸의 6개 지역에서 7건의 위헌 소송이 제기되었으며 이때까지 지법의 판결은 모두 나왔고, 고법에서 네 건의 판결이 나왔다. 2006년에는 모든 재판이 끝났는데, 손해배상이라는 면에서 원고 승소는 한 건도 없다. 또한 대부분은 정교분리 문제에 대한 판단을 하지 않았으며, 몇몇 판결에서 위헌 판단이 내려졌다. 단지 원고가 상고를 포기해 확정된 오사카 고법판결(2005년 9월 30일)에서는 총리의 참배를 '개인적인 참배라고 볼 수 없는 직무상의 행위며, 정교분리 원칙을 위배하는 위헌 행위'라고 판시했다. 다만 이러한 판시 내지는 판단은 아무런 구속력을 갖지 못했다. 이것은 일본 사법기관의 반역사성과 일본 '민주주의'의 허구성을 드러내는 것이다. 반면 야스쿠니 문제를 정교분리 문제에 초점을 맞추어 온 일본 시민운동의 사고방식에도 문제가 있다고 해야 할 것이다.

예를 들어 보자. 2005년 9월 30일 오사카 고법 판결에서는 주문에서 기각 판결이 나와 원고 및 변호단의 풀이 죽었는데, 판결문 내용 중에 위헌판단이 있음이 확인되자 변호단은 '결과는 기각이지만, 내용은 획기적인 판결'이라고 평가해 '실질 승소'의 포스터를 준비하는 등 분위기는 반전되었다. 이어서 기자회견장은 기자들이 가득 차고 매우 흥분된 분위기가 조성되어, 대만 원주민 소송단장인 치와스 아리高金素梅 대만 입법위원에게 질문이 집중되었다. 그녀의 입에서 승리 메시지를 들으려고 기자가 "실질 위헌의 획기적인 판결이 나왔는데……"라고 질문을 던지니, 그녀는 냉랭하게 고이즈미 총리는 헌법을 지켜 마땅하지만, "위헌인지 아닌지는 일본사람들의 문제지, 우리들에게는 그다지 큰 문제가 아니다. 관심이 있는 것은 일본의 반성, 사죄, 배상이다. 그리고 야스쿠니에 갇혀 있는 우리의 조상을 되돌려 달라는 것이다."라고 판결의 본질을 갈파했다. 그녀의 말은 현대국가의 삼권분립의 허구성, 과거청산문제와 같은 일본국가의 구조적 문제에 관한 사법의 무력함을 비판함과 동시에, 오로지 정교분리원칙 위반에만 의거한 법정투쟁에 매달려 온 일본 진보세력에 대한 비판도 있는 것이다. 사실 판결 직후인 10월 17일 무소불위의 권력을 과시하듯이 고이즈미는 야스쿠니 참배를 감행했다.

일본에서 다시 국가신도가 부활하는 것을 막아내기 위한 헌법 20조의 역할은 인정하지만, 야스쿠니를 종교법인으로 인정하는 논리는 사적인 참배나 야스쿠니의 존재 자체는 문제될 것이 없다는 논리가 내재되어 있다는 면에서 근본적인 한계를 갖는다. 따라서 야스쿠니 비판은 야스쿠니가 인류평화를 위협하는 침략적인 군사시설로서 일본 헌법전문 및 헌법 9조(평화주의, 평화적 생존권) 위반이라는 점에 초점이 맞추어져야 할 것이다.

A급 전범 합사 문제

상술한 바와 같이 1978년에 A급 전범이 합사되었는데, 그동안 "도쿄재판은 무효다." 또는 "A급 전범은 전승국의 일반적인 단죄에 의해 희생된 분들이며, 국내법으로는 전쟁 범죄자는 아니다."라는 주장으로 국제사회가 규정한 일제의 전쟁범죄를 부정하고 있으며 일본이 군국주의 청산을 맹세한 포츠담선언, 샌프란시스코 조약, 나치와 일제를 인류의 적으로 규정한 유엔헌장마저도 부정하려는 일본에 대하여, 동아시아 여러나라가 A급 전범 합사를 반대하는 것은 당연하다. 그러나 야스쿠니 문제를 A급 전범 문제로만 국한시키는 것은 문제의 왜소화다. 실제 중국 정부는 물론, 어쩌면 한국 정부마저도 야스쿠니에서 A급 전범이 분사된다면, 또는 총리가 참배를 안 한다면 야스쿠니의 존재 자체는 문제시하지 않겠다는 태도를 보이지만, 전쟁신사 야스쿠니 자체를 해체하는 것이 일본군국주의의 뿌리를 끊기 위해 필요하다.

문제는 야스쿠니 병설의 전쟁박물관, 유슈칸이 상징하듯이 야스쿠니가 과거의 식민지 지배와 침략전쟁을 정당화하고 있다는 점이고, 강화도사건에서 죽은 수병을 군신으로 모신 것을 필두로, 역대 일본의 한국 침략의 첨병을 군신으로 기린다는 점이다. 무엇보다도 2만 2,000명에 가까운 한국인을 유족과 나라의 동의도 없이, 피맺힌 유족의 합사 철폐요구에도 불구하고 일방적으로 '죽어서도 천황에 충성을 다하는 군신'으로 합사를 강행하고 있는 점이다.

야스쿠니에 합사된 조선 침략 첨병 제1호는 마쓰무라 지요마쓰松村千代松 수병이다. 이에 대한 기술은 다음과 같다. "우자右者는 본년 9월중 운양함雲揚艦이 조선 강화도에서 폭격을 받았을 때 분격 돌전해 대장臺場(포대)에 쳐들어가 드디어 중상을 입고 귀함 후 이로 인해 동월 22일에 사거……."[38]라고 하고 있으며, 1877년 1월에 야스쿠니의 전신인 쇼콘샤에 합사되었다.

이에 앞서 그 전 해에 대만 출병 전사자 12명이 합사된 것이 일본의 대외 침략사에서 전사자의 첫 번째 사례가 된다. 강화도 사건 이후 임오군란, 갑신정변, 의병투쟁을 진압하기 위해 투입되었다가 전사한 자가 합사되었고, 또한 대만 침략의 첨병도 합사되었다. 이렇듯이 침략 첨병이 군신으로 합사되어 있다는 사실을 우리나라에서는 제대로 인식하고 있지 않는 것 같다.

조선인과 대만인의 일방적인 강제 합사

조선과 대만을 침략한 일본사람에 끼어, 약 2만 8,000명의 대만 사람과 2만 2,000명에 가까운 한국 사람들이 야스쿠니에 갇혀있을 것으로 추정된다(야스쿠니는 1991~1992년에 전체 합사자 중 24만 명의 명단을 공개했으나 전체 자료는 미공개). 이들은 일본의 침략전쟁 수행에 내몰려 희생되었을뿐만 아니라, 죽어서도 일본 군국주의를 찬양하는 신사에서 천황에 대한 충성을 맹세하면서 행군하는 '귀신 부대'에 편입되어 있는 것이다. 이에 유족의 일부

---

38 『야스쿠니 신사 백년사』자료편 상, 하라쇼보(原書房), 1984, p.162.

는 자기들의 조상을 야스쿠니 신사에서 빼내어 줄 것을 요구하기도 했고 소송까지 했지만 야스쿠니 신사 측은 막무가내로 "한국사람일지 모르나 죽었을 때는 일본사람이었다", "야스쿠니 신사에 들어오면 그 영혼은 하나가 되어서 그 일부를 떼어낼 수 없다", "유족은 빼내어줄 것을 요구할지 모르나 본인은 바라고 있지 않다"라는 황당무계한 설명을 편다. 이것은 전쟁에 강제 동원해 죽였을뿐만 아니라 죽은 뒤에까지 본인과 그 가족을 욕되게 하는 이중 가해라고 할 수 있다.

기본적인 인권의 하나인 자기결정권을 침해하고, 인격권과 존엄성을 훼손하고, 신앙·신조·사상의 자유를 유린하고, 침략전쟁을 긍정해 인류의 평화를 위협하는 야스쿠니를 우리나라에서는 거의 모르거나 무관심한 상태다. 독립국의 국민을 해당 국가의 동의도 없이 일방적으로 야스쿠니에 가둬 두고 있다는 것은 분명한 국권 침해다. 그런데도 일찍이 우리 정부가 합사자를 영새부에서 삭제하라고 요구했다는 소식을 들은 바가 없다. 일본 군국주의가 패망하고 반세기 이상 지난 지금까지도 이 원혼들은 일본의 죽음의 수용소, 야스쿠니 신사에 갇혀 지내고 있다.

외압론

일본은 교과서 문제에 대한 한 중등의 비판에 일정한 배려를 하고 근린제국近隣諸國 조항이라는 규정을 1982년 교과서 검정의 검정기준으로 채택했다. 일본 정치인의 야스쿠니 참배를 한중을 비롯한 아시아 국가들이 비판하자 근린제국조항에 준해서 어느정도 자제를 했던 시기도 있었는데, 일본 국내에 외압에 대한 굴복이라는 비판이 제기되어, 일본정치가의 태도를 오히려 경화시키는 경향도 나타났다. 그러나 이웃나라들에 전쟁의 참화를 입힌 일본은 당연히 야스쿠니를 폐지해야 한다는 사실은 변하지 않는다.

한중의 비판이 A급 전범의 합사와 일본 총리의 참배에만 초점이 맞추어지고, 야스쿠니의 본질에 대한 비판이 없는 것이 문제로 남는다.

2014년 8월 9일 도쿄 간다神田 한국 YMCA에서 제9회 '평화의 촛불을 야스쿠니의 어둠에' 야스쿠니 반대 동아시아 공동 행동이 열렸다. 촛불시위에 예년보다 두 배 이상 많은 우익이 몰려들어 차마 듣지 못할 욕설을 퍼붓고, 자동차로 두 차례나 시위 대열을 향해 돌진하기도 했다. 일본에서 민족증오범죄가 창궐하고, 야스쿠니 참배자의 수가 젊은이를 중심으로 부쩍 늘어났다. 일본의 정치 경제적인 쇠퇴에 따르는 초조와 불안으로 나타난 현상에 아베의 군국주의 회귀 의지가 기름을 붓고 있다.

야스쿠니 반대 동아시아 공동 행동은 2015년 10주년을 맞이한다. 2015년 5월 독일 시민운동의 요청으로 5월 8일 베를린 함락의 날을 중심으로 1주일 정도, 나치와 일본군국주의의 결탁, 야스쿠니에 참배하는 히틀러 유겐트와 극우 유럽 의원단의 판넬 전시, 홍성담 화백의 '야스쿠니의 미망'전, 심포지엄, 야스쿠니에 강제 합사된 유족들의 증언대회, 야스쿠니 반대 촛불시위 등의 행동이 예정되어 있으며, 현지 독일 유럽사람들뿐만 아니라 한국, 대만, 오키나와, 일본 등지에서 참가할 것이다.

8월에는 도쿄에서 촛불행동 10주년 야스쿠니 반대행동과 홍성담 화백의 전시회가 예정되어 있다. 그런데 우리나라, 그것도 광주에서 비엔날레 특별전에 출품한 〈세월오월〉이 전시를 거부당한 마당에, 일본에서 야스쿠니 반대행동이나 홍성담 화백의 전시회장을 빌려줄 만한 곳은 간다의 한국 YMCA를 제외하고는 없다.

집회, 시위, 표현, 언론, 예술의 자유가 민주주의를 표방하는 일본 도쿄에서 버젓이 유린당하고 있는 것이다. 한국정부도 자기 나라 국민이 일본의 전쟁신사의 볼모가 되어 있음에도 모른 척 하고 있으며, 국민들 대부분도 사태의 중요성을 깨닫지 못하고 있다. 일본 군국주의의 부활을 저지하지 않고서는 동아시아의 평화와 미래도 없으며, 우리 민족의 통일도 요원하다. 아직도 일제에 대한 독립전쟁은 끝나지 않았다. 일본 군국주의의 대본산인 야스쿠니를 돌파해야만 우리의 참된 독립의 길이 열린다.

동아시아의 우호까지

ウカジ

제국주의 과거 청산의 성과와 그늘:
재일동포와 야스쿠니

패전 70년을 맞이하는 도쿄

패전 70년을 맞이하는 도쿄[39]

8·15와 야스쿠니 촛불시위

2015년 8월 8일 밤, 2006년에 시작된 '평화의 촛불을 야스쿠니의 어둠으로' 야스쿠니 반대 동아시아공동행동 10주년의 촛불 시위대가 도쿄의 한복판, 간다神田 진보초神保町 일대를 힘들게 전진해 갔다. 집회장소인 한국 YMCA에서 니시칸다의 공원까지 1킬로미터정도의 시위행로를 가는 500명 정도의 시위대를 일본 기동경찰대가 에워싸고 그 외곽은 시꺼먼 전차 같은 가이센샤街宣車(가두 선전차)와 일본 우익들이 점령한 상태였다. "야스쿠니 NO"를 외치는 시위대의 구호가 전혀 안들릴 만큼 가이센샤가 주변 천지를 흔드는 고성능 스피커의 고막이 찢어지는 대음량으로 "총코(조선놈)를 때려죽이자!", "조선으로 돌아가라" 등 욕을 퍼부어댔다. 길가는 우익들의 일장기와 욱일승천기로 메워졌고, 그 속에 재특회(재일외국인의 특권을 생각하는 모임)의 전 회장 사쿠라이 마코토櫻井誠의 모습도 있었다. "극좌, 불령선인不逞鮮人을 도쿄만에 쳐 넣자" 등의 플래카드를 흔들어대고 기동경찰들의 호위벽이 비어있는 곳이 있으면 시위대에 덤벼들었다. 우익의 열기는 여느 해보다 더 뜨겁게 타오르는 것 같았다. 10년을 맞이한 야스쿠니 반대 동아시아 공동행동이 집회장소로 근근히 빌릴 수 있었던 곳은 넓은 도쿄에서도 2·8독립선언을 선포한 한국 YMCA뿐이었다. 8·15 전후로 시민운동의 집회, 시위가 많이 있었지만, 그중에서도 야스쿠니 촛불시위에 대한 공격이 유별나게 격렬했으니, 일본이라는 사회가 얼마나 야스쿠니(천황문제)에 예민한지 알 수 있다.

---

[39] 2015, 「이어지는 동아시아 평화기행 15」, 『아세아문화』17, 2015년 9월호, 아시아문화커뮤니티

8월 15일의 야스쿠니

8월 15일 정오 가까이, 야스쿠니 신사의 대문인 오토리이大鳥居에서 홍성담 화백과 만나서 정전正殿으로 다가가려 했는데, 엄청나게 많은 사람들이 운집해 있다. 정전에 이르는 참도參道에는 뜨거운 햇볕 밑에 정장을 한 수만 명의 사람들이 참배 순서를 기다리고 있었으며, 행렬은 야스쿠니 대문을 빠져나가 쿠단시타 지하철역까지 이어져 있었다. 많은 우익단체가 제각기 검은 정장 차림으로 입고 깃발을 들고 무리를 지어 있는 것이 매우 눈에 거슬렸다.

그 열의 가장자리 옆을 간신히 헤집고 앞으로 가는 내 온몸에서 땀이 솟아나와 온수를 뒤집어 쓴 것처럼 흠뻑 젖어버리고 아찔한 현기증이 났다. 정오가 되자 사이렌이 울려 사람들이 고개를 숙여 1분간의 묵도를 했다. 묵도가 끝나자 어디선가 스피커를 통해서 인근 일본무도관의 전국전몰자추도식에서 하는 천황의 추도사가 흘려 나왔다. 이날 도쿄의 최고기온은 33.1도였다. 습기를 머금은 야스쿠니의 햇볕은 머리를 쏘아 붙이고 숨통을 조이고 현기증이 날 지경이었다. 70년 전 같은 날, 도쿄의 최고 기온은 32.4도였으며 매우 무더운 날씨였다고 한다. 미군의 도쿄 공습으로 거의 모든 건물이 타버리고 매미 소리만 시끄러운 폐허에 이른바 '옥음玉音방송(천황의 패전 담화)'이 흘러 나왔다고 한다. 나는 잘 알아듣지 못한 천황의 말을 땡볕 아래 고개 숙여 경청하는 야스쿠니 참배자들 모습을 보고 있자니 홀연이 70년전 패전의 날로 되돌아 온 듯한 환영을 불러 일으켰다.

전몰자 기억의 삼각지대

야스쿠니 신사의 옆 큰 길(야스쿠니 도오리)을 건너면 황거皇居를 둘러싼 해자가 있고, 그 해자 옆에 무명전사의 위령탑이 서 있는 지도리가후치千鳥ヶ淵戰没者 묘원墓苑이 있다. 해자를 건너면 해마다 전국 전몰자 추도식이 거행되는 일본무도관이 있다. 그러니 이 일대는 가히 일본 전몰자들의 기억의 삼각지대라고 할 만하다. 그게 바로 천황이 사는 황거의 옆구리에 붙어있다는 것이 일본이 패전과 전사자를 어떻게 기억하는가 하는 '기억의 정치'의 위상을 보여주고 있다.

해마다 천황과 총리가 출석하는 공식 추도식 행사는 일본무도관에서 거행되고, 천황과 총리, 정부 수뇌가 참석한다. 지도리가후치 묘원은 1959년에 해외에서 돌아오는 유골 중에서 연고가 없고 인수자가 없는 유골을 모아 위령공원으로 조성되었으며, 현재 362,570구의 유골이 안치되어 있다고 한다. 그 중에 민간인의 유골도 있으나, 무종교 무명병사의 묘원으로 일컬어지고 있으며, 봄가을에는 황족이나 총리 등이 참가하여 위령제가 거행되고, 시민운동단체 또는 야스쿠니에 비판적인 입장을 취하는 야당계의 집회가 열리거나, 때때로 외국내빈의 방문과 같은 의식이 거행되기도 한다. 올해도 8월 14일 저녁에 교의나 사상, 신조를 넘어 '평화기원식전'이 거행되어 2,800명이 모였다. 이 모임은 신흥종교 64단체가 만든 '신일본종교단체연합'이 1962년에 시작하여 50주년을 맞이했다.

그럼에도 불구하고 전몰자의 추도시설로서 지도리가후치 묘원이 세인의 주목을 받지 못하고 있다. 야스쿠니로 대표되는 군국일본의 제례의 목적은 '위령'이 아니라 전사자를 천황을 위해 목숨을 바쳤다는 이유로 '현창'하려는 것이고, 군국정신과 천황을 찬양하고 맹종하는 병사를 만들고자 하는 것이다. 그래서 정작 지난 전쟁에서 희생자의 억울함을 달래고 전쟁을 다시 않으려는 다짐은 전사자를 기억하는 장에서 뒷전에 밀리게 되는 것이다. 그럼에도 전쟁으로부터 70년이 지난 지금 유골에 대한 사회적인 관심이 고조되기 시작하였다. 태평양부터 동남아, 만주, 몽골까지 일본 군인 사망자의 약 반인 120만 구 정도의 유골 수습을 아직도 못하였다고 하니, 앞으로 유골 수습에 관심이 모아지면 지도리가후치가 주목을 받을 날이 올 것이다.

한국사람들이 흔히 오해하는데, 여기서 확인해야 할 것은 야스쿠니에는 유골이나 유해 따위는 없고 오로지 천황이 신도 의식을 거쳐 신위에 오르게 한 전몰자의 명단만이 있다. 지도리가후치에 있는 뼈 속에서는 육해군성(전쟁 후에는 후생성)에서 야스쿠니에 올린 자들의 뼈가 대부분일텐데, 다만 어느 뼈가 누구 것인지 확인이 안되었다는 것이고, 그렇기에 유족들의 손에 못 돌아간 것이다. 일본 천황 및 정치가는 정교분리원칙을 명기한 일본헌법 20조 아래서 야스쿠니 공식 참배는 꺼리고 일본무도관에서 표면적인 식전을 거행하고 있는 것이다.

지도리가후치에 묻혀있는 36만 구 정도의 전몰자는, 310만 명(군인만 210~230만 명)의 전몰자 전체로 보면 일부에 지나지 않아서 별도로 일본무도관에서 '전국전몰자 위령제'가 거행되는 점도 있다. 올해도 다카이치高市早苗 총무장관 등 자민당의 장관 3명과 이나다 도모미稲田明美[40] 정책조정회장 등 정치지도자들이 야스쿠니를 참배했다. 아베 총리는 야스쿠니에 공물을 바치고, 몸은 무도관에 가 있어도 마음은 온통 야스쿠니에 있었을 것이다.

아베 담화

8월 14일 저녁 '종전 70년 총리담화'가 내각 각의에서 결정되었다. 아베 총리가 숙원인 '전후 레짐과 결별' 하고 도쿄재판과 미일안보조약에 구속되어 미국에 대해서 자주권을 상실한 전후 일본의 체제와의 결별을 표명하는 것으로 자타가 기대와 불안을 느끼고 있었던 것이다. 결과적으로 이 담화에 대한 《교토통신》의 여론조사는 "평가한다"가 44.2%, "평가 안한다"가 37.0% 로 "평가한다"가 우세했다.[41] 세계의 반응도 대체로 아베 담화가 과거의 총리담화의 계승을 표명하고, '침략', '식민지 지배', '반성', '사과' 라는 네 가지 키워드를 담는 등 '온건'하다고 평가하는 편이다. 그러나 아사히신문의 사설은 '안 하는 것만도 못하다'고 하는 등 식자들의 평가는 신랄하다.

15일에 열린 시민문화포럼의 '종전 70년' 모임에서 일본헌법학자 히구치 요이치樋口陽一 씨는 그 특징을 첫째, 길다. 둘째, 주체가 불분명하다. 셋째, 자기의 우익적인 입장을 슬그머니 집어넣고 있다고 평했다. 이러한 비판은 일본의 식자들이 공유하는 것 같다. 우선 이번 담화가 과거의 무라야마 담화, 고이즈미 담화 등과 비해 분량이 3배정도가 되는데, 이것은 문장 전체가 상호모순되고, '침략', '식민지', '반성', '사과'라는 네 가지 키워드를 다 쓰기는

---

40 이나다는 2011년 독도에 상륙하겠다고 한국을 찾아오다 강제추방 당한 3인의 극우 자민당 의원의 하나이다. 그녀는 아베의 최 유력 후계자로 지목되고 있다.

41 교토통신 8/15 http://www.47news.jp/CN/201508/CN2015081501001618.html

썼어도 내외의 압력 속에서 억지로 집어넣다 보니 구구한 설명과 물타기로 일관된 결과라는 것이다. 혹자는 "여론에 의하여 뒤에서 날개 꺾기를 당하고 꼼짝 못한 아베"라고 표현하기도 한다.

2013년 12월 아베의 야스쿠니 참배 이후 야스쿠니 참배, 일본군 위안부 문제, 일본군국주의에 대한 평가 등 그의 역사 인식을 심각하게 의문시하는 목소리가 세계적으로 비등했으며, 미국도 한미일동맹을 이루기 위하여 일본에게 자제를 요구해왔다. 그리고 야당뿐만아니라, 연립정권의 상대인 공명당에서도 역대 정권의 역사 인식 계승과 네 가지 키워드의 사용에 대한 강한 요구가 있었다. 게다가 네 가지 키워드가 담화에 들어가느냐 마느냐 하는 문제가 세계의 관심사가 되다보니 총리의 우익 사관에 권위를 부여하기 위해 담화의 구상을 만들 것은 위촉 받은 총리의 사적인 자문기구인 '21세기 간담회'의 보고서마저 뜻 밖에 '침략과 식민지 지배'에 대한 원론적인 사과를 요구하고 나섰다. 아베 총리는 용의주도하게 담화를 만들려고 했지만 그것이 오히려 담화에 시선을 집중하게 하고 운신의 폭을 좁혀버린 결과가 된 것이다.

다음으로 '누가'라는 주어가 빠져있을뿐만 아니라 누가, 언제, 어디서, 무엇을, 어떻게, 왜라는 육하원칙이 모호하게 기술되었으며, '침략 식민지 지배' 등의 말도 구체적인 사건에 대해 명시되지 않고 있다. 전체적으로 만주사변(1931년)부터 태평양전쟁 종료(1945년)까지는 적었으되, 그 이전 명치유신부터의 침략, 식민지화에 대해서는 거의 구체적인 언급이 없다는 지적도 있다. 특히 한국병합에 대한 언급이 없었다. 행간에 한국병합은 한국사람의 뜻에 따라 적법하게 이루어졌다는 인식이 깔려 있고, "침략의 정의는 정해져 있지 않다"는 주장이 엿보이는 것이다.

그리고 아베는 짐짓 고개를 조아리는 척하면서 행간에 그의 지론인 국수주의적인 역사관을 슬그머니 끼워넣었다. "러일전쟁은 식민지 지배 하에 있던 많은 아시아와 아프리카 사람들에게 용기를 주었습니다"라는 귀절은 설사 전쟁 직후에 아시아인이 백인에게 이겼다고 하는 순간적인 환상이나 착시가 있었다 하더라도 뤼순旅順의 학살을 비롯하여 전쟁 전후의 일제의 만행이 드러남으로써 바로 깨져버린 것이다. "그 다음 세대의 아이들에게 계속 사죄의 숙명을 짊어지게 해서는 안 됩니다"라는 귀절은 자민당 우파로부터 일찍 제기되어 온 "전후세대에게 전쟁 책임이 없다"는 주장의 표명이다. 또 일제의 침략 책임을 이 담화로 끝내려 하는 의도와 전후세대인 아베 자신에 대한 면죄론이기도 하다.

그런데 한편에서는 대일본제국의 영광을 강조하고, 심지어 한국병합조약의 적법성과 유효성을 강변하는 등 전전 전후의 일본국가의 연속성을 강조하면서, 다른 한편에서 '전후세대 무책임'을 주장하는 것은 모순이다. 민법에서도 상속은 부채도 함께 상속한다는 상식조차도 부정하는 결과가 된다. 전후세대의 전쟁책임이란 그들이 누리고 있는 생활 수준과 삶의 질이 명치 이후의 동아시아 사람들의 피와 눈물을 대가로 이루어졌고, 일제의 침략과 약탈의 결과 위에 현재의 일본이 있다고 자각하고, 과거에 청산하지 못한 피의 채무를 갚기 위해 현재일본의 주권자로서 책임있는 행동을 하는 것을 말하는 것이다.

담화 마지막에 '"적극적 평화주의"의 기치를 높이 내걸며'라는 말을 집어넣은 것은 현재 진행 중인 일본을 군사국가로 변신시키고자 하는 움직임과, 이러한 움직임이 강한 여론의 역풍을 맞고 있는 '안보법안'에 대한 옹호이자 '침략과 식민지 지배를 반성하고 사죄[42]하는' 담화전체 기조를 부정하는 것이다. 주지하는 바와 같이 '적극적 평화주의'란 무력으로 적대세력을 제압하는 것을 의미하는 바, 본래의 평화주의와 정반대의 의미를 가지고 있으며, 일본의 군사적 부활을 의도하고 있는 것이다.

일본의 평화주의와 헌법 9조
2015년 8월 8일 한국YMCA에서 진행된 '촛불행동 – 적극적 평화주의를 받쳐주는 야스쿠니' 심포지엄에서 다카하시 데츠야高橋哲哉 도쿄대학 교수는 「전

---

[42] 원문은 「おわび」 즉 사과인데 주한 일본대사관 홈페이지를 통하여 발표된 담화의 공식 한국어 번역판에는 사죄라고 했다. 과거에 한국에서 사과냐 사죄냐를 둘러싸고 쏟아졌던 비판을 비껴가려는 꼼수로 볼 수 있다.

후 70년과 일본의 과제 - '일미동맹'과 야스쿠니를 둘러싸고」라는 발제에서 중요한 지적을 했다.

우선 아베의 야스쿠니관과 야스쿠니 참배의 의미에 대해서 아베의 심복인 자민당 정책조정회장인 이나다 도모미稻田朋美의 말을 인용하고 있다.

> "(총리의 야스쿠니 참배는) 나라(천황: 필자 주)를 위해 목숨 바친 자들에게 감사도 경의도 바치지 않고, 마치 개죽음처럼 치부되고 망각되어버릴 것 같으면, 도대체 누가 나라(천황)를 위해 피 흘리고 싸운단 말인가… 총리가 야스쿠니에 참배하는 의미는 '부전(不戰)의 맹세' 만이 아니다. '타국의 침략에 굴하지 않는', '조국이 위기에 처하면 뒤 따른다'는 의지의 표명이자, 일본이 참된 의미에서의 나라임을 표명한 것이다. 이점을 언급하지 않고 야스쿠니 문제를 정교분리나 대 아시아외교 문제로 왜소화하는 것은 전후체제의 왜곡 그 자체다.[43]

아주 흥미로운 것은 나도 몇 차례 이나다와 같은 주장을 했다. 즉 야스쿠니 문제를 '정교분리나 대 아시아외교 문제로 왜소화하는 것'에 반대해 왔다. 그러나 내 주장은 야스쿠니는 일본 병사를 천황을 위해 기꺼이 목숨을 버릴 수 있게 세뇌하여 사기진작을 하기 위한 심리전 용의 군사시설이며, 일본제국의 침략정신을 미화하는 가장 위험한 시설이라는 점에서 이나다와 정반대의 입장인 것이다.

일본사람들은 일반적으로 야스쿠니를 '나라를 위해 죽은 자에 대한 위령시설'로 이해하고 있고, 야스쿠니의 존재자체를 부정하는 사람들이 거의 없다. 2013년의 아베의 야스쿠니 참배에 대해서도 여론조사는 부정보다 찬성이 많다.

그리고 7월 22일의《교토통신》의 여론조사에 의하면 '호헌 60%', '개헌 32%'로 평화헌법 여론이 우세하다. 한편, 미일군사동맹에 대해서는 '동맹강화'가 20%, '동맹유지'가 66%로 90%가까이가 미일군사동맹을 지지하고 있

---

43 『산케이 신문』 2006년 6월 3일. 다카하시 발제에서 재인용.

다. 이런 추세는 1970년대의 70%대, 1980년대의 80%대에서 꾸준히 증가하고 있으며, 미일안보조약 해소주장은 1960년대에는 30%, 1990년대의 10%의 지지에서 이번 여론조사에서는 2%로 떨어졌다고 한다. 이번 아베의 '해석개헌'과 안보법제의 강행에 대해 여론조사에서 60%정도가 반대의사를 표명하고 있지만, 아베의 행보는 미일동맹의 강화와 일본의 군사적 역할의 강화라는 미국의 강력한 요구에 의한 것인데, 헌법개정에 반대하면서 미일동맹을 지지하는 것은 자가당착이라는 것이다.

다카하시는 "이러한 일본국민에게 헌법 9조를 호지해 왔다고 노벨평화상을 수여하는 것이 과연 적절한가?" 라고 의문을 제기 하고 있다. 나도 작년 《한겨레신문》에 기고[44]를 통해서 같은 문제를 제시했는데, 일본의 군사화를 막기 위해서는 일본의 헌법 9조 모임을 중심으로 하는 호헌 평화세력의 용기를 북돋우어야 한다고 한국에서도 '일본 헌법 9조 노벨상 수여 추진위원회'까지 만들고 있다.

일본의 '평화세력' 자체에 대해서도 일정 유보가 필요한 것이다. 일본의 평화주의 자체가 압도적으로 일본 천황제를 지지하고 있으며, 위에서 보았듯이 미일안보조약이라는 군사동맹을 당연시[45]하고 있다. 일본의 압도적 다수가 야스쿠니의 존재를 긍정적으로 보고 있으며, '오키나와에 미군기지가 있는 것은 일본의 안전을 위해 불가피'라고 생각하는 일본 여론이 60% 정도나 된다. 게다가 1990년대 이후 반북한은 물론 반한 반중국의 여론이 일본에서 압도적이다. 결국 일본의 평화주의는 미일안보조약, 천황제, 야스쿠니, 오키나와의 희생, 반한·반중국의 의식 위에 구축되어 있다고 할 수 있다. 즉 매우 내향적인 자기만의 생활평화주의라고 할 수 있다. 물론 그렇다 하더라도 헌법 9조를 중심으로 하는 호헌의식이 전후 일본에서 대외 출병·침략을 억제하는데 일정 기여해 온 점이 있는 것이고, 일본에 있어서의 온전한 평화

---

44 「일본 군국주의 부활 반대」, 2014. 8. 10.(http://www.hani.co.kr/arti/international-al/japan/650533.html)

45 2007년 NHK의 여론조사에서 상징천황제 지지가 85%, 천황제 폐지가 8%로 나와 있다.

주의가 뿌리 박기 위해 딛고 서야 할 토양이라고 할 수 있다. 다만 그 성격과 한계를 분명히 인식해야만 올바른 대처도 가능하다는 것이다.

야스쿠니 촛불 행동, 10년

야스쿠니 촛불 행동이 10년이 지났지만, 전쟁 신사 야스쿠니의 철폐는 커녕, 강제 합사된 한국, 대만 사람의 이름을 야스쿠니에서 삭제하라는 유족들의 소원도 이루어지지 않았다. 그리고 압도적인 일본인들 속에서 야스쿠니 반대운동은 매우 고독한 존재라고도 할 수 있다.

그러나 촛불행동이 해낸 일들도 있다. 첫째, 야스쿠니가 일본의 침략/전쟁과 밀접하게 관계되어 있으며, 역사 인식 문제와 평화에 대한 위협으로 문제 제기함으로서 일본의 야스쿠니 반대투쟁에 새로운 기원을 열었다. 둘째, 일본의 국내적인 운동이었던 것을 일제 식민지 지배를 받았던 한국, 대만, 오키나와와의 공동투쟁으로 운동의 차원을 끌어올려, 야스쿠니가 일본의 동아시아 지배를 상징하는 존재임을 널리 인식하게 했다. 셋째, 법정투쟁에 치중했던 일본에서의 과거 운동에서 대중집회, 시위, 연구회, 미술전, 출판 등 다양한 운동 형태를 발전시켰다. 넷째, 야스쿠니 문제를 일본 특유의 문화 또는 종교라는 변명을 비판하고 파시즘 반대운동이라는 보편적인 문제로 제기했다. 다섯째, 2007년에는 일본 패전 이후 일본군국주의 해체과정에서 야스쿠니에게 '독립종교법인'이라는 핑계를 허용하고 존속하게 한 미국에 대한 비판과 캠페인을 벌였다. 여섯째, 운동을 통해서 한국에 있어서의 야스쿠니 이해의 심화에 일정한 공헌을 했다.

2015년에는 10주년 행사로 이 책의 2권 4부에서 다루었듯이 5월 7일부터 14일까지 독일에서 야스쿠니 반대 캠페인을 벌였고, 7월 25일부터 8월 2일까지 〈동아시아의 Yasukunism〉전을 전개했다. 이 전시는 도쿄의 브레히트 극장에서 홍성담 화백의 100장을 넘는 일련의 야스쿠니 그림 시리즈 〈야스쿠니의 미망〉 중 주요 작품 28점과 함께 오우라 노부유키大浦信行, 긴조 미노루金城實의 작품을 전시하고, 매일 게스트를 초청하여 토크쇼, 영화, 음악, 시의 낭송 등과 함께 꽤 규모가 큰 것이었다. 종합적인 문화행사로 많은 사람들의 관심을 모았다. 《주간 금요일》에는 2주 연속 표지에 홍성담 화백의 그림과 함께, 행사 소개 기사가 실렸다. 이번 행사는 많은 젊은이들과 브레히트 극장을 근거지로 하는 '도쿄 앙상블극단'의 참여와 헌신으로 야스쿠니 반대운동의 외연을 넓히고 다양한 사람들을 참가하게 하는 새로운 기획이었다.

그 내용은 이애주(서울대 명예교수)가 올린 '진혼굿', 오우라 노부유키大浦信行 감독의 〈망자와 야스쿠니-'야스쿠니·지령地靈·천황'〉과 도이 도시쿠니土井敏邦 감독의 일본군 위안부 영화 〈'기억'과 산다〉 상영, 최선애(피아니스트)의 연주, 남상구(동북아역사재단), 우쓰미 아이코内海愛子(케이센 여자대학 명예교수), 나가타 고조永田浩三(무사시대학 교수), 나카니시 신타로中西新太郎(요코하마 시립대 명예교수), 우카이 사토시鵜飼哲(히토츠바시 대학 교수), 왕모린王墨林(대만 극작가, 연출가), 서승(리쓰메이칸 대학 교수), 모오리 요시타카毛利嘉孝(도쿄예술대 교수), 이구치 다이스케(미술가), 이치하라 겐타로(미술평론가), 긴조 미노루(조각가), 더글라스 러미스(오키나와 국제대학 교수)의 토크 등 매우 다채로웠다. 홍성담 화백은 매일같이 다양한 사람들과 대화를 이어 갔다.

8월 8일 10주년 집회의 폐회사를 통해서 나는 다음과 같이 선언했다.

"지난 10년은 과거를 질질 끄는 야스쿠니와의 싸움이었다면, 앞으로는 집단자위권행사에 따른 일본의 군사화에 반대하고, 대외전쟁에서 파생되는 전사들을 국가권력이 이용하려는 시도를 봉쇄하는 싸움이 될 것이다".

동아시아 평화의 모색과 전망

동아시아의 우호까지
りつカ

동아시아 평화의 모색과 전망

미일동맹에 종속하는 한미일 동맹

미일동맹에 종속하는 한미일 동맹[46]

일본에서는 지금 아베 정권이 '전후 레짐'으로부터의 탈피를 내걸고 '집단적 자위권 해석 개헌'을 강행하여 '안전보장 관련 법안'이 중의원을 거쳐 참의원에서 형식적인 심의 중이다. 아베는 바야흐로 '전쟁할 수 있는 나라', 일본을 되찾으려 하고 있다.

독일과 일본의 파시스트 연합이 인류에 엄청난 재앙을 입혔기에, 반파시스트 진영인 연합국은 제2차세계대전 후 일본과 독일 등 전범국가들에 대한 '평화의 강요'를 목적으로 유엔 체제를 창설했다. 원래 '평화의 강요'의 완화 및 해제는 유엔 또는 국제사회의 합의에 의해서만 가능한 것이었으나, 제2차 세계대전이 종결될 전망이 보이자 연합국의 핵심인 미소는 원래대로의 대립을 드러내고 양 진영으로 균열하는 조짐을 보였다. 이윽고 미소 각국의 '국익'을 최우선하는 냉전 시대가 시작되었으며 인류 공동의 목표였던 '평화'는 무산되었다.

제2차세계대전 후 미국은 군사·경제적으로 압도적인 힘을 가진 초강대국으로 등장하였고 반공의 기치를 들고 '팍스 아메리카나' 시대를 구축하는 데 골몰했다. 독일에 대해서는 재군비를 허용하여 NATO군에 편입하고 대소련 전선의 중핵을 담당케 했다. 다만 독일의 침략으로 막대한 피해를 받은 쓰라린 역사를 가진 프랑스를 비롯한 인근 국가들과 유태인들에게 독일의 재군비를 납득시키기가 쉽지 않았다. 그들의 동의를 끌어내기 위하여 독일에게 철저한 과거청산을 하게 하고, 나치와 전후 '민주 독일'과의 철저한 단절을 추진했다. 이것이 '강요된 과거청산'이다. 물론 독일 내에 사회주의·공

---

46 2015, 「한미일 삼각동맹, 지금 무엇이 문제인가?」, 『월간아시아문화』 17호, 2015년 9월호, 아시아문화커뮤니티.

산주의 세력을 중심으로 하는 반나치의 세력이 있었지만, 그들은 동독의 탄생으로 적대 진영으로 간주되었고, 과거청산의 이니시어티브는 외부(미국)에서 들어왔기에, 독일의 과거청산과 민주화는 미국의 국익을 위한 반공·반소적인 왜곡을 띨 수밖에 없었다.

반면 미국의 대일 점령정책은 과거청산의 면죄와 '평화의 강제'였다. 미국은 일본패전 3년 전부터 벌써 전후 일본점령정책의 핵심에 일본 천황의 괴뢰화를 구상하고 있었다.[47] 미군의 일본 상륙 후 일본인들의 저항에 의한 미군의 출혈을 최소화하기 위해, 일본 천황을 미국의 협력자로 삼기 위해 천황의 전쟁책임을 면죄했다. 7명의 A급 전범에게만 전쟁책임을 씌워 처형하고, 최고 책임자인 천황은 면죄됨으로써 전후 일본은 침략·식민지 지배의 책임의 소재가 불분명한 나라, 과거청산을 못하는 '무책임 국가'가 되었다. 천황을 면죄함에 있어서 맥아더는 일본을 '무장력을 가지지 않고, 전쟁을 하지 못하는 나라'로 만드는 것을 약속하고, 천황을 전범으로 처벌할 것을 주장한 11개국으로 이루어진 극동위원회의 나라들을 설득했다. 그래서 맥아더의 구상으로 만들어진 일본 헌법은 1장(천황)과 2장 9조(비무장, 부전不戰)를 상호 상쇄하는 구조를 지니게 되었다. 일본의 비무장 조항은 미군이 일본을 통제하는 데 있어서도 필요했으나, 다른 한편으로 미국은 일본을 동아시아에 있어서 가장 유용한 군사기지이자, 병참, 보급, 재정비를 위한 후방기지로 삼아 동아시아 군사패권을 추구했다. 또한 중국이나 북한 등의 비우호국에 대해서도 주일미군이 일본의 군국주의 부활을 억제한다는 이른바 '병마개'론으로 설득하기도 하고, 체제의 차이를 넘어 동아시아 평화를 유지하기 위한 공공재로 미군 주둔의 정당성을 주장하기도 했다.

전후 일본의 '강요된 평화주의'는 일본을 미국의 '속국'으로 만들고 피주둔국(특히 오키나와)의 막대한 희생으로 가장 편안하게 미군의 반+영구적인 주둔을 가능하게 했다. 그런데 그동안 미국의 편의에 따라 만들어졌던

---

47   사카이 나오키(酒井直樹), 「パックス・アメリカーナと引きこもりの国民主義」, 『思想』 no. 1095, 2015年 7月号, 岩波書店, p.28~29.

'평화헌법'은 미국의 필요에 따라 무력화되어 왔으며, 이제는 폐기되려고 하고 있는 것이다.

이라크 전쟁, 아프간 전쟁을 거쳐 미국의 군사·경제력의 퇴조와 중국의 대두로 아태지역에 있어서의 이른바 '새로운 안보환경'이 조성되었다. 동아시아에서의 패권을 유지하기 위해 미국은 재균형rebalance이나 아시아 회귀pivot to Asia라는 말로 대중국 포위망의 구축을 기도하고 있다. 즉 미일동맹을 기축으로 한미일 동맹을 꾸리고, 호주, 인도, 필리핀 등과의 연계를 정당화하려 하고 있다. 미국의 세계적인 무력간섭에 일본이 종군케 하기 위해, 일본의 과거 회귀를 경계하면서도 '평화의 강요'를 완화하여 일본군의 공식화 내지는 자립화를 어느 정도 인정해 주는 방향으로 선회했다. 아베 정권은 이것을 기화로 '전후 레짐'에서의 탈각을 기도하고 있으니, 미일은 동상이몽으로 우선은 표면적인 밀월시대를 연출하고 있는 것이다.

'전후 레짐'이란 전후 일본 국가의 성격을 말하는 것인데, 첫째 외교·안보를 미국에 의존하여 경제성장에 전념한다는 '미국 의존, 경무장, 고도 경제성장'을 지향하는 '요시다吉田 독트린', 즉 '9조·안보체제'를 기둥으로 하고, 둘째 일본이 저지른 전쟁을 전쟁범죄로 단죄한 '도쿄재판 사관'의 수용을 기둥으로 한다. 전후레짐 탈피론의 핵심은 개헌(9조 폐지, 국가원수로서 천황을 규정, 일본군 공식화, 병역의무 등)을 통해 세계의 열강의 하나로 군림했던 일본 제국의 영광을 되찾자는 것이다.

이 글에서는 우선 일본의 군사동맹의 역사와 성격을 살피고, 다음으로 한미일 동맹은 미일동맹의 하위개념이라는 점을 밝히고, 끝으로 한미일 군사동맹의 정치역사적 성격과 문제점을 살펴 우리에게 한미일 동맹은 백해무익이라는 점을 논증하려 한다.

역사 속의 일본의 동맹

영일동맹

동맹이란 공동의 적에 대항하는 군사 협력 관계의 체결을 말하는데, 일본은 과거 영일英日동맹, 일독이日獨伊 삼국동맹, 미일美日동맹 등 세 번의 동맹을 맺었다. 영일 동맹(1902년)은 '영광스러운 고독'을 지켜 온 영국이 보아전쟁(1899~1902년)에서 고전하고 피폐하자, 의화단사건(1900년)에서 북부 중국에 대군을 포진시킨 러시아에 대항할 힘이 없어 아시아의 신흥 제국인 일본과 동맹조약을 맺게 된 것이다. 이 조약은 조약 당사자의 어느 한 편이 제삼국과 전쟁할 때 적을 돕지 않고 중립을 지킨다는 '방어동맹'이었다. 러일전쟁 당시 영국이 국채를 매입하여 일본의 전쟁 수행을 돕고, 유럽에서 극동까지 회항하는 발틱함대에게 기항지 제공이나 보급품의 선적을 거부함으로써 러시아 해군의 전투력에 큰 타격을 주었으며, 일본군의 승리에 결정적인 역할을 했다. 무엇보다도, 신생 비유럽 국가가 세계의 최강국인 대영제국과 대등한 조약을 맺음으로써 일본의 국제적인 위신이 비약적으로 향상되고, 러일전쟁 승리와 한국병합을 거쳐 명치유신 이래 최대의 외교 현안이던 서구 열강과 맺은 불평등조약을 평등조약으로 개정하는 데 큰 역할을 했다.

일독이 삼국동맹

일독이 삼국동맹(1940년 9월 27일)은 원래 소련·코민테른에 대항하기 위해 맺어진 일독 방공防共협정(1936년) 및 일독이 삼국 방공협정(1937년)을 기초로 만들어졌으며, 유럽 전선과 중국 전선에 대한 미국의 참전을 견제하기 위해 맺어졌다. 처음에는 미국의 반발과 중국전선에 대한 참전을 꺼리는 일본은 독일과의 동맹에 소극적이었으나, 독일이 폴란드를 침략하고 파죽지세로 소련에 진군하자 승자에게 붙어서 이익을 얻으려 가담하게 되었다.

그러나 조약 체결국들이 동서로 멀리 떨어져 있었으며, 서로 신뢰 관계가 충분하지 않았기에 실효성이 있는 군사동맹의 구실을 제대로 하지 못했다고 할 수 있다. 그러나 삼국동맹을 기반으로 제2차세계대전에서 연합국에 대항하는 추축국이 형성되었고, 사상적인 반공, 반자유주의의 파시즘을 고취하는 이데올로기적인 역할을 했으며, 인류를 적으로 삼는 전범 집단으로 오명을 역사에 남기게 되었다.

미국의 일본 지배와 미일 안보조약

1945년 8월 14일 일제는 포츠담선언을 수락하여 제2차세계대전에 패배했다. 일본 점령 통치는 미국의 연합국 최고사령부가 담당했고, 최고 기관으로 11개국으로 구성된 극동위원회가 있었으며, 최고사령관의 자문기관으로 영미 중소로 구성된 대일 이사회가 있었다. 연합국의 점령 목적은 일본의 무장 해제와 일본 군국주의의 해체였다.

이에 대해서 포츠담선언 6조에서는 "(…)일본 국민을 기만하여 세계 정복에 나서게 한 과오를 범하게 한 자의 권력 및 세력은 영구히 제거되어야 한다"고 했으며, 7조에서는 "신질서가 건설되어 일본의 전쟁 수행 능력이 파쇄되었다는 확증이 있을 때까지 일본국 영역 내의 여러 지점은 우리들이 지시하는 기본적 목적의 달성이 확보될 때까지 점령된다"고 했다.

미군은 일본 군국주의 해체를 위해, 전범을 체포하여 도쿄재판을 실시하면서 군대 해체, 재벌 해체, 지주제 해체 (농지개혁)를 삼대 개혁으로 삼으면서, 정치범의 석방과 치안유지법 등 정치형법의 폐지, 사상·신조·표현·집회, 시위·결사, 정당의 자유를 지시하였다. 또한 맥아더는 시데하라幣原 총리에게 5대 개혁 지령을 내렸다. ①여성해방, ②노동자의 단결권의 보장, ③교육의 민주화, ④사상경찰의 폐지, ⑤경제민주화이며, 이른바 루즈벨트 개혁(민주개혁)의 과정이다.

그러나 미국은 동아시아에서 단연 우월한 군사력과 생산력을 자랑하는 일본을 자기의 자산으로 이용하고자 했고, 냉전이 시작되자 본격적인 일본의 복원을 시작했다. 1948년 12월 기시를 비롯한 A급 전범을 사면하고 구 일본 제국의 인적자원을 등용하고, 좌익 세력에 대한 탄압, 재벌 해체의 중지와 군수산업의 복원, 자위대의 창설로 나아갔다. 이른바 '역코스'의 길로 들어선 것이다.

1951년 9월 8일 샌프란시스코조약에 일본이 서명하고, 1952년 4월 28일 조약이 발효되면서 미군 점령 기간이 끝나고 일본은 '주권'을 회복했다. 다만 같은 날에 동시에 미일 안보조약이 발효되고 일본은 미국과 편무적인 동맹 관계에 들어선 것이다.

구 미일 안보조약으로 일컬어지는 이 조약에서 미군의 일본 방위 의무 규정은 없고, 제1조에 "일본은 국내에서 미군 주둔의 권리를 부여한다. 미군은 극동의 안전에 기여하는 외에 직접적인 무력 침공이나 외국(소련)으로부터의 교사에 의한 일본국 내의 내란 등에 대해서도 원조를 줄 수 있다"고 규정했다. 즉 일본의 '주권 회복' 후에도 미국이 계속 주둔하고 일본(좌익 세력의) 내란에도 출동한다는 주권 침해 조항을 넣었을뿐만 아니라, 일본을 널리 동아시아를 겨냥한 미군기지로 사용할 것을 천명했다.

미군 주둔이 계속됨으로 일본의 주권이 제한되어 일본은 미국의 '속국'이되었다고 할 수 있다. 1960년, '일본국과 미합중국 간의 상호협력 및 안전보장조약(미일 신안보조약)'으로 안보조약을 개정하여 일본 내란 사태에 대한 개입 조항을 삭제하고, 제5조에서 일본 영토 내에 있어서의 미일 어느 한쪽에 대한 공격에 공동 대처할 것을 규정하고 제6조에서 "일본국의 안전에 기여하고 극동의 국제적 평화 및 안전의 유지에 기여하기 위하여 미합중국의 육해공군이 일본의 시설 및 구역의 사용이 허가"되었으나 미국이 제삼국으로부터 공격을 받을 때 일본이 군사 지원을 하는 규정은 없었다. 주일미군이 일본만을 위해서 일본에 주둔하는 것이 아니라는 면에서 편무적인 조약임에 변함이 없었다.

한미일 동맹을 뒤덮는 미일 동맹

위에 쓴 바와 같이 미일동맹은 대등한 동맹이라고 할 수 없고, 군사권이라는 독립국가로서의 국가주권을 빼앗긴 조약이다. 그나마 국가주권의 또 하나인 외교권마저도 일본은 거의 독자적으로 행사해 왔다고 보기는 어렵다.

이렇게 미국이 시키는 대로 따라가는 '속국' 일본은 경제력도 기술력도, 인적자원도 갖추고 있으며 미국의 아태 지배에 있어서 둘도 없는 편리하고 소중한 존재임은 말할 나위도 없다. 이러한 굴욕 속에서 일본이 추구해 온 것은 요시다 시게루吉田茂 총리로 대표되는 일본의 보수 본류의 '경무장 경제 성장'이었다. 이 노선에 따라 일본은 경제 대국의 길로 치달아 성공한 듯이 보이지만 저변에는 미국의 전횡에 대한 불쾌감과 모멸감이 항상 뒤따랐다.

그래서 헌법 개정을 하고 자주적인 군사력을 가진 나라로 만들려고 하는 구 일본의 핵심이던 기시 노부스케岸信介 등의 자민당 매파가 등장하게 되었다.

일본도 주권국가라면 외교권과 군사권을 가지는 '보통국가'가 되어야 한 다는 주장을 부정할 수는 없는 것이다. 다만 전범국가 일본이 보통국가가 되 기 위해서는 파시즘의 철저한 척결이라는 전후 연합국 체제의 전제 조건이 충족되어야 하며, 일제의 침략을 받은 나라들에 대한 과거청산과 그들의 동 의를 필요로 하는 것이다. 그런데 미국은 동아시아 국가들과 일본의 갈등을 '분할지배divide and rule'의 기회로 보고, 일본의 과거청산에 열의를 보이지 않았으며, 일본 보수 세력도 역시 그런 생각이 없을뿐만 아니라 오히려 천황 제 군국주의 국가의 부활을 꿈꾸는 파시스트 세력들이니 문제가 꼬이는 것 이다.

이번 아베가 추진하는 해석 개헌과 안보법제의 개변은 앞으로 자민당 총 재 선거에서의 아베의 승리, 내년 4월에 다가오는 참의원 선거에서의 자민당 승리와 제3차 아베 정권의 조각의 수순을 밟고 개헌(군사권)을 행사하는 '보 통국가'의 길로 이어질 것으로 전망되고 있다.

한편 진주만에서의 굴욕과 패배를 겪은 미국은 그러한 일본 매파의 야 심과 위험성을 인지하면서도 일본을 통제 범위 안에 두고 그 군사력을 중국 과의 대항, 나아가서는 세계 각지에서 전개되는 미국의 군사행동의 보조군으 로 사용할 속셈으로 이를 묵인하는 위험한 미일 공생관계를 만들어 내고 있다.

그 구상대로 된다 해도 미일동맹은 대등한 동맹 관계가 될 수 없는 것이 고, 미국의 패권 유지를 위한 동아시아에 대한 '분리·지배'의 도구로 쓰일 뿐이다. 미일동맹이 강약의 부동의 비대칭적인 동맹인데, 한국은 국력이나 군사력이 미일보다 훨씬 약세일뿐만 아니라 전시작전지휘권을 미국에게 바 치고 있는 국방 자주권이 없는 나라이다. 한국의 중요성은 미국에게 일본의 중요성보다 훨씬 아래에 있으며, 한미 관계는 미일 관계보다 더욱 비대칭적 이라 할 수 있다. 일본이 미국의 속국이라면 한국은 그 이하라고 할 수밖에 없다.

그러므로 한미일 동맹은 초강, 약, 약약의 결합이니, 도저히 대등한 주권국가 간의 동맹이라고 할 수 없는 것이다. 잘해야 한일은 미국의 요구에 따라다니는 보조군이거나, 주군을 따르는 호종공신 정도가 되는 셈이다. 게다가 한미일 동맹의 중심은 미일동맹에 있으며, 한국은 비대칭적인 미일동맹의 날개 아래 덮혀 숨 쉬고 있는 꼴이고, 거기서 한국이 독자적인 목소리를 낼 수 있는 여지는 매우 희박하고, 미일이 한국을 위에서 덮어 누르고 있는 형국인 것이다.

한반도 유사시에 일본군의 한반도 상륙의 가능성에 대해 한국 정부는 동의가 필요하다고 표명하고 있으나, 한국이 미국의 전시작전지휘권 아래 들어가 있으니, 법적으로는 미국의 의지만 있으면 일본군의 한반도 상륙이 가능하고, 이미 한국전쟁 때 약 3,000명의 구일본군이 참전한 역사가 있으니, 일본이 유엔군의 이름으로 상륙한다면 한국은 무슨 수로 막아 낼 수 있단 말인가.

게다가 미국은 한일 양국에게는 중국의 위협을 부추기고 싸움을 붙여 놓고, 다른 한편에서는 중국과는 G2시대의 파트너로서 긴밀한 관계를 유지하고 중미 공동패권의 시대를 열려고 하고 있다는 주장도 있으니,[48] 미국은 참으로 두 개의 얼굴을 가진 야누스라고 하지 않을 수 없다. 그런 이중적인 미국의 태도를 뻔히 알면서도 한국은 순정을 바쳐 미국의 세계 패권 행사의 보조군 노릇을 하거나, 일본의 군사적 야심에 영합해야 하는 것인지? 미국의 의도는 중국·북한과 일본·한국을 싸움 붙이거나 화해시키는 카드를 마음대로 구사하고, 동아시아 지역을 마음대로 통제하려 하고 있다는 사실을 냉철하게 인지할 필요가 있다.

역사 속에서의 한미일 동맹

비대칭적이고 미국의 도구라는 의미에서 본다면 한미일 동맹은 새로운 것이 아니다. 냉전의 시작과 더불어 미국은 한일을 동북아 군사전략 속에 배치하고 일본에게 후방기지의 역할, 한국에게 반공 방파제의 역할을 부여했다.

---

48   사카이, 위의 글, p.31.

5·16군사쿠데타가 일어나자 군사정권은 미국의 인준을 열망했으며, 1961년 11월 박정희가 미국을 방문했다. 케네디는 박정희를 만난 자리에서 군사정권에 대한 인준의 조건으로 한일 수교를 지시했으며, 박정희는 미국의 압력에 굴복하여 한국군을 베트남에 파병했다. 베트남전쟁의 본격화와 더불어 전투태세를 정비하기 위해, 한미일의 협조 관계를 긴밀히 할 필요가 있었기 때문이다. 1965년 한일 수교시에는 일본이 헌법 9조가 있어서 명시적인 군사동맹을 맺을 수 없었지만, 미군을 매개로 한 군사적인 공조 관계를 공고히 했다.

그러나 베트남전쟁에서 1968년 테트(구정)공세를 계기로 미국의 패색이 짙어지자, 미국은 이 궁지를 모면하기 위해 베트남에서 철군을 검토하고 중국과의 화해(준군사동맹) 관계까지 나가는 대역전극을 연출했다. 이에 미국은 한미일 공조를 실질적으로 방기하게 되고, 서로의 생존과 국가 이익을 걸고, 일본과는 중국과의 국교정상화 선점 경쟁을 하고, 한국과는 코리아 게이트 사건, 청와대 도청 사건, 한국의 핵·미사일 독자 개발 사건, 박정희 암살 의혹 사건에 이르기까지 갈등이 극대화되어 갔다.

한미일 동맹을 소생하게 한 환경변화는 1989년의 냉전의 붕괴와 톈안먼 사건, 이어 소련의 붕괴에 의해 소련 포위를 위한 중국과의 준군사동맹의 가치가 대폭 저하되면서부터 일어났다. 이 시기는 미국이 압도적인 군사력을 가진 일국 패권 시대로서, 미국에 도전할 만한 세력이 보이지 않았기에 중국과의 동맹의 효용성도 크게 저하된 것이다.

이런 상황을 급격하게 바꾼 것이 2001년 9·11사태의 발생이었다. 냉전 시대에는 동서 양 진영이 진영 내에서 일정한 통제와 관리가 가능했으나, 일극 패권 시대에서는 미국이 절대적 승자의 자리에 안주하고 아프리카 등에 있어서의 전쟁이나 내란 또는 기아나 질병에 대해서도 미국의 안보를 위협하지 않는 것으로 등한히 했기에 국제적인 무정부 상태가 나타나, 미국이 '테러와의 전쟁'을 선포하기에 이르렀다. 미국은 소련 붕괴에 의한 단독 승리에 도취하여 군사력을 배경으로 자유의 이름으로 가혹한 신자유주의 경제질서를 세계에 밀어붙인 것도 세계의 빈곤화와 격차를 증대시키고, 미국의 지배체제에 대한 저항이 세계적으로 만연하게 하는 원인이 되었다.

한반도에서도 북방 3국동맹의 붕괴는 남북의 군사 균형을 붕괴시켜 북한은 '핵·미사일'에 의한 생존 전략을 추구하게 되었다. 이것이 소련 붕괴 이후, 새로운 '적'을 만들려는 미국의 군산복합체의 요구와도 맞아 떨어져, '불량국가'의 허상을 증폭시키고, 그 허상이 미국으로 하여금 아프간, 이라크 등에서의 전쟁의 수렁 속으로 빠져들게 만들었다. 말하자면 미국이 스스로 '위협'을 만들어 내었고, 그 '위협'에 대해서 '위협'의 원인인 사회경제적인 모순을 해결할 수 있는 유효한 수단을 강구하는 대신 모순을 더욱 증폭시켜 온 것이 오늘의 혼란의 원인이라고 할 수 있다. 그런 와중에 미국은 중국을 견제하면서 세계 지배의 욕망을 충족시키기 위해, 일본과 한국을 동원하려는 것이 한미일 동맹이다.

한미일 동맹은 백해무익하다

한국에게 한미일 동맹이 가져오는 이익은 무엇인가? 오로지 북한의 위협에 대해 미국 또는 일본이 한국을 도와준다는 것이다. 미국의 군사적 비호로 말하자면 종전의 한미상호방위조약 이상의 것이 아니다. 게다가 군사력·국력으로는 한국은 이미 북한을 훨씬 능가하고 있고, 김대중 정부 때 이미 비군사적인 방법으로 남북 관계의 타개가 실천되었다.

일본의 군사적인 지원에 대해서 말한다면 도와주러 온 이웃이 강도로 돌변할 수 있다는 두려움 때문에 우리에게 쉽게 받아들여질 수 없는 것이다. 일본에서는 1990년대 이후 군사화·보수화를 위한 지렛대로 '북한 위협론'을 즐겨 써 왔다. 이는 남북 화해를 이루어 내지 못하고 일본에게 애매한 프로파간다를 허용하고 있는 우리의 책임이 크다고 하겠으나, 일본은 명치 이후 한반도와 동아시아 침략의 구실로 일본의 생존, 안보를 위해 조선의 강점이 필수적이고, 당연하다는 '조선반도 비수론'이나, '조선반도 생명선론'을 일관되게 주장해 왔다. '북한 위협론'은 이 '조선반도 비수론'의 재판에 지나지 않는다.

반면 한미일 동맹으로 우리가 잃는 것이 너무 많다. 첫째, 우리의 독자적인 판단 없이 미국의 세계적인 침략·간섭 전쟁에 종군하면, 우리 젊은이들의 생명을 위태롭게 할뿐만 아니라 막대한 군사비 부담을 안고, 세계의 여러 민족, 여러 나라를 적으로 돌리는 우를 범할 수 있다. 둘째, 최대의 무역 파트너이자 안보 협력 상대자인 중국과의 대결에 동원되고, 셋째, 미국의 안보를 위해, 미국으로부터 한일 역사 인식 문제의 봉합의 압박을 받고 올바른 역사 청산을 그르칠 우려가 있다. 넷째, 동북아에 새로운 냉전과 분쟁을 조성하여, 지역의 안전과 평화를 심대하게 위협할 수 있다. 다섯째, 일본이 해외파병과 군사화를 위해 추진하고 있는 집단적자위권 등 안보법제 논의를 고무시키고, 개헌과 일제의 영광 되찾기를 허용할 수가 있다. 여섯째, 한국 측의 과잉 안보는 안보 딜레마를 만들어 북한의 군사화를 더욱 부추겨, 남북 관계의 긴장과 전쟁 위협을 고조시키는 결과를 낳는다.

한 손으로 중국과 악수하고 한 손으로 뺨을 때리는 미국의 이중 플레이를 보지 못하고, 미국의 지시와 선동에 따른다면 국익의 심대한 손상을 가져올 수 있다는 것을 명심해야 한다. 이제는 우리도 진정한 민족의 이익이 무엇인가를 생각하는 냉정한 머리와 그 이익을 실현하기 위한 독립국으로서의 자부와 주권 행사의 강한 의지를 가질 때가 왔다.

동아시아의 우호까지
ゆうか

동아시아 평화의 모색과 전망

동아시아 평화는 어디로? – 일본의 집단자위권 해석개헌과 동아시아 평화의 지평

동아시아 평화는 어디로?[49]
일본의 집단자위권 해석개헌과 동아시아 평화의 지형

안보환경 악화 분위기를 조장하여 결실을 노리는 일본

아베 총리는 최근 일련의 군사화 추진의 배경을 "일본을 둘러싼 안보환경은 더욱더 악화되고 있다"라는 말로 설명한다.

정말 동북아의 안보환경이 악화되어있는가? 아베의 인식으로는 동북아의 불안정 요소로 다음과 같은 사항들을 들 수 있을 것이다. ① 북한의 핵 미사일, ② 중국의 경제성장과 군사대국화. 그 결과로 일본이 동아시아의 2류 국가로의 전락, ③ 영토분쟁으로 인한 군사적 긴장 고조, ④ 역사 인식의 갈등과 반일의식의 격화.

그러나 이들 문제는 근본적으로 일본 스스로가 만들어 온 것들이다.

첫째, 북핵문제 해결을 위한 6자회담에서 '납치문제'를 구실로 합의 도달이나 이행을 일본은 집요하게 방해해왔다. 둘째, 중국이 경제를 중심으로하는 대국화에 힘을 쏟았으나 일본의 몰락을 의도한 것이 아니므로, 일본이 2류국가로 전락한 것은 거품 경제와 그 뒤처리를 제대로 하지 못한 일본 자신의 탓이다. 과거 동아시아를 지배한 대일본제국의 영광을 쫓아 일등이라야되지, 이등을 참지 못하는 일본의 심성이 문제이다. 셋째로 영토분쟁은 2005년 2월 '러일전쟁 승전 100주년'을 기하여 '다케시마의 날'을 제정하여 한국을 도발했으며, 2012년 9월 일본정부가 댜오위다이의 국유화를 선언하고 중일 영토분쟁의 격화를 초래했다. 끝으로 동아시아의 반일 감정은 일본이 과거에 저지른 침략과 전쟁, 약탈의 역사 및 그 가해 책임을 청산하지 않은 데에서 기인한 것이다.

49 《오마이뉴스》, 2014년 7월 25일

이른바 일본을 둘러싼 안보환경의 악화는 일본이 자초한 자작자연이라고 할 수 있다. 일본이 먼저 상황을 악화시키고 그 것을 구실로 과거회귀적 군사화를 추진하므로써 상황을 더욱 악화시키는 악순환을 만들어 왔다. 본격적인 중국침략의 기점이 된 만주사변(1931년)에서 관동군이 중국 군으로 위장하고 일본 소유인 남만주철도를 폭파하고 중국의 소행으로 둘려대면서 출병의 구실로 삼아 단숨에 만주를 강점한 모략의 역사를 상기하지 않을 수가 없다.

동아시아의 안보환경의 악화는 미국이나 일본이 기득권에 집착하여, 중국이나 한국의 대두와 같은 새로운 변화에 적응하지 않고, 지역의 긴장과 불안정을 조장한 데에서 기인한다. 그러나 객관적으로 볼 때 냉전 시기인 한국전쟁 시기나 베트남전쟁 시기에 비하면 안보환경은 낫다고 할 수 있다. 다만 관계 각국이 모두 이율배반적인 국가전략을 가지고 헤메고 있으며, 미일이 중국의 대두와 G2시대에 걸맞는 새 판을 짜지 못하고, 과거의 제국주의적인 방식으로 동아시아를 제압하려는 시대착오에서 동아시아의 위기가 만들어지고 있는 것이다.

미국의 속국에서 보통국가로

호주의 학자 거번 맥코맥Gavan McCornack은 일본을 미국의 '속국'이라고 말한다. 일본은 제2차세계대전에서 패배하고 7년간 미군정지배를 받았다. 일본 군국주의는 나치 독일, 이탈리아 파시스트 정권과 함께 일독이 삼국동맹을 형성하고 영미불소중의 '연합국'과 싸워 패배했다. 일제의 운명은 이미 카이로 선언(1943년), 포츠담 선언(1945년)에서 결정되었다. 즉 '전쟁세력의 영원한 제거'와 '전쟁 수행능력이 완전히 파괴되었다고 확신될 때까지 일본에 대한 군사점령'을 한다고 명기되었다. 이에 따라 연합군(미군)이 일본을 점령하고 일본군국주의 해체 작업에 착수했다. 미군 점령 기간에 일본은 외교군사권을 빼앗기고, 미국은 일본에게 평화를 강요하기 위해, 1947년에 개정한 일본국 헌법 9조에 일본이 전쟁을 할 수 없고 군대를 가질 수 없음을 규정하고, '국민주권, 기본적 인권의 존중, 평화주의'를 기본가치로 하는 일본 '평화헌법'을 탄생시켰다.

일본은 1952년 샌프란시스코 평화조약의 발효에 의해 '주권회복'을 하는데, 동일 동시에 발효된 '미일안보조약'에서 일본 전 국토를 대상으로 미국에게 군사기지를 제공할 것을 규정하면서 미군이 계속 일본에 주둔하게 되었다. 주일 미군의 역할에는 일본군국주의 부활에 대한 감시와 견제, 미국의 동아시아 군사전략 수행, 일본 국내 반미친공세력에 대한 감시와 치안유지 등이 있다. 일본의 '주권' 회복은 미군의 보호(감시) 아래 이루어졌고 미군을 후견인으로 하는 피보호자 수준의 '주권회복'이었다. 또한 외교도 미국의 강한 영향 하에 두어 일본의 '속국'적인 성격이 결정되었다.

지난 날의 군국주의자들은 마음 속에 '참된 주권회복=일본군국주의 부활'의 비수를 갈면서 친미주의자로 전향 혹은 가장하고 '경무장, 경제성장' 노선을 통해 '경제대국 일본'을 이루어 냈다. 그러나 미국에 대한 종속의 대가로 자존심과 자주성을 상실하고 외국으로부터 제대로 된 주권국가로서 존경도 대접도 받지 못하게 되었다. 일본에게는 국가적으로도 개인적으로도 자주적 사고를 하지 못하고 미국의 이익에 봉사하는 노예적 습성이 몸에 배어들었다.

한국에도 일본처럼 똑똑하게 굴어 미군에게 안보부담을 지게 하여 경제성장하면 된다는 이른바 '용미주의'(미국을 이용한다)자들이 있으며 '자주국방'이나 '미국으로부터의 자주독립'의 주장을 "어리석다"고 비웃는다. 그렇다면 미국에 예속되어 온 '속국' 일본이 잃은 것이 무엇인가를 따져 봐야 할 것이다.

한편 일본의 진보세력은 군국주의 부활을 저지하기 위해 헌법 9조를 금과옥조로 삼아 "평화헌법은 비록 미국에 의해 강요된 것이라 알지라도 일본 국민의 주체적인 의지에 의해 선택되어 지켜온 것이다"라는 주체적 선택론을 내걸고 호헌운동에 매진해왔다. 그 결과 전후 일본은 직접 대외침략에 나서지 않았기에 주변국가들에게 큰 위협으로 인지되지 않았으며 일본인 전사자도 나오지 않았다. 평화헌법의 덕이라고 할 수 있다.

그러나 옛 일본제국의 영광을 그리워하는 복고주의자들과 전쟁도 전쟁

책임도 모르는 젊은이들은 미국이 시키는대로 질질 끌려 다니는 일본의 처지에 분노하면서, 외국인 증오 및 공격hate crime과 일본제국 찬양으로 울분을 달래고 있다.

일본의 보수정치가 오자와 이치로小沢一郎 씨의 지론은 '보통국가론'이다. 보통국가란 자기 나라가 자기 운명을 결정할 수 있는 자주권, 자주적 군사권을 가지는 나라를 말한다. 독일은 나치를 철저히 비판하고 단절하면서 나치의 침략을 받은 주변국가 및 인민들에게 사죄와 보상을 하고 주변국가들로부터 '보통국가'로 승인받았다.

오늘날 국가주의 자체가 비판의 도마 위에 오르고 있지만 그것은 차치하고, 과거청산이 전범국가가 '보통국가'로 되기 위한 전제조건임은 의심의 여지가 없다. 일본은 전범자 천황을 온존하여 오늘날에 이르기까지 일본군 위안부, 강제 연행자, 원폭 피해자, 야스쿠니 강제 합사자, 한반도 북쪽 지역 등에 대한 전쟁 책임과 식민지 지배책임을 다하지 않았으니, 전제 없는 '보통국가'로의 꿈은 일본군국주의의 정당화와 부활로 이어질 수 밖에 없다.

평화주의에서 전쟁하는 나라로

일본 아베 정권은 2014년 7월 1일 임시 각의에서 헌법 9조의 상식과 법적인 절차를 초월한 왜곡을 통해서 현행 헌법 9조에서 '집단적 자위권' 행사가 가능하다는 '헌법해석'을 내려 '해석개헌'하는 결정문을 채택했다.

아베의 꿈은 A급 전범이던 외할아버지 기시 노부스케가 주장하던 개헌(헌법 9조 파기)과 군대 부활을 통해 아름다운 나라 일본을 '되찾는' 것이다. 헌법이란 국민(시민)이 주권자로서 그 자유와 행복을 확보하기위해, 공권력(국가폭력)을 통제하기 위해 있는 것이다. 그러나 아베는 권력이 헌법에 의해 구속된다는 입헌주의의 원칙을 깨고 국민이 나라(지배자)를 위해 봉사하고 복종하는 전제국가로의 전환을 기도하고 있다.

국회에서의 절대 다수의 힘을 배경으로 '해석개헌'을 강행한 아베의 논리는 국민의 절대적 지지를 받은 최고책임자로서 "모든 책임은 자기가 진다", 즉 '모든 것을 자기 뜻대로 한다'는 제왕적인 사고에 기초하고 있다. 헌법의 실질적 변경을 주권자인 국민의 판단에 의하지 않고 행정책임자의 판단만으로 감행하면서, 민주주의가 무엇인지 전혀 이해를 못하는 아베는 입헌주의를 오히려 공권력이 국민을 억압한 "절대왕권시대의 사고"라고 일축한다.

1947년 개정된 현행 일본헌법 9조에는 "국권의 발동으로서의 전쟁 및 무력에 의한 위협 또는 무력 행사는 국제분쟁의 해결 수단으로서는 영구히 이를 포기한다. (…) 육해공군 및 그 이외의 어떠한 전력도 보유하지 않는다. 국가의 교전권 역시 인정치 않는다"라고 규정되어 있으며, 헌법 전문에는 "정부의 행위에 의해 또다시 전쟁의 참화가 일어나지 않게 하려고 결의하여 (…) 평화를 사랑하는 여러 국민의 공정과 신의를 신뢰함으로서 우리의 안전과 생존을 보지하려고 결의했다"고 씌여있다. 즉 국제사회와 타 국가에 대한 신뢰에 의지해 비폭력적인 수단으로 안전보장을 확보한다고 하고 있어서, 일본헌법은 오해나 오독의 여지 없이 군대의 보유와 전쟁을 금하고 있다.

그러나 이 규정의 제정과 동시에 진행된 냉전의 시작으로 일본군국주의 해체라는 당초 미국의 일본점령 목적은 무산되었고, 일본을 냉전 수행을 위한 미국의 군사기지로 활용하고, 구 일본군국주의자를 면죄하여 미국의 도구로 이용하는 방향으로 변질되었다. 그래서 평화헌법도 자위권까지는 부정하지 않는다는 헌법해석으로 일본은 '자위대'의 이름으로 재군비하여 세계 유수의 군대로 발전시켜 왔다.

이번 해석 개헌의 의미는 미국과의 군사동맹을 지렛대로 삼아 자위대를 세계의 어느 곳에라도 파병하고 전쟁할 수 있게 한 점이다. 이제는 일본이 평화 국가의 가면을 벗어 던지고 떳떳하게 '전쟁할 수 있는 보통국가' 되기를 천명한 것이다.

친황을 국가 원수로 추대하고, 헌법 9조를 폐기하여 국방군을 만들어, '공익을 위해 기본적인 인권을 희생시키는 나라' 즉 구 일본제국과 같은 나라를 만들기 위해 일본헌법 개정을 꿈 꾸던 자민당, 특히 아베는 2012년 집권한 이래 개헌을 지지하는 기타 정당과 함께 개헌에 착수하려고 했다. 개헌을 위하여 양원의 3분의 2, 국민투표의 과반수의 찬성이라는 개헌 요건을 충족시켜야 했으나, 2013년 참의원선거에서 개헌세력이 3분의 2를 차지하는데 실패하고 국민의 과반이 개헌에 반대한다는 난관에 봉착하자, 헌법해석에 의해 '평화헌법'의 틀을 깨는 꼼수를 쓴 것이다.

'자위'라는 괴물이 일본을 변신시켜 왔다. 과거 세계의 거의 모든 전쟁은 '자위'를 명분으로 저질러져 왔다. 명치유신 이래 기습과 모략을 일삼아 온 일본군의 진주만공격(1941년)도 '자존 자위'의 전쟁이라고 주장했다. 자위의 전쟁을 '국경선을 무력으로 침범한 집단을 국경선까지 밀어내는 무력행사'라고 엄밀히 규정하고 지키게 하지 않는 한, 결국 자위의 전쟁이 곧 침략전쟁이 된다.

집단적 자위권이란 자기가 직접 무력공격을 받지 아니하여도 자국과 동맹관계에 있는 나라가 공격을 받을 때 남의 전쟁에 참가할 수 있는 권리를 말하는데, 냉전시기에 동맹국과 우호국을 자기 진영에 끌어들이고 묶는 '진영의 논리'로 이용되었으며, 냉전시기의 전쟁의 대부분은 '집단적 자위권' 행사를 구실로 저질러졌다. 가령 베트남전쟁이 그러한 예이다. 미국은 베트남 정부의 요청을 근거로 집단적 자위권 행사를 대의명분으로 1965년 베트남에 군사개입했으며, 한국은 한미상호방위조약 상의 미국에 대한 집단적 자위권 행사를 빌미로 참전했다. 그 결과 미국은 5만 6천 명, 한국은 5천 명의 전사자를 냈으며 월맹군과 베트남민족해방전선은 90만 명의 전사자, 100만 명이상의 민간인 사망자를 냈다.

유엔 헌장은 '집단적 안전보장조치(유엔 결의에 의한 세계 평화와 안전을 위협하는 세력에 대한 무력재제)', 유엔의 조치가 있기까지의 한시적인 '개별적 자위권', 또는 '집단적 자위권'의 행사를 예외로 하여 모든 전쟁을 금지하고 있다. 그러나 전쟁은 그치지 않고, 제2차세계대전 이후 수천 만 명의 사망자를 발생시켰다.

동아시아의 국제정치적 지형

아베의 해석개헌에 대한 여론조사에서는 과반의 일본국민이 공감을 표시했다. 아베 정권은 집단적 자위권행사의 구체적인 필요성을 설명함에 있어서 첫째, 미국의 전쟁수행과 일체화한 일본의 군사활동, 둘째, 원유를 중심으로 하는 해상수송로의 다국적 안전확보, 셋째, 외국(미국)의 지원을 받은 일본의 도서 방어, 넷째, 유엔 평화유지군PKO '긴급경호'와 재외 일본인 구출 등 15개 사례를 근거로 제시했다. 그 중 11개 사례는 한반도 유사시 또는 북한 선박 검사나 항만 봉쇄 등을 포함하는 대 북한 군사행동이다.

냉전이 붕괴된 1990년대 이후 일본에서는 핵문제와 일본인 납치 문제로 반북 여론이 극에 달했으며, 일본정부는 북한을 최대의 안보 위협으로 여론을 선동하고 일본의 군사화 우익화의 지렛대로 삼아왔다. 거기에 근래의 반한 증오범죄까지 더하여 일본정치의 우경화를 재촉해 왔으며, 아베는 이런 식으로 우리 민족 남북한에 대한 증오심을 부추기며, 일본의 군사력 행사 대상으로 일본국민에게 가장 저항력이 약한 한반도를 상정하고 집단적 자위권 행사의 시나리오를 그렸던 것이다. 명치유신 후에 한반도를 일본의 '생명선'으로 규정하여 대륙침략의 교두보로 삼았지만 지금도 일본인의 의식으로는 한반도가 가장 만만한 군사활동 무대로 보일 것이다.

집단적 자위권 해석개헌을 지지하는 미국의 동아시아정책[50]은 이율배반적이다. 즉 미국이 세계패권의 유지를 위해 두마리 토끼를 한꺼번에 잡으려고 하고 있다. 우선 아태지역에서 일본을 가장 중요시한다고 하면서 전략적으로는 중국을 우선시 하지 않을 수 없다. 한편에서 세계정치경제를 책임지는 파트너로서 중국을 필요로 하고 있으나(G2시대), 다른 한편에서는 몰락해가는 미국의 패권을 유지하기 위해서는 중국을 견제하면서 일본의 군사적 역할을 고조시킬 수 밖에 없다. 종전에는 일본에게 동아시아의 후방기지의 역할을 부여하고 있었지만 이제는 전투부대가 되기를 원하고 있다. 중국을 의식하면서 아태지역에서 지속 가능한 미국 패권을 추구하려고 하는 것이 '재균형rebalance 성책'이다. 이 지역에서 일본을 수로 하고 한국을 송으로 하는 한미일 군사동맹의 재구성이 그 정책적인 축이 되어 있다. 다만 한미일 동맹은 대 중국, 대 북한만을 겨냥한다기 보다 동시에 세계 각처에서 전개되

---

50 서승 「아베의 돌출행동, 미국이 지원했다? 한일협정 망친 박정희, 박근혜는 다를까」
    《오마이뉴스》, 2014년 1월 8일 참조.

는 미국의 전쟁에서 한일 양국군을 보조군으로 마음대로 활용하려는 것이다.

일본은 미국에 충성을 다하고 한미일 동맹에 충실한 척 하면서, 미국에게 기대어 잃어가는 동아시아에서의 존재감을 회복하려 하고 있다. 미국의 일본점령의 초심은 군국주의 해체였는데, 냉전의 시작과 더불어 방향을 바꾸어 일본의 군사화, 기지화를 부추겨왔으나, 미국으로서 절대 양보할 수 없는 선은 진주만 기습 악몽의 재연을 허용치 않는다는 것이다. 작년 12월에 아베 총리의 야스쿠니 참배는 우연치 않게도 오월동주하는 미일의 틈새를 드러냈으며, 이 갈등이 앞으로도 커질 수 밖에 없다. 일본열도라는 판도라 상자 안에 갇혀 있던 일본군국주의가 해외에서의 행동의 자유를 얻음으로써 그 뚜껑이 열리려 하고 있다.

갈갈이 찢겨진 한반도에서 동아시아 평화 만들기

한국은 몸통은 경제로 중국과 이어지고, 머리는 미국과의 군사관계로 눌리고 있고, 심장은 민족의 화해 통일에 대한 요청으로 갈갈이 찢겨져 있다. 전시작전통제권 반환 연기를 미국이 애원하는 만큼, 미국의 그늘에서 벗어나기는 일본보다 더 어려울 수 있다. 한국정부는 일본의 집단적 자위권 문제는 일본의 내정이라는 입장에서 이미 용인했다. 미국의 군사전략도 한미일군사동맹도 미국이 한반도 안보를 지켜주고 있으니 거역할 수 없다는 논리다. 그뿐만 아니라 한일 양국군대를 미국의 보조군으로 전세계분쟁 지역에 전개하려는 정책 속에서는 한일은 공동운명체인 것이다.

일본정부는 한반도 안보위기를 지렛대로 하여 군사화를 진행하고 있음에도 불구하고, 한국정부는 그 현실을 애써 외면하려 하고 있다. 외교부는 "우리 영역 내에서 자위대의 침입, 군사활동은 당연히 주권의 입장에서 일본이 우리의 동의없이 할 수 없고, 일본도 이 점을 분명히 밝히고 있다"며 "우리 영역 내에서 이뤄질 수 있는 것은 기본적으로 대상이 아니라고 본다"고 하지만, 눈가리고 아웅이다. 실제 일본은 한반도를 표적으로 삼고 있으며, 미국이 한반도의 전쟁을 통제하고 있는 상황에서 미국의 작전통제권 아래 한국정부의 동의는 필요치 않으며, 만의 하나 한국정부가 동의하지 않는다 해도 무슨 소용인가? 일본 군대의 발자국이 채 사라지기 전인 한국전쟁에 3,000명 정도의 구 일본군이 '미국의 명령 하에' 참전하여 전사자까지 내지 않았는가. 그 때 미국이 명령했을 뿐, 한국정부와는 의논조차 하지 않았다. 한반도에서 벌어지는 전쟁은 설사 한국정부가 참전을 요청했다 해도, 미국이 참전하는 전쟁은 미국의 전쟁이지, 한국의 전쟁이 될 수가 없다.

동족상잔을 다시 상정한다는 것 자체가 이미 엄청난 비극이자, 우리 정치의 현주소와 지혜의 빈곤을 드러내고 있다. 그럼에도 동족상잔을 전제로 한 군사훈련이나 수 많은 시뮬레이션이 이미 이루어지고 있다. 우리는 상상의 세계에서라도 동족전쟁을 상상하거나, 일본군의 재상륙을 허용해서는 안될 것이다. 정작 자주국방이 요망되는 것은, 아베의 일본이 아니라 우리나라이어야 할 것이다.

주변국가들이 이율배반적인 안보정책을 동시에 밀고 나가려는 어지러운 동아시아의 정치 군사 지형 속에서, 세 갈레 네 갈레로 찢겨진 한국이 평화안전을 도모하는 길은 전쟁의 구상이 아니라 평화의 구상이다. 일본의 군사화, 일본군국주의의 망령의 재등장을 단연코 거부하고, 식민지 지배책임의 소재를 분명히 하면서, 일본이 진짜 '보통국가'가 되도록 도와야 한다. 중국과의 관계 강화와 동시에 중국의 군사대국화 욕망과 주변국가들에 대한 패권적인 욕망에 대해서는 끊임없이 경종을 울리면서, 중국은 역사적으로 덕과 예의 정치를 해 온 문화국가임을 상기시켜야 한다. 미국에게는 패권주의의 시대는 끝나고, 동아시아의 평화야 말로 미국의 이익임을 깨우쳐야 한다. 중미 공동의 전략적인 구상 속에서 갈등을 최소화하고 평화와 번영의 세계를 이루어야 함을 설득해야 한다.

한국이 미중러일 4대강국의 이해관계가 중첩되고 상충하는 동아시아에서 갈등을 해소하고 소통을 매개하는 '균형자'가 되기 위해서는 객관적이고 공정한 맑은 눈을 가져야 한다. 옳은 것이라면 굽히지 않는 자주적인 태도만이 한국의 살 길이다. 그러기 위해서는 우리의 자주성과 자립적인 정신, 넓은 시야를 가진 지혜를 가로막고 있는 남북의 분단을 해소하고, 적어도 정신적인 통일의 세계를 이루어 내야 한다. 일본 군국주의 부활이 자작자연에 의해 진행되어온 것처럼, 우리도 스스로 한반도 위기와 불안정을 만들어 오지 않았는지 돌아봐야 할 시점이다. 한반도야말로 어지러운 동아시아를 평화의 길로 인도하는 핵심에 서 있다.

동아시아의 우호까지

동아시아 평화의 모색과 전망

'일본 군국주의 부활 반대' 한일 공동행동 필요하다

'일본 군국주의 부활 반대' 한일 공동행동 필요하다

일본의 헌법 9조와 헌법 9조 운동[51]

일본 아베 정권은 7월 1일 '집단적 자위권' 행사가 합헌이라는 '해석개헌'을 단행했다. 자민당이 추진해온 개헌안의 골자는 '상징' 천황을 국가원수로 하고, 국방군 창설, 국가주의 교육, 개인의 인권이나 자유 제한과 '공' 개념의 확대 등이다. 핵심은 군사력 보유와 교전권을 부인한 헌법 9조의 폐기 내지는 변경이다.

자민당은 재작년 중의원선거에서 3분의 2에 가까운 의석을 얻었으나, 중의원·참의원에서 3분의 2 찬성, 국민투표에서 과반수 찬성이라는 개헌의 벽을 넘기가 어렵게 되자, '해석개헌'을 강행했다. 해석개헌으로 불거지는 모순을 역으로 구실로 삼아 개헌까지 밀고 나가려는 것이다. 우선 주변사태법이나 유사(전쟁사태)법, 미일안보조약 가이드라인 등 관계법령을 개정해야 하니, 당장 아베의 욕망대로 되는 것은 아니지만, 일본 군국주의 부활을 경계하는 동아시아의 반발은 거세다.

현행 일본 평화헌법은 미 군정 하에서 1947년 맥아더의 강력한 주문에 의해, 일본 군국주의 해체라는 미국의 대일 점령 목적을 달성하기 위해 구 제국헌법을 개정해 성립되었다. 일본에게 평화를 '강요'하기 위해, '국민주권, 기본적 인권의 존중, 평화주의'를 기본 가치로 삼았다.

그런데 일본은 평화헌법을 제정한 직후부터 미국의 승낙을 얻어 '자위권'은 있다는 헌법해석에 의해 '자위대'의 이름으로 전력을 재건했다. 이후 자위대를 확장하여 꾸준히 헌법을 변질시켜 왔으나 전면적 헌법 개정에 이르지

---

51 〈일본 군국주의 부활 반대, 한일 공동행동 필요하다〉,《한겨레신문》, 2014년 8월 10일.
http://www.hani.co.kr/arti/international/japan/650533.html

는 못했다. 아베의 꿈은 A급 전범이던 외할아버지 기시 노부스케 전 총리의 소원이던 개헌(헌법 9조 파기)과 자주국방(전쟁할 수 있는 나라)을 실현하고 '일본을 되찾는' 것이다.

군국주의자로 알려진 나카소네 야스히로 전 총리(1982~1987)가 만든 '헌법 개정의 노래'가 있다. "헌법 있는 한/ 무조건 항복이 계속이네/ 맥아더 헌법 지키라 하니/ 맥아더의 종이로다." 이 노래에 일본 개헌파들의 회한이 사무쳐 있다. 아시아 태평양전쟁에서 패배한 일본은 포츠담 선언에 따른 무조건 항복 권고를 '국체의 호지'(천황제의 유지)라는 조건을 달고 받아들였다. 7년간의 미 군정을 마치고 1952년 '주권회복'을 한 후에도 미일 안보조약에 의해 미군 주둔을 허용하고, 군사권이 없고, 외교권마저 미국의 강력한 영향하에 두는 '속국'으로 존재해왔다. 군국 일본의 영광을 그리워하는 자들에게는 평화와 민주주의를 표방하는 일본헌법과 일본현대사는 오욕에 가득 찬 것이다. 헌법을 개정하여 떳떳하게 군대를 가질 수 있는 '보통국가'가 되는 것이 지상 과제인 것이다.

평화헌법을 일본 국민이 받아들인 이유가 있다. 첫째, 미국의 힘과 압도적인 영향력이다. 둘째, 원폭이나 대공습으로 처참하게 당한 일본 국민의 "다시는 전쟁이 싫다"고 하는 피해자 의식 또는 '전쟁혐오의식'이다. 때문에 강요된 평화헌법을 일본 국민이 선택하여 일본의 대중적인 평화의식이 형성됐고, 호헌운동 내지 '헌법 9조 운동'으로 이어 갔다. 여기서 적극적으로 전쟁에 반대하는 반反전보다는 부不전 내지는 비非전이라는 말이 많이 사용되었다. 셋째로 일본 군국주의에 짓밟힌 동아시아 여러 민족의 비난의 목소리다.

전후 일본의 평화운동은 원폭피해를 강조하는 비핵 평화운동으로부터 시작되었다. 1950년대부터 시작된 보수파의 개헌, 군대 부활에 대항하는 호헌운동이나 '헌법 9조 운동'에는 모든 전쟁과 폭력, 그리고 살인조직인 군대를 부정하는 보편적 절대평화주의의 성격이 있었다. 그러나 1950~60년대 사회당, 공산당 등의 정치세력이 주도한 평화운동에는 반미·반제 사상을 배경으로, 미국의 전쟁과 일본 주둔을 반대하고, 일본 군국주의 부활에 반대하는 정치투쟁의 성격이 있었다. 냉전 붕괴를 거쳐 사상과 진영 논리가 약화된 후,

일본의 호헌운동은 보편적이고 이상주의적인 성격을 심화시켰다. 헌법 9조의 이상을 세계에 보급하자는 '헌법 9조 세계화 운동'이나 최근의 '헌법 9조 운동의 노벨평화상 수상 운동'으로 전개되었다.

전쟁과 폭력이 없는 세상의 실현이라는 절대평화주의의 높은 이상에 반대할 사람은 없을 것이다. 헌법 9조 운동이 일본 군국주의를 봉인하는 데 일정한 공헌을 한 것도 인정해야 할 것이다. 한국에서도 헌법 9조 운동에 동참하자는 움직임도 나타났다.

호헌세력이나 헌법 9조 운동이 일본에서 가장 양질의 평화세력임에는 틀림이 없으나, 우리가 그대로 동참하는 것에는 어색한 부분이 있다. 첫째, 헌법 9조가 그동안 근본적으로 군대를 허용하고, 전쟁도 할 수 있도록 변질되어 껍데기만 남았으며, 노벨평화상이 그 정신에 대해서가 아니라 인물이나 단체에 수여되는 점을 생각하면 아베 총리나 '헌법 9조회'가 수상하게 되는데, 세계에 일본이 진짜 평화국가인 양 오해를 불러일으킬 소지가 있다. 둘째, 그래도 절대평화주의의 이상에 동참해야 한다고 주장한다면, 한국의 헌법 9조 지지자들이 동시에 한국의 헌법을 평화주의로 바꾸는 운동을 해야 하며, 남북의 대립 해소와 비무장화부터 실현하는 운동을 병행해야 도리에 맞는 것이다. 셋째, 일본 국내에서도 평화운동이 너무 헌법 9조에 기대왔다는 비판이 있다. 게다가 헌법 9조가 평화헌법을 수호하는 역할을 해왔다고는 하지만 집단적 자위권 행사라는 해석 개헌도 막아내지 못한 한계와 무력함이 분명한데, 이 마당에 아직도 헌법 9조만이 이상이라고 하는가?

핵심적인 문제는 동아시아 근현대사의 맥락에서 일본의 평화주의를 보는 시각이다. 그러려면 미국과 일본에 의해 왜곡되어 온 일본 군국주의 해체의 역사를 거슬러 올라가 일본 패전 당시의 원점으로 되돌아가야 한다. 전후 일본 최대의 과제는 군국주의 해체였다. 헌법 9조의 뜻은 일본이 다시 전범국가, 침략국가, 군국주의 파시스트 국가가 되지 않도록 하기 위한 것이었다. 즉 미국의 입장에서는 '또다시 진주만 공격의 수모를 당하지 않게(Never again the Pearl Harvour)' 일본을 무력화無力化하고 미국의 통제하에 장악하는 것이었다. 군대의 해체와 민주화는 그것 때문에 수행되었다. 그러나 일본 군국주의 해체는 미국에 의해 수행되면서, 미국에 의해 왜곡되었다. 일본도 오로지 미국의 눈치만 보고 전후 부흥을 진행했으며, 거기에는 일제가 막대한 피해를 안긴 동아시아의 모습도, 과거 청산도 없었다.

일본의 평화주의는 과거와의 완전한 단절부터 시작되어야 한다. 일본이 과거를 제대로 청산한 진정한 '보통국가'가 되도록 해야 한다. 주변국가에 대한 사죄와 보상을 전제로 한 이웃나라와의 화해를 이루고, 일본도 자주적인 판단을 할 수 있는 나라가 되어, 동아시아 비핵 평화공동체 형성을 위한 공동 노력을 해야 한다.

일본의 평화세력에 격려와 연대의 메시지를 보내는 동시에, 당장 일본 군국주의 부활 반대를 위한 한·일 공동행동이 필요하다. 일제가 범한 전쟁범죄가 헌법 9조가 성립된 원인인 만큼 군국주의를 확실히 청산해야 한다고 일본에 상기시키고, 군국주의가 완전히 청산되기 전에는 일본이 9조를 원래의 취지대로 준수할 의무가 있다고 주장해야 한다. 동시에 동아시아의 평화를 위해 군사적 긴장 완화, 특히 한반도의 평화와 통일을 일본이 방해하지 말아야 한다고 주의를 환기해야 한다. 우리나라에서는 일본의 재무장에 반대함과 동시에 남북 화해, 남북 평화체제의 수립, 남북 군축, 한반도 비핵화 등을 힘 있게 전개해야 한다. 일본 헌법 9조 운동에도 일본에서 만연하는 재일동포나 한반도 남북과 중국에 대한 민족증오범죄에 반대하는 운동이 일상적인 평화의 실천임을 깨우쳐야 한다.

집단적 자위권은 한미일 군사동맹과 일체화된 일본의 군사적인 공헌을 주문하는 미국의 이익과 그 틈새를 이용해 독자적인 군사화를 꿈꾸는 일본의 동상이몽이 만들어낸 작품이다. 한반도와 동아시아 평화를 추구하는 우리의 판단은 미국의 국익과 독립되어야 함을 명심해야 한다.

동아시아의 우호까지

동아시아 평화의 모색과 전망

일본의 군사화, 개헌을 구동하는 '한일 위안부 합의'

일본의 군사화, 개헌을 구동하는 '한일 위안부 합의'[52]

조그만 복숭아 – 샤오타오(小桃)

여기에 한 장의 사진이 있다. 1월 11일, 94살로 세상을 버린 대만의 전 '일본
군 위안부'(이하 '위안부') 샤오타오小桃인 첸타오陳桃 할머니의 사진이다. 주
름투성이에 바실바실 구겨진 종이처럼 말라 몸무게가 24킬로그램밖에 안 되
는 할머니의 사진은 매우 강한 위화감을 느끼게 한다. "이 할머니는 왜 이런
옷을 입고 있지?" 여고생들이 입는 하늘빛 세일러복이 어울리지 않는다.

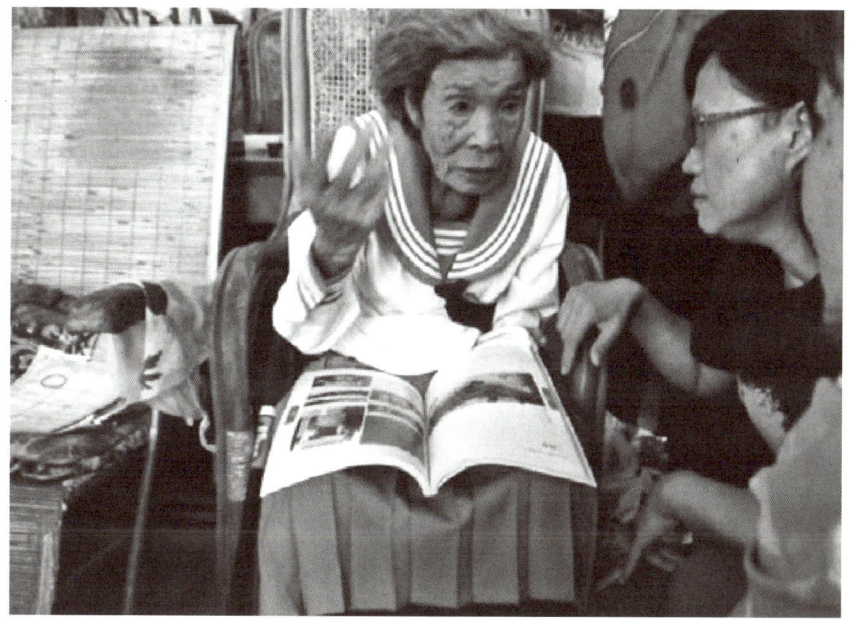

샤오타오 할머니

52 2016, 「이어지는 동아시아 평화기행 20」, 『아시아문화』 22호, 2016년 2월호, 아시
아문화커뮤니티.

그녀의 어릴 때 꿈은 커서 학교 선생이 되는 것이었다고 한다. 그러나 그 꿈은 경찰에 끌려가 일본군 위안부가 되어 무참히 짓밟혔다. 타이난臺南여중은 그녀가 세상을 등지기 4일 전에 명예 졸업증을 전달했다. 쇠약해져 말도 제대로 할 수 없던 그녀는 그 자리에서 수발드는 도우미를 통해 학생들에게 "나는 공부를 마칠 수 없었다. 너희들이 대신 공부를 마쳐다오."라고 했다.

내 어머니도 학교를 다니지 못한 것을 평생의 한으로 안고 돌아가셨다. 식민지 지배의 포악이 얼마나 많은 어린이들의 꿈을 짓밟았을까? 하물며 일본군의 성적 욕구를 충족시키는 노예가 되었으니….

샤오타오 할머니의 평생소원은 일본의 사죄와 학업을 마치는 것이었다고 한다. 그녀는 두 가지 소원을 모두 이루지 못하고 세상을 떠났다.

제국주의자들이 저지른 수많은 생명의 봉오리의 훼손과 모독의 죄업을 무엇을 가지고 지울 것인가! 일제의 잔인무도함을 무엇으로 대상할 수 있을까? 사죄? 보상? 기억? 모든 것이 공허하고, 모든 것이 쓸데없다. 영원한 불길로 태워 버리는 무한 지옥과 씻을 수 없는 죄업이 있을 뿐이다.

그런데도 한일 양 정부는 2015년 12월 28일 '한일 합의'로 '위안부' 문제의 모든 게 끝난 것으로 치부하고 '정치 현안'의 해결에 급급하다. 참으로 반인륜적인 행태다.

그런데 이런 현실을 목격하면서 대만의 정부와 민간은 "우리도 한국과 같이 해 달라"고 요구했다. 샤오타오 할머니의 한을 품은 죽음이 크게 보도된 것은 4명 남은 '위안부' 할머니 중 한 분이 돌아가셨기 때문이기도 하지만, 한일 '합의'로 한국의 할머니들의 문제는 해결되었다고 보기 때문이다. 거짓이든 뭐든 그나마 일본 외상이 표명한 '사과'와 10억 엔마저 한국에만 주어지는 '예외적인 조치'로 되어 있다.

대만 정부는 일본 정부에 한국과 동등하게 대만의 '위안부' 할머니에게도 대우해 달라고 요구했지만 일본 정부로부터 거부당한 것이다. 대만뿐만 아니라 동남아로부터 일본군 지배하에 유린당한 네덜란드 할머니에 이르기까지 한국 할머니들에게 취해진 이번 조치는 '특혜'처럼 되어 있다. 우리는 이것을 기뻐해야 하는 것일까? 한일 양국 간의 '합의'이기에 다른 나라는 관계

없다고 한다면 인권 문제를 주제로 할 수 없다. 배상 문제는 개별적으로 협상할 수 있다고 해도, 인권에 관한 한 그것도 역시 원칙에 있어서 보편성을 가져야 할 것이다.

이번 '합의'를 한국에만 주어진 특권적인 해결이라고 생각한다면, '위안부' 문제의 해결을 요구하여 여태 인권의 보편성을 줄곧 주장해 온 것이 거짓이 되고 마는 것이고, 그 이전에 '합의' 자체가 인권을 침해하고 있다는 시각을 가지지 못하고 있는 것이 가장 큰 문제다.

12월 28일 '합의'

박근혜 정부와 아베 신조 일본 정부는 2015년 12월 28일 한일 외교장관 회담을 열고 위안부 피해자 문제의 해결 방안에 합의했다. 그리고 그날 오후 공동 기자회견을 통해 합의 사항을 발표했다.

이 '합의'의 핵심으로서 일본 측은,

1   위안부 문제는 당시 군의 관여하에 다수 여성의 명예와 존엄에 깊은 상처를 입힌 문제이며, 일본 정부는 책임을 통감하고, 아베 총리는 '전前 위안부'에게 마음으로부터 사죄와 반성의 뜻을 표명함.

2   일본 정부의 예산으로 한국 정부가 만든 전前 위안부 지원을 목적으로 하는 재단의 자금을 일괄 거출하고, 전前 위안부 분들의 명예와 존엄의 회복 및 마음의 상처 치유를 위한 사업을 추진.

3   상기 2의 조치를 착실히 실시한다는 것을 전제로, 문제가 최종적 및 불가역적으로 해결될 것임을 확인하고 양국 정부는 상호 비난·비판을 자제함.

이에 대해 한국 측은,

1   일본 정부의 조치를 평가하고, 일본 정부와 함께 이 문제가 최종적 및 불가역적으로 해결될 것임을 확인.

2   한국 정부는 소녀상에 대한 일본의 우려를 인지하고, 적절히 해결되도록 노력함.

3   한국 정부는 향후 국제사회에서 상호 비난·비판을 자제함.

이 합의에 대해 박근혜 대통령은 연초의 대국민 담화 및 기자회견 질의응답에서 "지난 24년 동안 어떤 정부에서도 (…) 제대로 다루지 못하고 심지어 포기했던 아주 어려운 문제였다. 그런 어려운 문제를 최대한의 성의를 갖고 지금 할 수 있는 최상의 어떤 걸 받아 내서 제대로 합의되도록 노력한 것"이라고 자평했다.

이를 지지하는 의견은 ①희생자 할머니들이 고령이고, 우익 성향의 자유민주당 집권하에서 받아낼 수 있는 최대의 결과이며, 일본 정부가 군의 관여와 정부의 책임을 인정했으니 일본의 향후 행동에 제약이 될 것이다. ②국가배상은 한일기본조약으로 이미 끝난 상황이며, 관련되었던 전범들 대부분은 이미 사망한 상태이니, 그 후손들에게 법적인 책임을 물을 수는 없으므로 법적 책임을 부과하기가 사실상 힘들기에 이 '합의'로 만족해야 한다는 것이다. ③배상 금액인 10억 엔이라는 금액이 적긴 하여도, 재단을 설립하여 앞으로 위안부 피해자 할머니들에 대한 치유의 노력을 양국이 계속하기로 했다. ④소녀상과 유네스코 세계기록유산 문제는 민간 차원의 일이지 정부는 관계가 없다. 이상의 주장은 상기 기자와의 문답에서 박 대통령이 표명한 대로다.

일본에서는 오히려 우익들이 이번 '합의'를 매국 행위라고까지 비난하는 가운데, 주요 미디어와 공산당까지 포함한 각 정당, 국민 여론은 현안을 해결하고 한일 관계의 걸림돌이 제거되었다고 환영하는 분위기가 압도적이다. 과거에 '위안부' 운동에 참여하거나 관계해 온 사람들마저 이번 '합의'에서 일본 정부가 군의 관련을 인정하고 총리가 책임을 인정했으니, 중요 현안이 해결된 것이라 보고 있다. 그리고 앞으로 이를 한일 관계 개선의 기점으로 삼을 수 있고, 경우에 따라 아베에게 족쇄를 채웠다고까지 보며 환영하는 분위기다.

피해자 부재, 국민 부재, 외교 부재의 삼무三無 합의

그러나 우리나라에서는 '합의'에 대한 비난 여론이 압도하고 있다. '합의' 직후에 '위안부' 할머니 당사자와 각 정당, 사회단체에서 비난이 쏟아졌으며,

12월 31일의 소녀상 지키기 농성이 이어졌으며, 1월 6일에는 수요시위 24주년을 맞아 서울 일본대사관 앞에서 열린 제1,212차 수요시위에 1,500여 명이 모였다. 뿐만 아니라 세계 12개국에서도 집회 · 시위가 이어졌으며, 피해자들의 의사를 묻지도 않고 타결한 한일 합의에 대해 "절대적으로 반대한다"고 밝혔다.

그 자리에서 김복동(90세) 할머니는 "우리가 정부에 위안부 문제를 해결하라고 요구했지만 이렇게 허무하게 할 줄은 몰랐다"면서 "우리는 그 돈(일본이 출연하기로 한 10억 엔) 안 받는다"고 못 박았다. 그리고 시민사회가 준비하는 위안부 피해자 재단에 자신도 동참하겠다고 밝혔다. 1월 13일에는 제1,213차 정기 수요집회가 열려, 김복동 할머니는 "소녀상은 우리 국민이 한 푼 한 푼 모아 만든 역사로 우리 정부도 일본 정부도 (이전 · 철거를) 말할 수 없다"고 강조했다. 이옥선(89세) 할머니도 "피해자를 속이고 입 막으려 하고 있다. (이래선) 안 된다"며 정부가 위안부 피해자를 개별 방문해 정부 입장을 설명하는 데 반발하고 "일본이 공식 사죄하고 법적 배상하여야 한다"고 목소리를 높였다.

한국여성단체연합, 참여연대, 민주사회를위한변호사모임 등 383개 단체와 335명의 개인 등으로 구성된 '한일 위안부 합의 무효와 정의로운 해결을 위한 전국행동'은 14일 서울 프레스센터에서 발족식을 열었으며, 30일에는 1,000명 규모의 집회를 개최했다.

비판의 논점들은 다음과 같다.

1 이 '합의'가 당사자인 할머니들의 동의나 사전 협의 없이 일방적으로 이루어졌으며,
2 국민들과의 여론 수렴도 없었다.
3 '위안부' 할머니들이 요구해 온 일본군 관여의 인정, 일본 정부 공식 사죄, 일본 정부의 피해 보상이라는 사항들도 제대로 이루어 내지 못했다.
4 '합의'를 둘러싼 법적 효과에 문제가 있으며,
5 외교적인 패배이고,

6 인권의 보편성 상실이다.

7 기억과 역사 교과서에 명기하는 문제가 빠져 있다.

8 아베 정권의 진정성에 문제가 있다는 것 등이다.

무엇보다 '합의'가 당사자 부재로 정부끼리 강행되었다는 점은 아무리 강조해도 모자란 결정적인 결함이라고 할 수 있다. 하물며 한일조약으로 개인 보상을 배제했으며, 독재 정권이 국민 부재하에서 밀고 나간 것이 '위안부' 문제를 낳게 한 원인인데, 그 해결이라 하면서 같은 오류의 덧칠을 했다.

다음으로 '합의'가 한일 외상들끼리 만나 합의 문서 없이 구두 기자회견으로 표명하고 뒤에 양국 수뇌가 전화로 확인한다는 이례적인 방법으로 이루어진 것이다. 게다가 박근혜 대통령과 아베 총리의 통화 내용 공개를 거부했다. 그러면서 '합의'에서 이 문제가 "최종적 및 불가역적으로 해결되었음"을 표명하면서, '합의'에 법적 구속력을 가지게 하려고 하고 있다. 즉 조약과 동등한 것으로 간주한다는 것인데, 그렇다면 '합의'가 문서화되어야 하며, 국회의 비준철자, 즉 국민의 동의를 얻어야 한다. 그러니 법적인 하자가 있어 '합의'는 원천 무효라는 주장이 나온다. 그리고 그 합의가 국내적인 효과를 가지려면 법률화되어야 하는 문제도 있다.

아베 총리의 책임과 일본군 '관여'의 정체

또한 '합의'에서 유엔의 공식 명칭인 '성노예'라는 용어를 사용하지 않고, 군의 관여 부분에 대해서는 "당시 군의 관여하에 다수의 여성의 명예와 존엄에 깊은 상처를 입힌 문제"라고 고노 담화를 계승하고 있으나, 어떻게 관여했는지에 대해서는 구체적으로 분명히 하지 않았다, 즉 일본군이 체계적이고 조직적인 관여를 했다는 사실을 애매모호하게 했다. 군의 관여와 관련하여 "일본 정부는 책임을 통감한다"고 했는데, 그 책임이 법적인 책임이냐, 도의적인 책임이냐를 분명히 하지 않았다. 그리고 일본 내에서는 일관되게 법적인 책임을 인정한 바가 없고, 10억 엔에 대해서도 배상금이 아니라고 거듭 표명하고 있다. 또한 아베 총리대신은 "다시 한 번 위안부로서 많은 고통을 겪고 심신에 치유하기 어려운 상처를 입은 모든 분들에 대해 마음으로부터 사죄와 반성"을 표명했으나, 아베 신조는 2012년, 일본 국회의원들이 미국 뉴 저지의 유력지《스타레저Star Ledger》에 낸 "위안부는 돈벌이하기 위해 스스로 종사한 매춘부"라는 전면 광고에 찬동하는 등 지금까지 '위안부'에 대한 일 본군 및 일본 국가의 관여를 일관되게 부정해 왔다.

1월 31일 확인된 바에 의하면 유엔 여성차별철폐위원회(이하 위원회)의 질문서에 대해, 제63차 회의에 제출한 답변서에서 "(일본 정부가 조사한) 서 류 어디에도 군과 관헌에 의한 위안부 '강제 연행forceful taking away'은 확인 되지 않았다"고 주장했다. "일본 정부의 관련 부처와 기관이 가진 유관 문서 의 연구와 조사, 미국 국립문서기록관리청NARA에서의 서류 검색, 전직 군부 측과 위안소 관리자를 포함한 관계자에 대한 청취 조사, 한국정신대문제대 책협의회(정대협)에 의해 수집된 증언 분석 등 전면적인 진상 조사를 실시했 다"면서 "이런 조사에서 일본 정부가 확인할 수 있는 서류 어디에도 군과 관 헌에 의한 위안부 '강제 연행'은 확인되지 않았다"고 밝혔다. 그러나 일본군 의 강제 연행에 대해서는 '위안부' 할머니들의 증언뿐만 아니라, 일본과 국제 역사학계 및 선구적인 연구자들의 연구에 의해 확인되어 있다.

"위안부 문제를 교과서에 반영하고 교육할 의향이 있느냐"는 질문에는 "일본 정부는 국정 교과서 제도를 채택하고 있지 않기 때문에 (…) 질문에 답 할 위치에 있지 않다"고 밝혔다. 그러나 2005년, 아베 총리 자신이 여성국제 전범법정에 관한《NHK》의 보도를 '편향'이라 하며 변경하라는 압력을 행사 했음이 알려졌을뿐만 아니라, '위안부', 독도 문제 등에서 교과서의 검정에 끊임없이 개입해 왔다. 물론 '합의'에서는 교육의 실시, 교과서에 기재 등이 빠져 있고, 유네스코 세계기록유산 등재를 거부하고 기념비를 철거하는 등, 인류에 대한 범죄를 기억한다는 중대한 인류사적인 책무에 전면적으로 거역 하고 있다.

일본 정부는 "중국, 동티모르 등을 포함, 아시아여성기금(1990년대에 군 위안부에 대한 보상을 위해 만든 일본 민관 기금)의 혜택을 받지 못한 나라 들의 위안부에 대해 보상 조치를 취할 의향이 있느냐"는 질문에 "일본 정부 는 그렇게 할 의향이 없다"고 답했다.

게다가 이 답변서에 12월 28일 '합의'에 의해 "일본 정부와 한국 정부는 위안부 문제가 최종적이고 불가역적으로 해결됐음을 확인했다"고 주장했다. 이것은 군의 관여를 인정하고 일본 총리가 책임을 통감한다는 표명에 어긋나며, 최소한 '합의'에서 표명한 '군의 관여'와 일본 정부의 '책임'이란 일본군이 '위안부'를 소비했다는 점에서 관여했을 뿐이지, '책임'이란 어디까지나 도의적인 책임에 지나지 않는다는 뜻으로 풀이된다. '위안부'는 돈벌이를 목적으로 하는 직업적인 '매춘부'에 지나지 않고, 강제성이 있다 할지라도 개개의 매춘업자나 인신매매꾼들이 한 짓이라는 종전의 아베 총리와 일본 우익들의 주장을 되풀이하고 있음에 지나지 않는다. 12월 '합의'에서 일본은 그런 인식을 전제로 깔고 '합의'했다는 증거가 되는 것이다.

'위안부' 문제 책임 회피를 위한 하청의 공법 구조

'합의'에서 한국 정부가 최종적이고 불가역적으로 이 문제를 재론하지 않는다는 조건 아래 10억 엔을 거출하여, '위안부'를 위한 재단을 한일 공동으로 설립하여 운영한다는 대목이 있다. 이것은 단돈 10억 엔으로 생색을 내면서 책임을 면제 받고, 동시에 한국 정부에 그 책임을 전가하려는 잔꾀에 지나지 않으며, 한국 정부가 일본의 범죄를 소멸시키는 데 공범이 되는 구조이다. 참으로 '위안부'를 위한 것이라면 우선 배상금임을 명시하고, 재단의 운영에 있어서 당연히 피해 당사자와 지원 단체들이 중심이 되어야 하는 것이다. 주먹구구식의 합의금 조調의 돈이 아니라면 피해액과 그 배상에 필요한 액수의 대략적인 산정이라도 있어야 하는 것이다.

'위안부 합의'가 추동하는 한미일 동맹과 일본의 군사화

한동대 김준형 교수는 《창비주간》(2016년 1월 6일)에서 이번 '합의'를 삼중살三重殺에 비유하고, 최악의 협상 결과라고 단언했다. 첫째는 자국민의 이익을 대변하지 못하고, 오히려 가해자인 일본에 면죄부를 주는 꼴이 되니 '국가의 실패'다. 둘째는 한일 외교의 참패다. 즉 "언성만 높이고 감정만 배설했을 뿐 명분과 실리 모두에서 일본에 밀렸다. 반면에 아베의 일본은 원하는 바를 거의 이루었다. 국가가 자행한 조직적 범죄라는 법적 책임도 벗어 버리고, 외교를 통해 최종적, 불가역적으로 해결하는 데 성공했다. 회담이 끝난 후 기시다 외무상은 일본이 잃은 것은 10억 엔뿐이라고 했다. 인류 역사상 가해국 정부가 사과를 하면서 향후 문제 제기 및 비판까지 못 하게 재갈을 물린 예는 전무했다. 50년 만에 또 한 사람의 박 대통령이 굴욕적 대일 외교를 반복했다"는 것이다. 셋째는 한반도의 평화와 민족적인 이익이 무엇인가를 생각하지 않는 한국 정부의 동북아 국제정치에서의 전략적 실패를 들고 있다.

이번 '합의'의 배경에 미국의 강력한 개입이 있었다는 것은 이미 잘 알려져 있다. 미국은 우선 '한미일 동맹'을 기정사실화하여, '한미일 동맹'을 구축하기 위해 한일 협력·화해가 필요하며 '위안부' 문제가 한일 관계를 저해하는 장애물이라는 논리를 만들었다. 그리고 한미일 동맹(동아시아의 안전과 평화를 위한 보장 장치처럼 오도하고)의 성립을 막고 있는 것이 과거 청산을 외면해 온 일본이 아니라, 오히려 '위안부' 문제를 고집하는 한국의 책임인 양 본말전도의 상황을 만들어 한국을 압박했다고 김준형 교수는 지적한다. 결국은 그 논리에 대항할 수 있는 논리도 기개도 가지지 못한 박근혜 정부의 책임이라고 할 수밖에 없지만, 한국은 대중국 포위의 앞장서게 되어 사드THAAD 구입까지 약속했다고 한다.

영국의 《가디언The Guardian》은 "이번 합의가 오바마 정부의 지속적이고 때로는 직설적인 압력의 결과라고 진단하면서, 승리자는 일본과 함께 미국"이라고 했다.

그러니 동아시아 국제정치 전략이라는 관점에서 한국 외교는 실패였으며, 시대착오적인 냉전 진영에 편성되어 그나마 대중국 외교를 통해서 추진해 온 균형 외교나 외교적인 유연성을 잃고 미·일의 주문대로 질질 끌려다니게 되었다는 것이다.

미국은 시대착오적인 냉전 논리를 불러내어 한미일 동맹의 당위성을 강조하기 위해 북한을 모의 표적으로 삼으면서 중국 견제에 정조준하며 동북아의 군사 긴장을 유지하고 있다. 미국의 군산복합체의 이익을 도모함과 동시에 한국을 '한미일 동맹'(사실상 미일 동맹)에 종속시켜 미국의 세계적 경찰 행동과 패권 관철을 위한 도구로 삼으려 하고 있는 것이다.

아베 정권은 그러한 미국의 의도에 영합하면서 군사화의 욕망을 채우고, 헌법 개정(일본 군사 대국화)의 행보에 탄력을 받으려 하고 있다. 결과적으로 '위안부' 문제가 미일의 추악한 전쟁 이인삼각을 구동하여 미화시키는 도구로 이용되고 있어서, 참으로 범죄적인 행태라고 하겠다.

이번 '합의'가 한일조약의 본뜨기라는 말이 무성하다. 인간의 존엄이나 권리를 정치적 거래의 도구로 삼은 것이 새삼스러운 일은 아니다. 이번과 마찬가지로 인권 문제를 '국익 추구'의 수단으로 삼으려는 미국은 강제적으로 개입했고, 일본은 그것에 편승하여 식민지 지배 책임 청산을 소임으로 하는 한일회담을 전적으로 왜곡했다. 우리는 박정희 독재 정권이 정통 정권으로 미국으로부터 인정받고 정치자금을 거머쥐는 잿밥에 마음이 쏠려, 정작 식민지 청산이라는 염불에는 전혀 신경을 쓰지 않았던 까닭에, 오늘날의 한일 갈등의 화근을 남겼다. 미국은 곤경에 빠진 베트남전쟁의 진열에 한국과 일본을 동원하여 동아시아 냉전의 강력한 일익을 담당하게 했으며, 일본은 그것을 빌미로 "을사늑약은 적법하게 이루어졌다", "식민지 통치 시기에 일본은 적자를 내면서까지 투자하여 한국을 근대화시키기 위해 애썼다"는 제국주의 지배를 정당화하는 주장을 관철했다.

인간의 기본권을 경제와 외교의 논리만으로 환치시킬 수 없다

2016년 1월 4일 한국천주교주교회의 정의평화위원회는 이번 '합의'를 "보편적인 인류의 가치인 인간의 기본권을 한일 양국의 현안 해결이라는 이름 아래 경제와 외교의 논리만으로 환치시킨 결과물이라고 평가하지 않을 수 없습니다."라는 입장을 밝혔다.

이번 '합의'에서 아베 정권은 말할 나위도 없이, 박근혜 정권도 사죄라는 문제를 "미안하다고 했으면 됐지."라는 어린애 싸움과 같은 차원으로 퇴화시켜, 지극히 도구적으로 사죄가 모두 끝난 것처럼 호도했다.

전쟁범죄와 여성 인권의 유린이라는 인도에 반한 범죄와 동일한 '중대한 인권' 침해를 정치 외교나 군사 안전보장의 이해득실 문제로 바꿔치기해 온 것 자체가 한일 관계, 나아가서 일본과 동아시아 여러 민족과 국가 간의 갈등·대립을 해결 불가능하게 만들어 온 것이 아닌가? 심지어 한일 관계 악화를 우려한다는 일본의 이른바 '양심적 지식인'마저도 이번 '합의'를 환영하거나 새로운 한일 관계의 출발점이라고 착각하는 것 같다. 이번 '합의'는 문제를 더욱더 해결 불가능한 방향으로 몰아갈 뿐이며, 분규가 일어날 소지를 태생적으로 가지고 있다.

인간의 존엄이나 인권, 역사의 부정의의 회복이 정치나 외교로 '타협'이나 '타결'될 수 없다. 정치가 그 가면을 벗고 하나의 인간으로서 엄청난 폭력의 희생자에게 진심을 가지고 마주 대함으로써 비로소 용서받을 수 있는 것이다. 그것이 아베나 박근혜로서는 생각지도 못한 빌리 브란트나 바이츠제커가 몸소 실천한 '큰 정치'인 것이다.

냉전이 멀리 저 편인 오늘날임에도 불구하고 이번 '합의'는 한일조약처럼 '국가간의 합의'로 자리매김되면서 문제의 본질적인 해결은 더욱더 어려워졌다. 이제는 '위안부' 문제를 포함한 과거 청산 운동은 반국가적이며 안전보장의 저해자라는 낙인이 찍히고, 막강한 국가폭력의 표적이 될 것이다. 그러나 본래 과거 청산 운동, 인권 운동은 강대한 국가권력에 저항하면서 추진되어 온 것이며, 역사의 정의는 어떠한 권력으로도 지워질 수 있는 것이 아니다.

동아시아의 우호까지

동아시아 평화의 모색과 전망

AIIB(아시아 인프라투자은행)의 역사정치학

AIIB(아시아 인프라투자은행)의 역사정치학[53]

지금까지는 동아시아 근현대사 및 정치사회에 대한 나의 체험적인 사고를 적어왔다. 그런데 AIIB(아시아인프라투자은행)에 대한 이야기는 도무지 자신이 없다. 나는 대학에서 경제학을 공부하기는 했어도 그 이후 사회학, 법학에 관여해왔고 경제학과는 멀리 떨어져 있었다.

그럼에도 불구하고 이번에 만용을 부려 'AIIB의 역사정치학적 고찰'이라는 주제를 내건 것은 AIIB가 70년을 맞이한 제2차세계대전 종결 이후 미국 주도의 국제정치의 구도를 변환시킬 수도 있다고 보았기 때문이다. 더구나 AIIB가 동아시아의 정치·경제적인 지형의 변화를 가져오고, 국수주의적인 가치관, 군사주의적인 편향, 독선적인 정치수법으로 내외의 비판이 쏟아지고 있는 아베가 이끄는 일본의 향방에도 큰 영향을 줄 수 있다고 보았기 때문이다.

AIIB는 금융시장을 독점해 온 미국에 대한 하나의 도전임을 부인할 수 없지만, IMF(국제통화기금)·WB(세계은행체제)로 구축된 공고한 미국의 금융시스템을 뒤집어 엎고 중심에 올라설 수 있을 정도의 것이 못 된다. 기껏해야 IMF·WB·ADB(아시아 개발은행)체제를 보완하는 구실을 할 정도일텐데, 오히려 미일이 중국의 입지를 키워주고, 자기들의 진영에 균열을 발생시켰으니, 긁어 부스럼 만든 꼴이 되지 않았나고 생각한다.

거시적으로 보면 지금 인류적인 수준에서의 위기는 미중의 대립이 아니라, 시장경제를 매개한 미국의 자본가와 중국의 관료특권층·자본가의 깊은 유착일텐데, 서로가 최대의 무역상대국이고, 중국이 미국 국채의 최대 소유

---

53 2015, 「이어지는 동아시아 평화기행 14」, 『아시아문화』 16호, 2015년 8월호, 아시아문화커뮤니티.

자이고, 중국경제가 시장경제 시스템에 깊이 사로잡혀 있다는 사실을 망각하여, 미국은 중국이 크는 것을 질시하고, 못참아하고, '세계의 룰은 내가 결정한다'는 까칠하고 오만한 감정을 드러내고 있다. 그 오만방자한 태도가 세계 각처에서 반감을 불러 일으키고 있으며, 미국이 가장 믿는 맹방인 영국이나, 매사에 미국이 시키는대로 고분고분 따라 온 한국, 호주 같은 나라까지가 미국의 '충고'를 뿌리치고 AIIB에 가입한 것이 미국의 금융일극지배체제에 대한 저항감이 널리 퍼져있음을 증명해주고 있다.

이러한 사태는 금융·경제 질서의 문제에 머물지 않고 미국의 전반적인 리더십과 국력의 쇠퇴, 정신·문화의 타락으로 이어져 있는 것으로 본다면, 어쩌면 AIIB 창설이 하나의 패권의 종말의 시작이라는 커다란 역사적인 사건일 수도 있다. 자유, 민주를 내걸면서 자국과 기업의 이익을 탐욕스럽게 추구하는 미국의 제국주의적 가치관이나 수법, 그리고 인간관과 전혀 다른 새로운 가치를 등장하게 할 가능성까지도 기대해보는 것이다.

AIIB의 탄생

2015년 6월 29일 베이징의 인민대회당에서 57개 창립회원국을 모아 아시아인프라투자은행AIIB 협정문 서명식이 거행되었다. 이날 필리핀, 덴마크, 쿠웨이트, 말레이시아, 폴란드, 남아프리카공화국, 태국 등 7개국이 시간적인 문제로, 국내의 승인이 늦어졌다는 이유로 서명하지 않았지만, 이제 각국에서 조약비준 절차를 마치면 내년부터 AIIB사업이 본격 가동하게 된다.

AIIB는 아시아의 인프라 사업을 지원하는 개발금융기관이다. 개발도상국의 인프라 투자 요구는 왕성한데, 기존의 IMF이나 WB 및 그 산하기관인 ADB 등이 그들의 요구에 부응하지 못해 왔다. 예를 들어 아시아 역내에서 매년 필요한 약 8,000억 달러의 인프라 건설 수요에 대하여, ADB는 135억 달러의 융자 승인에 머물고 있다. 즉 미국 등 현재 세계의 금융 경제 헤게모니를 잡고 있는 서구 국가들은 아시아 국가들을 내려다 보는 시선으로 성실한 대응을 안해 왔으며, 오히려 자기들이 경제 규율을 강요하거나, 자기들의 논리에 순치시키는 수단으로 삼아왔다.

2010년 IMF는 세계경제에 대한 지분이 늘어나는 신흥국들의 출자비율을 끌어 올리고 이사회에서의 등장기회를 늘리는 방향에 합의했으나 중국의 대두를 두려워하는 미의회는 비준을 거부했으며, 개혁은 좌절되었다. 지금 세계금융을 독선적으로 지배하는 미국에 대항하여 중국은 아시아를 내세워 독자 개발은행을 만들려 한다는 평가가 있다.

중국은 연 7%의 경제성장을 지속해 왔으나, 요즘 여러가지 한계에 부딪치고 있어 AIIB를 주도함으로써 ①국내에서 과잉생산되어 있는 시멘트나 철강을 소비하는 출구를 만들고, ②중앙아시아나 아프리카와의 안전한 에너지 수송 루트를 확보하여, ③라이벌인 일본의 금융력의 주도권을 박탈하고자 하는 속내가 있다고 한다.

AIIB의 설립을 뒷받침하는 또 하나의 요인은 중국의 경제적 실력이다. 중국은 아시아·태평양 지역의 많은 나라에 대해서 최대의 무역상대국, 수출시장, 주요 투자국이다. 2012년 아시아경제에 대한 중국의 공헌율이 50%를 상회하고 있다. 2012년 말에 외자 직접투자액은 13,000억 달러에 이르렀다. 중국은 이미 20개국·지역과 12개의 FTA(자유무역협정)를 체결하고, 6개국과는 교섭 중에 있다. 그 파트너는 거의 APEC가맹국·지역이다. 앞으로 5년 안에 중국의 제품 수입액은 10조 달러, 신규투자액은 5,000억 달러, 해외에 나가는 중국 관광객은 4억 명이 넘을 전망이라 한다.

이러한 큰 규모의 경제의 유동성을 받쳐주기 위해, 브릭스BRICS[54] 개발은행(초기 자본금 500억 달러) 및 BRICS긴급외화준비기금, 중남미 지역 투자기금(자본금 250억 달러), 실크로드 기금(400억 달러), 상하이협력기구SCO 개발은행 설립 등 국제금융기구 설립에 공을 들여 왔다.

이러한 객관적인 수요를 배경으로 하는 AIIB는 시진핑 주석이 2012년에 제기한 '중국몽'을 실현하기 위한 중국의 차세대 경제성장전략 속의 핵심사업으로 자리매김 되어있다.

---

54 브라질(Brazil)·러시아(Russia)·인도(India)·중화인민공화국(China)의 개발도상 강국을 지칭한다.

'일대, 일로'–실크로드 발전의 구상

중국의 차기 성장전략인 '실크로드 경제대' 구상이 2013년 9월 발표되었으며, 그것을 구체화한 것이 '일대—帶 일로—路'이다. 자금면에서 그 것을 뒷받침하는 것이 '실크로드 기금'과 AIIB이다. 즉 '실크로드 기금'이 내부자금에 의한 중국의 독자기금이라면, AIIB는 내부발전전략을 보완하는 외부 경제환경 정비의 구실을 한다고 하겠다.

'일대'는 육지의 실크로드를 의미하고 '일로'는 바다의 실크로드를 말하는데, 그 겨냥은 첫째, 미일에 의해 제약을 받고 있는 동쪽으로의 진출을 보류하고, 서쪽으로 육지와 바다의 양쪽에서 전면적으로 밀고 나가려는 유라시아 구상과 이어지는 통 큰 전략이다. 둘째로는 개혁개방 이후 모순이 중첩되어 온 내륙과 해안, 도시와 농촌의 격차를 메우면서 경제개발하고, 셋째, 치안의 악화로 중국의 안전보장을 위협하는 현안으로 떠오르고 있는 서부지역에서 경제개발의 실효를 걷고, 위구르족, 티벳족 등 소수민족 거주지역의 정치 사회적 안정을 도모하는 것이기도 하다.

오래전부터 지정학이나 문명생태론에서 대륙세력과 해양세력의 충돌이 역사를 결정하는 동력이 되어왔다는 주장이 있다. 그리고 초대국의 조건은 대륙세력과 해양세력의 양쪽 성격을 아우를 수 있어야 한다고 하는데, 중국은 오랜 역사를 통하여 대륙국가였으며, 일본으로 대표되는 해양세력으로부터 번번히 당해 왔다. 그래서 중국의 당면의 발전방향을 수륙의 양방향을 지향하는 '일대, 일로' 로 한 것은 매우 야심적인 의미를 내포하고 있다고 하겠다.

오랜 역사를 통해서 중국에게는 바다는 단절과 위험을 의미했으며, 외부에 열린 창문은 내륙이었고, 그것이 바로 실크로드였다. 사막과 산악이 중첩되는 험로를 누비면서 문명의 교류가 면면이 이어져 온 것이다. 그러나 아편전쟁 이후, 서구 제국의 '서세동점西勢東漸'과 일본군국주의의 등장에 의해 바다는 중국을 집어삼키는 괴물로 변하고 중국을 도탄에 빠뜨렸다. 상하이, 홍콩, 마카오, 광저우, 텐진, 다롄 등 서양 문명으로 치장한 해안도시는 제국주의 열강의 거점으로, 중국에 존재하면서도 중국이 아니었다. 중국의 사회주의 대장정, 문화대혁명을 거쳐, 개혁개방 시기에 들어서서 해안 도시, 해안

지대가 서구자본주의 세계와 마주치는 현관이 되어, 구제국주의시대의 번영을 능가하는 번영을 누리게 되었으나, 해안과 내륙의 모순을 격화시키고, 해안은 탐욕스럽게 서구 문명의 오물과 독물을 집어 삼켜, 내륙을 오염시켜왔다.

실크로드 경제대 구상은 중국의 오랜 전통을 되살리고, 내륙을 향해 현관을 또 하나 마련하고자 하는 것이라고 할 수 있다. 그 이니셔티브가 어떻게 발전해 나갈지 지금은 잘 가늠할 수 없으나, 지리적 여건과 소수 민족의 분립으로 막혀 있는 지역이 동서를 잇는 커다란 소통의 회랑이 되면, 유라시아 공동체가 그 면모를 드러낼 수 있을지 모르는 거대한 구상이라고 할 수 있다.

도광양회(韜光養晦)에서 주동작위(主動作爲)로

AIIB 창설은 중국의 국가발전정책, 그 중에서 대외정책의 대 전환을 예고하고 있다는 점에서 주목할 만하다. 문화대혁명을 종식시키고, '혁명시대'를 지나, 피폐된 중국을 재생시키고자 하는 덩샤오핑鄧小平의 '개혁개방'정책의 우선과제는 경제이며, 그것을 위해서는 대외적으로는 자세를 낮추고 불필요한 외풍을 피하기 위해, 도광양회韜光養晦, 즉 '어리석은 척하면서 능력을 감추고 남 몰래 힘을 기른다'는 정책을 취했다. '도광양회'라는 덩샤오핑의 대외정책은 장쩌민江澤民의 유소작위有所作爲 '할 때는 한다', 이어 후진타오胡錦濤의 화평굴기和平崛起 '평화롭게 우뚝 일어선다'로 바뀌었다. 화평굴기는 경제발전을 통해 중국이 대국임을 숨길 수 없이 국제적인 주목을 받기 시작하면서 군사대국으로의 야망을 부정하고 주변을 안심시키면서 실력양성에 치중할 것을 천명한 말이라 하겠다.

그것이 시진핑習近平 시대가 되면서 주동작위主動作爲 '앞장 서서 한다'로 바뀌었다. 이제 와서 국제정치의 가정 중심의 플레이어로서 스스로 인정하게 되었으며, 대국으로서 자기의 목소리를 제대로 내보자는 자세로 전환했다고 볼 수 있다. 근간에 '부국강병', '핵심이익', '제1열도선', '제2열도선' 등 군사적인 존재감을 증가시키는 개념들이 눈에 띈다. 그럼에도 불구하고 기본 자세는 몸을 낮추고 마찰을 피하고, 겸손하게 구는 '도광양회'이며, 군사패권 추구를 본격적으로 시작하는 기미는 보이지 않는다. '과거 20년은 중국은 대외적으로 웅크려 왔다'고 한다.

중국은 대국이 되려고 초조해 하기 보다 중국 내부를 온전히 다스린다면 스스로 대국이 될 수 밖에 없다는 이치를 이해하고 있으며, 그 이해는 정확하다. 관료주의와 부정부패, 도시와 농촌, 해안과 내륙, 관과 민, 부자와 빈자의 격차, 사회주의적 시장경제(국가자본주의)의 험로의 심각성, 또한 자원, 환경, 물과 공기의 인간 생존을 위한 전제조건 등, 산적한 중국 국내의 모순이 너무 거대하고 이 난제들의 극복은 거의 지구가 안고 있는 모순의 극복과 동일하다고 할 정도다. 중국은 지금 여전히 밖으로 향하는 나라라기보다 안을 향하는 나라라고 할 수 있다.

'농촌에서 도시를 포위한다'는 마오쩌둥毛澤東의 혁명전략이 중국이 '도시화'됨으로서 근본적인 전환을 시도할 수 밖에 없는 지점에서 AIIB 구상이 떠올랐다. AIIB의 창설은 국제 기축화폐로서의 달러지배체제를 위협하는 위안화의 태동과 맞물려, 제2차세계대전 후 세계를 지배해 온 미국 경제의 세계지배, 즉 브레튼 우즈 체제에 대치할 수 있는 시대의 도래를 예고하는 사건이라고 평가할 수 있다. 언티에췬溫鐵軍은 "중국은 대영제국의 특혜무역 시스템과 미국의 브레튼 우즈 체제의 뒤를 이어, 글로벌 금융무역 시스템을 주도하는 세 번째 나라가 되었다"[55]고 까지 말하고 있다.

AIIB의 국제정치경제학

AIIB가 성공의 가닥을 잡는 큰 계기가 된 것은 3월12일의 영국의 AIIB 가입 표명이었다. 영국의 오즈번 재무상은 "세계에서 가장 급성장하고 있는 아태지역과의 연계강화는 영국기업의 사업이나 투자의 절호의 기회"라고 했다. 영국에 이어, 독일, 프랑스, 이탈리아 등 유럽 각국과 미국의 우방인 호주, 미국과 종속적인 군사동맹을 맺고 있는 한국까지도 가맹 신청을 함으로써 미국이 환태평양경제동반자협정TPP, 환태평양무역투자연계협정TTIP교섭을 통

---

[55] 「中国は世界秩序を変えうるか(중국은 세계질서를 바꿀 수 있는가)」, 『世界』no. 870, 2015年 6月号.

해서 시도한 중국에 대한 경제지리적인 봉쇄 시도는 완전히 깨지고 말았다.

영국 국내에서는 AIIB가입에 극렬 반대하는 외무성과 영국금융가로 위안화를 유치하는 것에 국익을 거는 오즈번 재무상과의 치열한 대립이 있었지만, 다른 EU국가들이 AIIB 가입쪽으로 기울어지고 있다고 눈치챈 영국재무성은 '선진국 중 최초의 참가국'이 되려고 했다. 가입신청은 스위스가 맨 먼저인데, 비공개를 요청했기에 영국에게 그 영예가 돌아가게 되었다.

여기서 주목해야 할 점은 AIIB를 미국의 경제 헤게모니에 대한 도전이자, 세계기축화폐로서의 달러에 대한 심각한 위협으로 여기고, 미국은 우방국에 대하여 가입하지 못하게 집요하고 노골적인 간섭, 협박을 했지만 중국에 대한 적개심과 질시로 가득찬 일본을 빼고는 효과를 보지 못했다는 점이다. 즉 이런 사태는 이전에는 생각할 수 없는 일이었으며, 미국의 경제적인 위상뿐만 아니라 군사 정치적인 위상의 저하를 웅변하는 현상이라고 하겠다.

제2차세계대전 이후 달러의 세계지배를 의미하는 브레튼 우즈체제가 1971년, 닉슨의 달러-금 태환 정지조치에 의해 서구자본주의 국가들의 편의에 따라 '유동성'이 제공되어 온 것인데, 근간 '유동성의 딜레마'가 나타났다. 즉 달러의 유동성을 확보하려면 미국의 국제수지가 악화되며 국제수지를 안정시키려면 국제기준통화로서의 달러의 유동성이 악화된다는 구조다. 이는 달러라는 일국의 화폐를 국제화폐로 사용하는 데에 기인하는 모순이다. '싼 값으로 달러라는 종이를 찍어내어, 세계각국의 자원과 교환하면서 국민의 대량소비를 유지하고, 세계가 자유·민주주의의 모범으로 삼는 근대화된 높은 생활수준을 향유'하는 미국경제를 받쳐주는 구조적인 모순인 것이다. 미국이 동맹국들의 이익을 잠식하거나 상반하는 경우가 자주 나타남으로써 동맹국들의 이익과 모순이 생겨, 미국이 고립되고 있다. 이번에도 세계은행 총재 자리를 독점해 온 미국과 그 지부인 아시아 개발은행의 총재를 독점해 온 일본이 AIIB에 반대해 온 것이 바로 세계경제지배체제의 동요에 대한 두려움과 무관하지 않다.

'산업자본주의 단계에 있어서 통화의 파워는 사회적 생산력과 창조력에 기초한다. 금융자본주의가 되면 화폐의 신용의 원천은 국가의 정치적 파워가 된다. 세계의 신용화폐로서의 달러의 힘은 무엇보다도 그 방대한 군사력에 의거하고 있다'고 언티에퀀은 지적한다. 금융자본 시대에는 '순수'한 시장논리는 통하지 않는다. 경제논리는 단독으로 관철되지 않고 군사력이 뒷받침하고 노골적인 폭력이 시장의 논리를 지배하는 시대가 왔다. 신자유주의는 '자유주의'를 표방하면서 제국주의적 군사력을 배경으로 한 인위적인 '시장'을 바탕으로 하고 있다.

1971년 영국이 중화인민공화국의 유엔 대표권을 인정하면서 유럽국가들의 중국 승인으로 태도를 바꾸고, 제2차세계대전 이후 미국이 억지를 부려온 중국의 정통성을 둘러싼 허구가 무너진 역사적인 대변천이 있었다. 종전에는 미국이 중국의 0.3% 밖에 안되는 대만에 갇힌 장제스의 국민당 정부가 전체 중국의 정통성을 갖는다는 억지를 힘으로 밀어붙였지만, 허구는 무너지고, 세계의 정치 판도에 커다란 변화를 가져 온 사태와 유사한 흐름을 이번 AIIB의 성립과정에서 보게 된다. 이때는 베트남전쟁에서 고전을 하는 미국이 극단적으로 적대시해 온 중국과 극적인 악수를 하게 되는 배경이 있었지만, 영국이 이 역사의 변환의 전환점을 만들었다는 점에서 매우 흡사한 것이다.

제2차세계대전이 끝나자 바로 미소 대립의 구도가 드러나고 냉전이 시작되었으며, 중국의 권력장악을 둘러싼 국공내전이 시작됐다. 미국은 애당초의 중립입장을 고수하였으나 장제스가 대만이라는 조그마한 섬으로 몰리고 내전이 인민해방군의 승리로 거의 결판이 났을 때 강력히 개입하여 역사의 흐름을 인공적으로 중절시켰다. 이때 속과 겉이 다른 이중적인 가상의 현실이 날조된 것이다. 물론 미국의 억지 개입은 한편에서는 미국의 오만이자 힘의 과신의 결과이며, 다른 한편에서는 극도의 공산주의에 대한 공포와 불신의 결과였는데, 미국이 주장하고있는 '자유와 민주'의 가치에 근본적으로 위배되는 '인민의 의지'에 대한 허무주의 또는 경멸이었던 것이다.

그러나 그랬던 것이 결국에는 한국전쟁에 이은 베트남전쟁이라는, 뜻대로 역사를 지배할 수 있다는 니힐리즘의 파탄으로 미국이 타개할 수 없는 난국에 처하게 되자, 결국 철천지원수인 중국과의 준동맹으로 대전환을 꾀할 수 밖에 없는 아이로니에서 출구를 찾은 것이다.

AIIB-일본의 패착인가

AIIB의 성립은 일관되게 방해공작을 해 온 미국 외교의 대실패로 평가되고 있으며, 미국에 맞장구를 치며 몽니를 부리던 일본과 더불어 미국 고립의 형세가 드러났다. 그러나 AIIB의 성공이 당장 세계 금융시장에서의 중국의 승리 내지 지배를 의미하지 않고, WB이나 ADB를 보완하는 구실을 할 것이라는 전망이 지배적이다.

미국은 여전히 세계경제의 패권을 장악하는 대국이고, G2시대를 의식하면서 중국을 일정 대국으로 대접하는 척하며 다원적 통로를 확보하고 있다. 중국은 미국에게는 라이벌이며, 전략적으로 제약, 견제해야 하는 최대의 가상 적국으로 상정되어 있으면서도, 다른 한편에서는 미국의 국채의 최대의 보유자이자, 동시에 세계의 안전보장, 정치, 경제, 환경, 자원 문제등을 전략적으로 협상하지 않을 수 없는 동반자이므로 애증의 이중적인 태도를 가지고 있다.

그런데 일본은 이번의 최대의 루저로 부각되었다. 과거의 일본의 영광을 되살리고, 군사, 정치적으로도 대국 일본의 재건을 꿈 꾸어 온 아베 정권은 중국을 적대시하고, 아시아의 맹주가 되는 꿈을 꾸어 왔다. 그러나 '지구위를 굽어보는 외교'로 '중국을 봉쇄하겠다'고 떠벌여 온 아베의 대 중국 외교는 완패했다. AIIB에 반대하는 이유는 ①운영의 불투명성, ②융자심사의 객관성에 대한 불안, ③중국의 아시아에 대한 영향력을 키워 주게 될 우려, ④독재정권과 환경에 대한 악영향, ⑤미국과 관계악화 우려 등을 불참 이유로 들었다.[56] 그러나 속내는 조야한 반중국, 중국·아시아에 대한 멸시다.

---

56 矢吹晋,「中国経済が米国を抜いて世界一になる時」,『中国封じ込めに失敗した安倍
ドンキホーテ政権に未来はあるか--AIIB問題で世界の孤児となった日本』
http://chikyuza.net/archives/52164

역대 ADB 총재를 배출하여 기득권을 가지고 있는 일본 재무성은 AIIB 가입에 애당초부터 반대고, 내부의 친 중국파China School가 도태되어 친미 일변도로 열화된 일본 외무성도 냉정한 판단을 할 계재는 아니다. 아베는 중국에 대한 반감이 근저에 깔려 있는데다가, 이번에 "우리야 말로 미국의 가장 충실한 맹방임이 증명되었다"고 하면서, 미국에 대한 충성을 최우선시했다. 미국이 원하는 재균형Rebalance정책을 적극 보익하면서 한미일동맹을 몸소 실천하고, 일본의 군사적 진출과 자위대의 전지구적인 전개 및 군사력의 확대에 대한 허가를 미국으로부터 받을 수 있는 천재일우의 기회에 편승하고자 했다.

미국의 의도는 물론 일본의 독자적인 군사력을 인정하는 것이 아니라, 미국이 필요한 보조군으로서의 역할이고, 동아시아에서는 한편에서는 중국과의 이익조정과 공조를, 또 다른 한편에서는 일본을 중국에 대한 군사카드로 써먹으려는 2중적인 정책인 것이다. 즉 제국주의의 전통적인 통치 수법인 분할지배divide and rule의 구도를 일본이 스스로 받아들이면서 자신의 군사적인 야망을 충족시키고자 한 것이 미일의 AIIB 불가입이라는 행동으로 나타난 것이다. 일본의 기업가들은 아시아 인프라 투자에 참여하기를 갈망하고 있으며, 이번 결과에 대한 실망감이 크다. 게다가 이번 결과는 동아시아에서의 일본 고립을 더욱더 드러나게 함으로써 외교적으로도 큰 실패였다고 할 수 있다.

미국이나 일본에서 AIIB 가입의 기회를 놓친데에 대하여, 외교적 대실패로 비판하는 목소리가 높지만, 스스로가 원해서 한 결과라고 할 수 있다. 바로 이것이 AIIB의 정치적 성격의 의미를 증명하는 것이다.

한국의 아포리아

한국이 미국의 경고를 뿌리치고 막바지에 AIIB에 가입한 것이 여느 때와 다른 영단이라고 할 수 있지만, 한국경제에 차지하는 중국의 압도적인 비중을 생각한다면 친미정권으로서도 어쩔 수 없는 선택이었다고 하겠다.

중국으로서도 미국과 강한 군사적인 결합을 해 온 한국이 AIIB 가담을 마지막에 결단한 것에 대해 매우 높이 평가했다고 한다. 그 결과가 한국의 AIIB에 대한 투자 지분이 30억 달러, 약 3%가 되어 전체 5위, 아시아 4위의 높은 비율을 할당받고 상임이사국은 물론 부총재까지 바라보고 있는 것이다.

한국의 기업들은 새로운 투자 기회에 대한 희망에 부풀어 있으며, 한국정부는 이를 계기로 동아시아 통합의 핵심축이 되고 한반도 평화정착을 앞당길 수 있다고 하는 공식론을 펴고 있으나, 속내는 '버스에 올라타지 못함'을 두려워하여, 중국의 덕을 입어 지분을 확보하자는 것일 것이다.

한편 AIIB는 실크로드 구상과 더불어 재균형정책, 한미일 군사동맹 등의 미국의 중국 포위망에 대해 던진 승부수로 본다면 한국은 미국에 대한 사모곡이라는 마음과 현실적인 생활을 지탱하는 경제라는 몸체의 괴리에 괴로워하지 않을 수 없다. 아버지와 어머니 중 누가 좋으냐는 짓궂은 질문을 받고 곤혹스러워 하는 아이처럼 한국은 중미간의 갈등 속에서 엄청나게 시달릴 수 밖에 없다. 중간에서 다리까지 잡아당기는 일본도 한국의 고역을 더하게 할 것이다.

일부 기업은 AIIB를 우회하여 북한에 대한 투자를 기대하고 있고, 한국정부도 그것이 가능하다는 말을 흘리고 생색 내듯이 냄새를 피우고 있으나, 그것이 정도라고 할 수 없다. 한국경제의 미래를 열어주는 마지막 투자·상품·노동·자원 시장을 북한에 기대하는 기업은 놔두고, 한국 정부에게 진정 북한에 대한 투자와 경제활성화, 그리고 그 것을 통한 민족동질화, 화해, 상생을 이루어 낼 의지가 있다면, 굳이 AIIB를 우회하지 않더라도 할 수 있는 길은 얼마든지 있으며, 그래야만이 오히려 대북사업이 견고한 기반을 가질 수 있는 것이다.

이제는 명백한 가치관과 우선순위를 가지고, 중미간의 갈등 속에서 한반도의 평화와 통일의 가치를 실현하는 투철한 주인의식이 필요한 때이다.

새로운 가치관, 새로운 세계를 향해서

언티에쥔은 "'일대일로' 이데올로기는 보편성을 가질 수 있는가"라는 문제제기를 하고있다. 1950년대에서 70년대에 걸쳐 미국의 이데올로기는 '세계은행이 주도하는 경제성장지상주의'였으며, '1980년대의 외교담론은 민주·자유로의 제도적 변이로 변화했다. 특히 이라크전쟁 이후에는 미국형의 자유와 민주를 겁박적으로 수출하는 것이 지정학적 이데올로기의 기조가 되었다'[57]고 한다. 이 '겁박+민주·자유'가 중동, 아프간에서의 분쟁 속에서 실패하자, 근간에 '겁박+안전보장'으로 탈바꿈했다고 한다. 심각성을 더 하는 지역의 군사충돌에는 강대한 미군의 군사개입이 필요하다는 설득을 하는 것이다.

그러나 이러한 수법은 새로운 것이 아니라 각 지역을 '분할지배'의 수법으로 분열 대립하게 하여 결국은 지역과 각국의 안전보장을 미국에 의존하게 하는 구조를 만들어 내는 것이 미국의 일관된 수법이었다. 한반도에서도 한국은 전면적으로 안전보장을 미국에 의존하고 있으며, 북한도 미국과의 협상(핵 카드도 포함하여)을 통하여 안전보장을 구하려 하고 있다. 미국은 해결해줄 듯하면서도 결코 휴전협정을 평화조약으로 변경하는 방법을 통한 한국전쟁의 법정치적인 종결과 남북한의 자주적인 협상을 허용하지 않는다. 서로 물어뜯고 싸우는 자들의 머리 위에 군림하면서 영원히 초월자의 자리를 즐기고자 하는 것이 미국의 의도다.

이에 비해 '일대일로'의 이데올로기는 평화·발전이라고 한다. 그러나 인프라 건설의 수출이라는 경제성장주의도 중국의 경험에서 드러난 바와 같이 각종 사회문제를 야기한다. 세계은행은 환경파괴와 선주민족의 안전한 생활시스템의 파괴를 초래했지만, AIIB는 세계은행과 IMF의 전철을 밟지 않고 '현지화에 의한 포용성과 지속가능한 발전성'을 실현하는 인프라건설을 할 수 있는가는 매우 의문스럽다.

언티에쿤은 '중국은 반드시 내발적인 사회적 공평·정의의 논리를 발전시키고, 80년대 이후 세계를 지배하는 민주·자유의 담론과 그것이 외부화하는 미국주도의 제도를 바꾸는 소프트 파워에 도전하지 않으면 안된다'고 대담한 문제 제기를 한다. 서구적인 자유·민주의 이데올로기에 대항할 수 있는 내발적인 사회적 공평과 정의의 논리를 구축하자는 것이다.

---

57 언티에쿤, 위의 글

AIIB가 경제논리를 넘어 정치 이데올로기적인 외연에까지 그 의미가 확대된다면 분명 '팍스 아메리카나' 시대에 종지부를 찍을뿐만아니라, 새로운 인류의 미래를 전망할 수 있는 이데올로기의 탄생에도 기여할 것이다.

또 하나 주목할 일은 AIIB는 중국을 위해서 경제 발전과 경제적 이익을 가져올뿐만 아니라, 안보차원의 의미도 있다는 점이다. AIIB를 통해서 종래 친미 국가들을 미국으로부터 분리시키고 그들과 이익을 함께 나누는 관계를 구축할 수 있게 된다는 것이다. 전통적인 중국의 조공시스템은 주변 야만국에게 중국황제의 위세를 떨치고 심복케 하는 것인데, 그러한 공식논리보다 안전보장의 의미에 중요성이 있다. 조공을 바치는 나라들에게 황제가 은혜를 베푸는 회사回賜의 명목으로 조공품의 몇 배나 되는 이익을 베풀었다. 주변국들은 풍요로운 중국의 재부를 탐내어 끊임없이 침공을 되풀이하는 대신 안정적인 재물공급을 확보하기 위해 앞을 다투어 중국과의 조공관계를 맺으려 했다. 덕치德治의 본질은 베풂이고 베풂을 안전보장의 방법으로 하는 조공시스템은 봉건적 권위주의의 겉치레만 벗긴다면 각박한 서구적인 폭력의 논리에 의한 국제정치보다 훨씬 나은 방법이 될 수 있다. AIIB가 그러한 실험에 성공한다면 중국과 동아시아의 새로운 미래가 열릴 수 있으며, 한반도에서는 이미 김대중 대통령이 실천한 윈윈과 포용정책이 있으므로 중국의 새로운 국제정치의 논리와 윤리의 구축에 능동적으로 참여할 수 있는 것이다.

동아시아의 우호가지

동아시아 평화의 모색과 전망

평화로 밥을 먹는다: 제주-오키나와 평화지대(Peace Zone) 구상

평화로 밥을 먹는다: 제주-오키나와 평화지대(Peace Zone) 구상[58]

밥을 먹다

우리말에서 '먹다'라는 말을 많이 쓴다. '밥 먹다', '약 먹다', '물 먹다', '애 먹다', '욕 먹다', '나이 먹다', '와이로ゎぃろ(뇌물) 먹다', '한 점 먹다' 등등 '먹다'로 거의 모든 동사를 대신할 수 있다는 생각이 들 정도로 다양하게 쓰인다. 우리나라 사람들이 많은 고난을 겪어, 워낙 가난하고, 못 살아서 먹는 데에 남다른 집념이 있는지 모르겠다.

내가 아는 아프리카학의 교수는 대학을 졸업할 때 "아프리카로 밥 먹지 마라"는 지도교수의 말씀을 마음에 새기고 살아 왔다고 한다. 어떤 분야를 전공한다는 것은 그 분야를 가지고 밥 먹는 것이니, 교수의 말은 무리한 말이라고 생각되기도 한다. 그러나 통념과 달리 빈곤과 질병, 전란으로 고통받는 아프리카 사람들을 팔아 밥을 먹는 사람들이 허다하다. 학문이 원래 목적인 진리의 추구니, 정의의 실현은 내팽개치고 극도로 도구화되고 왜소화되어 있는 오늘날에 많은 것을 시사하는 말이다. 흔히 개발기구니, 원조기구니, 전문기구니, 인권 평화를 내 건 NGO니, 심지어 무기 상인이나 민간경비 회사(용병)까지 전문지식을 가지고 아프리카 사람을 돕는다는 대의명분 아래 기실은 거기서 또아리를 틀고 아프리카 사람들을 수단화하고, 먹이감으로 삼으면서 잘 먹고 잘 살고 있다. 이 세계에는 인권, 평화, 환경, 재난 구조를 위한 모금 등 그럴싸한 명분을 내걸고 돈을 모으거나 자금을 끌어오고 그걸로 밥 먹는 사람들이 너무 많다. 하기야 영혼의 구제를 외치며 거대한 교회 만들기에 혈안이 된 종교인도 영혼의 구제가 아니라 '영혼을 팔아먹고 살

58 2015, 「이어지는 동아시아 평화기행 9」, 『아시아문화』 11호, 2015년 3월호, 아시아문화커뮤니티.

고 있는 것'은 마찬가지다.

그래도 드물게는 '밥 먹다'는 말이 고귀한 목적을 내걸고 즉물적인 욕망을 채우는 의미가 아니라, 반대로 즉물적인 목적을 내 걸면서 고귀한 의미를 실현하는 경우에 쓰이기도 한다. 후루노 요시마사古野喜政씨는 일본《마이니치每日신문》서울지국장,《마이니치신문》상무 등을 역임한 노련한 언론인으로 오사카인답게 이재에도 밝고, 실리를 좋아하기도 한다. 지금부터 한 10년 전, 일본이 우경화하고 재무장이다, (평화)헌법개정이다 시끄러울 때 나를 만난 자리에서 "'일본은 보통국가'가 되니, 헌법 개정이니 하면서 잘난체 하지말고, 평화로 밥 먹으면 되지"라고 한 그의 말이 아직도 생생하다.

일본헌법 9조

제2차세계대전 후 일본은 전범국가로 미국에 의해 무장해제 되어 1946년, 대일본제국헌법을 개정하여, 9조에 비무장, 부전不戰을 규정한 이른바 '평화헌법'을 가지게 되었다. 그내용은 다음과 같다.

일본헌법 제9조

① 일본 국민은 정의와 질서를 기조로 하는 국제평화를 성실히 희구하고, 국권발동으로서의 전쟁과 무력에 의한 위협 또는 무력 행사는 국제분쟁을 해결하는 수단으로서는 영구히 포기한다.
② 전항의 목적 달성을 위해 육·해·공군 기타 전력은 보유保持하지 않는다. 국가의 교전권은 인정하지 않는다.

미군에 의해 군대가 해체되어 '평화헌법'을 안겼을 때부터 일본의 보수정치가들의 가장 뿌리 깊은 컴플렉스는 일본이 미국에게 군사권을 빼앗긴 점에 있다. 그래서 그들의 숙원은 헌법 9조를 폐지·개정하고, 일장기를 휘날리며 세계를 누비고 다니는 떳떳한 군대를 가진 나라가 되는 것이다. 아베 총리도 그 혈맥을 이어 받고, 정치가가 되어 군대를 거느리고 세계에 위세를 떨치고 싶은 욕망이 있는 것이다.

일본은 메이지시대 이래 제2차세계대전 패전까지 10년에 한번 꼴로 대외 침략전쟁을 자행했고, 그 결과 350만 명에 이르는 일본인 사망자와 수천만 명의 아시아인의 희생자를 냈으나, 전후에는 이 때까지 본격적인 해외출병을 하지 않았으며, 전사자가 발생하지 않았다. 물론 헌법 9조의 규정에도 불구하고 거듭되는 '해석개헌'으로 헌법 9조를 무력화시키고, '자위대'라는 이름의 군대를 키워 오고 있으니, 헌법 9조의 공을 과대평가할 수는 없다. 일본의 군국주의 부활을 억제해 온 힘은 자신의 손아귀를 벗어나서 일본군이 부활할 것을 허용치 않는 미국의 대일 군사정책과 동아시아 여러 나라의 일본 군국주의 부활에 대한 경계심과 비판, 그리고 '전쟁은 다시는 싫다'는 일본 사람들의 '염전厭戰' 의식에 기초한 평화주의 등이 제2차세계대전 전부터 이어지는 일본의 정치 군사적인 헤게모니를 봉쇄해온 주된 힘이겠으나, 헌법 9조가 '넘어서는 안될 일선'을 그어왔던 것도 사실이다.

1952년 4월, 대 일본 평화조약인 샌프란시스코조약의 발효와 더불어 7년간의 미점령군 주둔이 종료되어, 일본이 주권회복을 했다고 하지만, 주권국가가 가져야 할 외교권과 군사권 중 군사권은 그 행사가 헌법에서 금지되고 주일 미군의 계속적인 주둔에 의해 감시 통제를 받게 되었으니 완전한 주권국가라고 말하기 어렵고, 그나마 외교권마저 독자적으로 행사했다고 보기 어려우니, 일본은 미국의 '속국'이라는 소리를 듣게 되었다. 그 굴욕에 이를 갈면서 대일본제국의 영광의 부활을 꿈 꾸어왔던 것이 기시 노부스케岸信介 등의 우파정객들이다. 반대로 요시다 시게루吉田茂 전 총리(1878~1967)는 그러한 상황을 역이용하면서 군사비에 돈을 안쓰고 '경무장, 고도경제성장' 정책을 추진하여 세계의 경제대국의 자리에 오르고 번영을 구가했다고 평가받고 있다.

위 후루노 씨의 말 뜻은 군대도 없다고 남들이 업신 여기건 체면이 깎이건 말건, 일본 전후 수십년은 전쟁도 겪지 않고, 다들 밥 먹고 그런대로 잘 살아왔지 않았냐는 것이다. "평화로 밥 먹는다"는 것은 고귀한 평화이념을 수단화하여 인간의 밥통을 채우는 것이라서 톨스토이나 간디처럼 고매한 평화주의 사상의 실천과는 거리가 멀 수도 있으나, 무슨 동기든 전쟁의 참화를 겨지 않는다면 좋다는 실용주의적인 이야기다. 이 맥락에서 나도 평화를 위해서 목적의 수단화가 허용될 수 있다고 생각한다.

일본의 9조운동

일본에서는 이상주의적인 평화론을 내거는 사회민주주의가 힘을 잃은 1990년대 무렵에 힘에 의한 평화, 또는 무력에 의한 억지라고 하는 '현실정치론'Real Politics이 힘을 얻었다. 아베 총리의 '적극적 평화주의'란 '평화주의'를 내걸고 있지만, 사실은 그와 정반대로 대대적인 무력 증강과 전쟁정책의 추진을 말한다. 구태의연한 '힘의 정치론'Power Politics이며 평화주의에 대한 냉소이자, 철저한 모독인 것이다. 이러한 논리가 횡행하면서, 헌법 9조에 기초한 '비무장 부전' 평화주의는 '비현실적 이상론'으로 배격 당하고 힘을 잃어가고 있는데, 그동안 비무장 평화주의에 대해서는 많은 논의가 있어왔다.

'비무장 비전'으로 국가안전보장을 어떻게 확보하는가 하는 문제를 일본국헌법은 다음과 같이 말하고 있다.

> '일본 국민은 항구적인 평화를 염원하고, 인간 상호관계를 지배하는 숭고한 이상을 깊이 자각하며, 평화를 사랑하는 모든 국민의 공정함과 신의를 신뢰하며, 우리의 안전과 생존을 유지保持할 것을 결의했다. 우리는 평화를 유지하고, 전제專制와 예종隷從, 압박과 편협함을 지상으로부터 영원히 없애기 위해 노력하고 있는 국제사회에서 명예로운 지위를 갖고자 한다. 우리는 전세계의 국민이 다같이 공포와 결핍으로부터 벗어나, 평화 속에서 생존할 권리를 가진다는 것을 확인한다'.(일본헌법 머리글에서 인용)

핵심은 "평화를 사랑하는 모든 국민의 공정함과 신의를 신뢰하며, 우리의 안전과 생존을 유지"한다는 데에 있으며, 인간의 이성에 신뢰를 두고, 평화를 지키고 침략전쟁은 하지 않는 나라를 공격하는 나라는 없을 것이라는 이상주의와 낙관론에 기초한 안보관이다. 이러한 인식은 "너무나 낙관적이고, 비현실적인 안보관"이라는 보수파의 끊임 없는 공격을 받아 왔으며, "그렇다 할지라도 '만약'을 상정하지 않는 안보는 안보의 책임을 다 한다고 볼 수 없다"고 하는 신중론자의 비판도 반박해내기가 쉽지 않았다.

그러나 상대방에 대한 냉소적인 불신에 기초하고 오로지 힘만을 믿는 마키아벨리적인 '무력에 의한 안전보장론'은 적국도 같은 논리에 선다고 상정하면 필연적으로 무한 군비확장과 긴장고조를 피할 수 없으며, 마지막 파국에 이르지 않으려면 적을 증오하고 불신하면서도 타협할 수 밖에 없다. 그래서 미소대립의 냉전 최고조기에 데땅트(긴장완화)와 핵군축론이 필연적인 결과였다고 볼 수 있다. 게다가 철저한 인간불신을 전제한 '현실주의 평화론' 또는 '억지이론'도 적어도 무력 행사가 자신에게 파멸적인 결과를 가져온다는 것을 예측할 수 있는 이성이 적에게도 있다는 것을 상정하지 않고서는 성립될 수가 없기에 일본헌법의 평화주의가 의거하는 바, 인간의 이성의 존재를 어떤 수준에서든지 인정하지 않으면 힘에 의한 안전보장 이론도 성립될 수가 없는 것이다.

물론 위에서 말했듯이 제2차세계대전 후 일본의 평화가 헌법에 의해서 지켜져 왔다고만 볼 수 없다. 현실정치의 입장에서 보면 무엇보다도 미국과의 군사동맹과 주일 미군의 존재가 있으며, 다음으로 서방 국가들의 악의에 찬 선전에도 불구하고 중국, 북한 등 이웃 사회주의국가들이 가만히 있는 타국을 침략하려 하지 않는 이성적인 나라들이었다는 사실도 있다. 일본은 헌법 9조의 제약이 있었기에 해방 후 70년 가량 이웃나라를 침략하지 않았으며, 전쟁에 휩싸이지 않았다고 할 수 있다. '전쟁은 스스로 일으키기 때문에 일어난다'고 해야 할지도 모른다. 전쟁을 할 의지가 없다면 전쟁은 일어나지 않는 법이니까.

일본은 개헌을 하지 않고 헌법의 해석만을 바꾸는 이른바 '해석 개헌'으로 세계 유수의 군대를 보유하게 되었으며, 미군을 따라 세계 각처에 자위대를 파병하여 전쟁할 수 있으며, 한반도에도 상륙시킬 수 있는 '집단적 자위권 행사'도 할 수 있다고 했으니, 뼈와 살이 다 썩어 들어가서 겨우 껍데기만 남아 너덜너덜한 헌법 9조를 지키는 '호헌'운동에 얼마만큼의 의미가 있나 하는 의문이 들기도 하다. 그러나 호헌론자는 그 9조가 그나마 일본의 공식적인 재무장, 군국주의 부활을 억지해왔다는 것이다. 또한 현실은 어떻든지 비무장 부전의 평화주의 이념을 담은 일본헌법은 세계에서 가장 아름다운 헌법이라고 하는 주장도 있다.

그래서 일본에 광범위한 호헌운동이 형성되어, '9조의회'는 전국에 7,500개 정도의 산하 모임을 가지고 있다. 그 외에도 수십개의 헌법 9조 관계 단체가 있고, '9조 세계화 모임'이나, '헌법 9조운동에 노벨평화상을 수여하게 하자는 운동' 등이 있다. 한국에도 '헌법 9조회'가 만들어졌고, 작년12월에는 헌법 9조 운동 노벨상 수상 추진위원회까지 만들어졌다고 한다. 9조의 고매한 뜻에 감동을 받아 지지하는 자도 있지만, 그 뜻은 9조운동에 노벨상을 수여토록 하여 일본의 호헌운동세력을 격려하고, 보수세력들이 함부로 9조를 없애고 헌법개조를 못하게 하려는 계산에서 지지하자는 것이겠다.

물론 인류가 비폭력·평화의 꿈을 말하는데 반대할 수는 없지만, 몇가지 난점은 알고 있어야 할 것이다. ①헌법 9조는 미국이 일본군국주의 해체 차원에서 일본에게 강요한 것이지, 일본국민의 자발적인 평화의지로 만들어진 것이 아니다(평화주의의 강요). ②헌법 9조는 해석개헌으로 근본이 훼손되어 있으며, 허울 밖에 남아 있지 않다. ③일본에는 미국의 핵 우산도 있고, 자위대 외에도 주일미군까지 있는 군사대국인데도, 헌법 9조가 있으므로 일본이 평화국가인양 여론을 오도해 왔다. ④헌법 9조 수호운동은 일본의 군국주의화에 대한 일정의 억지력으로 작용했지만, 일본의 진보운동을 호헌운동에만 묶어버린 폐단이 있다는 지적도 있다. 아무튼 일본의 평화헌법수호운동에는 일본의 가장 양질의 평화세력이 모여있으며, 이들을 이해하고 일본의 군국주의 부활 저지와 동아시아 평화 실현을 위해 일정한 역할을 기대할 수밖에 없는 것은 사실이다.

유비무환과 기리키리인

1970년대 박정희 유신정권의 초국가적인 파시즘 통치가 한창일 때, 교도소 스피커에서는 박정희 작사 작곡이라고도 하는 '백두산의 푸른 정기 이 땅을 수호하고'로 시작하는 「나의 조국」이라는 군가조의 노래가 흘러 나왔고, 군사통치를 합리화하는 '유비무환'이라는 말이 뒤따랐다. "군사적인 방어 대비가 있으면 침략을 두려워하지 않는다"는 말인데, 얼핏 옳은 말 같지만, 과연 그럴까? 이 말은 군부의 존재 이유를 설명하는 말로 쓰여지고, 끊임 없는 군비증강과 군의 권력 증대의 합리화 논리로 흔히 쓰여진다. 상대방을 무서운 악마로 묘사하고 위기의식과 공포심을 부추기면서 절대 권력에 대한 무조건적 복종을 얻어내는 고전적인 수법이다. 오늘날에도 증오의 정치를 부추기는 정치가들에 의해 여전이 활용되고 있으며, 초국가주의적인 유신체제를 옹호하는 논리로 쓰이고 있다.

'만에 하나'라든지, '신중에 신중을 기하여'라는 말은 설득력이 있는 말이다. 그러다 보니 '과잉 안보'니 '과잉 방어'니 하는 말이 나오게 된다. 절대적인 안전을 구한다면 비용도 문제지만, 행동에 대한 제약도 만만치 않다. 그래서 '적정 안보'니, '현실적 안보'니 하는 이야기가 나오지만, 어디까지가 적정인지 가늠하기도 어렵고, 안전 위주로 가다보니 상대방의 위협을 과대평가하고, 자신의 방어능력은 과소평가하게 된다. 불신과 회의야 말로 가장 똑똑하고 성숙된 태도로 인식되기가 쉽다.

그러나 안전보장의 핵심은 군사력이 아니고, '신뢰'에 있다. 군대와 군비를 늘리는 돈과 재주가 있으면 그 에너지를 신뢰구축을 위한 외교나 교섭에 쏟으면 세상의 많은 분쟁이나 충돌은 거의 사라질 것이다. 그러나 군사비에 비하면 외교나 교섭, 상호 이해·협력을 위해 쓰이는 비용은 몇십 분의 일도 못된다. 사람이 이성보다 힘을 믿기 때문이기도 하고, 선의보다는 공포가 설득력이 있기 때문이기도 하다. 군과 무기상인의 기득권에 기생하는 자, 특히 안보에 기생하는 권력자들이 너무 많기 때문이기도 하다. 그러나 아무튼 일본헌법 9조 수호론자의 맹점도 이 '만약'에 있다. 인간의 이성이나 양심을 믿고 '비무장, 부전'정책을 실천할 수 없다면 비무장으로 안전보장을 확보하는 방법이 있을까?

1980년대초, 내가 감옥에 있을 때 일본에서 『기리키리진吉里吉里人』이라는 1,200쪽의 두꺼운 책이 차입되었다. 저자인 고 이노우에 야스시井上靖는 당대 일본의 문장가이자, 그 해박한 지식과 기발한 착상으로 평이 높은 작가였다. 소설은 일본 동북지방의 후미진 산속에 있는 인구 수천 명 밖에 안되는 가난한 기리키리 마을이 일본 중앙정부의 악정에 시달리다 못해 독립을 선언하고, 독립을 인정치 않는 일본정부의 압박을 군대를 가지지 않는 마을이 평화적인 수단을 가지고 종횡무진의 기략으로 막아내는 이야기다. 즉 의료, 농업, 특수기술로 다른 나라들이 없어서는 안 될 가치를 창조하고, 그것을 자산으로 나라의 안전보장을 확보한다는 이야기로, 헌법 9조를 염두에 둔 발상이라 생각된다. 인간 불신에 기초한 유비무환은 결국 안보를 강화하면 할수록 인간의 안전이 위태로워진다는 '안보 딜레마'를 초래한다. 그래서 어떤 일이 있어도 사람과 사람 사이에 신뢰를 쌓고 폭력 없는 평화를 실현하는 길을 찾아야 한다.

평화적 생존권

이상적으로 평화를 주창하거나 평화를 선언하는 것은 오히려 쉽다. 일본에는 평화선언 도시가 천 수백 개나 있다. 미군기지문제로 시달려 온 오키나와는 '평화의 섬'이라는 정체성을 가지고 있다. 그러나 정작 과제는 평화로 밥을 어떻게 먹고 살아가나 하는 문제라고 하겠다. 그 동안 많은 논의가 있어 왔고, 오키나와 학자들 중에는 오키나와가 관광과 평화산업에 의거하여 기지에 의존하지 않는 미래를 설계하자는 사람들도 있다. 그러나 관광과 더불어 오키나와 경제의 양대 산맥 중 하나인, 군사기지 관계 수입과 군사기지 주둔대가로 나오는 정부지원금을 제외하고 오키나와가 자립한다는 것은 많은 어려움이 있다고 생각하는 사람이 많은 것 같다.

거기에 비해 '세계 평화의 섬'을 2005년에 선언한 제주는 치열한 강정해군기지 건설반대 운동을 전개해 왔으며, 군사기지나 군부대에 대한 경제적 의존도는 높지 않다. 제주의 군사화 가능성은 첫째 힘의 정치학으로 본 지정학적 중요성의 증대, 둘째 안보위기를 내세운 군사특수이익집단의 존재 (강정해군기지 건설은 새로운 기지를 요구하는 해군의 관료주의적 발상에서 나왔다는 설이 있다), 셋째 기지경제의 유혹에 대한 제주사람들의 수용일 것이다. 국가안보의 논리가 강정해군기지를 추진해 온 논리다. '지구화시대가 되어 해상수송로See Lane 보호와 외양해군의 필요성이 제고되었다'고 주장한다. 분단 이후 한국군은 38선·휴전선을 놓고 북한과 대치해 왔으며, 해군은 38선을 중심으로 하는 연안해군이었다. 냉전이 붕괴되면서 냉전시대에 피아(자유주의 진영과 사회주의 진영) 간을 명백하게 나눈 경계가 무너지고 뒤죽박죽이 되었으며, 중국의 등장으로 동중국해가 이해관계 충돌의 전면으로 부각되었다. 중국 해군의 대양 해군화, 도서 영토 분쟁의 격증, 어업권, 해저자원 문제 등이 한미중일이 각축을 벌이는 중대 쟁점으로 등장하면서 한반도에서 오랜 동안 지정학적 후방이었던 제주가 전방이 되었다는 이야기다.

그래서 제주강정해군기지는 한 지역이나 마을 문제가 아니고 국가 안전보장에 관계되는 문제라는 것이다. 그러나 그것은 구태의연한 힘의 정치학의 관점에 의거한 안보관을 전제로 하는 말이다. 동북아는 화해와 협조 속에서 살 길을 찾아야 한다. 그리고 안전보장문제를 국가의 전유물로 하는 시대는 지나갔다. 내가 이미 논한 대로 안전보장 문제는 주권자들 즉, 직접 이해관계자들인 주민의 동의를 전제로 해야 할 것이다. 즉 '주민의 안전보장'이라는 개념의 확립이 필요하다.

제주에서는 아직 대대적인 군사화가 진행될 조짐은 없으나, 지역 주민들이 군사기지 경제의 유혹에서 자유롭지 못한 면이 있다. 그래서 평화경제발전의 구상을 만들어 군사경제의 유혹을 단절할 필요가 있다. 그것을 위해서 오키나와와 제주의 '평화 번영지대' 구상은 참고할 만하다.

제주 오키나와 평화의 섬 구상

제주와 오키나와는 오랜 동안 변방에 위치한 척박한 섬이었으며 외부로부터의 침탈에 시달려 왔다. 근대 이후 막강한 일본의 지배를 받아 고난에 찬 근현대사를 살아왔다. 전쟁과 냉전으로 말미암아 가혹한 역사를 겪었기에 두 섬은 그만큼 평화에 대한 염원이 절실하기도 하고 '평화로 밥을 먹을 수 있는' 역사적 문화적 요건을 갖추고 있다.

오키나와는 제2차세계대전에서의 지상전에 이어 장기간 외국군의 주둔을 겪어 왔고, 엄중한 군사기지 문제에 시달리며, '평화의 섬'을 정체성으로 삼아 왔으며, 2014년 All Okinawa를 내걸고 보혁대립을 넘어 섬 주민의 이익을 대변하는 오나가翁長 현정이 등장하기에 이르렀다.

제주도는 4·3사건 후 장기간에 걸친 후유증으로 고통을 받아왔으나 2005년 평화의 섬으로 지정되어 새로운 발전의 기틀을 마련하였으며, 원희룡 지사의 등장으로 구시대와 이데올로기에 구애 받지 않는 참신한 지역 정치를 실현할 기회가 왔다.

두 섬은 독특하고 온유한 공동체 문화와 평화적 가치를 간직하고 있으며, 아름다운 바다와 자연풍광, 아열대성의 따뜻한 날씨, 청정한 물과 공기라는 자연 자원을 가지고 있기에 인간다운 넉넉하고 포근한 삶을 실현할 수 있는 곳으로서도 주목을 받고 있다.

두 섬은 지정학적으로도 일찍이 열전의 최전선에 위치하였고, 현재는 가장 첨예한 국가이익의 교접점으로 되어 있기에 분쟁해결의 모범적인 지역이 될 기대를 모으고 있으며, 갈등해결의 시범을 보일 수 있는 절호의 기회가 주어지고 있다. 두 섬의 '평화의 섬' 또는 '동아시아 평화지대'라는 실험이 성공하면 지역주민들의 아름다운 삶의 실현은 물론, 동아시아의 역사에 새로운 장을 열고, 인류사회의 귀중한 유산으로 남을 것이다. 그러므로 정치외교·경제·문화적으로 두 섬의 협력발전 방안을 마련하는 것이 필요하다.

동아시아의 우호까지

동아시아 평화의 모색과 전망

동아시아 평화의 위기, 무엇이 문제인가? – 인권의 관점에서

동아시아 평화의 위기, 무엇이 문제인가?[59] – 인권의 관점에서

북한은 2016년 1월 6일 4차 핵실험을 하고, 2월 7일 인공위성을 발사했다. 미일은 이를 유엔 결의 위반으로 비난하면서 종전보다 엄격한 유엔제재 결의를 채택했다. 한국 정부는 대북 제재에 앞장 서서 개성공단 폐쇄를 단행하고, 고고도미사일방어체제인 사드THAAD 배치까지 표명했다. 3월에는 사상 최대의 한미 군사훈련, '키리졸브'를 실시하여 북한에 대한 상륙훈련까지 했다. 이에 대항하여 북한에서도 해안 방어훈련과 상륙훈련을 시행하고, 핵 소형화를 과시하여, 5차 핵실험을 시사하면서 연일 미사일 발사를 실시하는 등 한반도의 대립과 긴장은 어느 때보다 고조되고 있다.

그러나 이번 북핵 위기로 첨예한 대립이 드러난 동아시아의 위기의 근저에 냉전의 잔존이 있다는 주장도 있다. 미소가 블록을 형성하면서 극단적인 대립을 하는 국제정치질서인 냉전은 일반적으로 1989년에 종결된 것으로 이해되고 있으나, 한반도·동아시아에는 냉전이 잔존하고 있다는 것이다. 기미야 다다시木宮正史 교수는 "지구적인 냉전의 종언으로 동아시아에서 '한반도 냉전의 종언'이라는 배당이 생기지 않았을뿐만 아니라, 역으로 북한이 체제 생존을 내건 핵·미사일 개발을 본격화하여 긴장이 고조되었기에 냉전의 종언을 넘어 한미일의 협력이 지속적으로 필요하게 되었다"[60]고 설명한다. 북한이 생존을 위해서 핵·미사일 개발을 했기에 한미일동맹이 불가피해지고, 냉전이 한반도·동아시아 지역에 잔존하고 있다는 주장이다. 그렇다면 북핵·미사일 문제가 없어지기만 하면 한반도·동아시아 냉전은 사라지고 평

---

59   《원불교 10주년 기념 학술 대회》, 2016년 4월 28일.
60   木宮正史, 「'慰安婦'から '戰時下の女性の人權へ」, 『外交』vol. 32, JUL2015(外務省) p.31.

화가 이루어진다는 이야기가 된다.

한반도 비핵화 문제는 매우 중요한 문제이기는 하지만 핵문제만 사라지면 동아시아·한반도평화가 이루어질 수가 있을까? 북핵으로 인하여 이 지역에 냉전이 잔존하고 있다는 논법은 전도되어 있다. 세계냉전이 종결됐다고하지만 한반도 냉전이 해제되지 않고 적대적인 정책이 오히려 강화되었기에 북한은 독자 생존의 길을 모색할 수 밖에 없었으며, '빈자의 무기'인 핵에 의존하게 된 것이 아닌지? 북핵문제의 근저에는 한반도 분단이 있으며, 그 원인을 제공한 것이 일제의 식민지 지배이다. 문제는 그 분단 상황이 왜 해소되지 않고 오늘날까지 왔는가 하는 것이다. 그 원인을 한국전쟁에서 찾는 사람들이 있을 거다. 한국전쟁은 우리나라의 분단을 고착시키고 통일을 더욱더 어렵게 만든 것은 사실이나 정전협정에는 정전협정 발효 후 3개월 이내에 한반도에서 모든 외국군이 철수하고, 정전협정을 평화협정으로 전환하기 위한 관계국의 정치회담을 개최할 것을 규정하고 있다. 그러나 이듬 해 제네바에서 개최된 정치회담도 성과 없이 끝나버렸다. 그 이후 잠정적인 정전선은 반영구적인 분단선이 되어버렸다.

'세계'냉전이라고 하지만, 사실은 냉전의 주 무대는 유럽이었으며, 유럽밖 아시아에서는 1950년 한국전쟁, 1960년 베트남전쟁, 1948년 이스라엘 건국을 계기로 발발하고 단속적으로 이어진 중동전쟁에 볼 수 있듯이 열전이벌어졌다. 게다가 냉전의 종언이 동서 양진영, 즉 미소 간의 화해나 합의에의해서 이루어졌다기보다는 베를린장벽이 붕괴되고, 소련이라는 국가가 스스로를 해체하는 전대미문의 '국가의 자살'이 일어남에 따라 소련·사회주의권이 붕괴된 것이다. 소련·사회주의권의 붕괴는 미국의 자본주의 시장경제의 일방적인 승리로 받아들여 지고, 역사의 최고의 단계로서의 자유민주주의의 승리, 즉 '역사의 종언'이 선언되었다.

동아시아 지역에서 1972년 닉슨의 중국 방문을 계기로 미국과 중국 간에대 소련 준 군사동맹이 형성되었으며, 문화대혁명의 종식과 더불어 중국의개혁/개방정책 속에서 자본주의 시장경제의 도입을 결행하였기에, 중미 간의 냉전을 의미하는 '죽의 장막'은 일찍이 거두어졌다. 따라서 동아시아 지역에서 냉전의 종언이 합의된 바도 표명된 바도 없으며, 베트남전쟁에서 미국이 패퇴했음에도 불구하고, 오히려 사회주의의 전반적인 후퇴가 나타난 결과, 한반도·동아시아의 평화를 위협하는 역사적인 원인인 미국의 동아시아전략의 기본적인 성격이 거의 변화되지 않았다. 미국이 중소대립에 편승하는 한편, 도저히 불가능하게 생각되던 중국과의 극적인 화해에 이은 대 소련준 군사동맹관계까지 구축하면서 한반도와 동아시아를 '분할지배divide and rule'하는 유리한 전략적 고지를 계속 점하고 있기에 한반도 위기는 지속될수밖에 없는 것이다.

이 글에서는 한반도·동아시아의 평화를 구조적으로 재 검토하여, 한반도·동아시아 평화의 조건을 생각해보기로 한다.

동아시아 평화와 역사문제

동아시아의 평화[61]의 실현을 위해서 일차적으로 이 지역에서 전쟁과 폭력이 없어야 할 것은 말할 나위도 없다. 아편전쟁 이후 동아시아 평화에 대한 가장 큰 위협은 제국주의의 침략과 전쟁, 노예화, 식민지화에서 기인되었다.

2015년 9월 3일 항일전쟁 승리 70년에 즈음하여 시진핑 주석은 그 가장 중요한 의의를 '근대 이후, 외세의 침략에 반대하여, 처음으로 완전히 승리한 민족 해방 전쟁'이라고 표명하였다. 그렇다면 가해자인 일본은 그에 걸맞는 과거청산을 해야 동아시아에서의 협동이나 '화해'가 가능할 터인데, 일본은 그러지 못하고 이웃나라와 갈등과 대립을 재생산해 왔다.

하타노 스미오波多野澄雄 교수는 일본 외교 현안인 '역사문제'는 역사 인식 문제와 전쟁과 식민지통치의 청산, 즉 전후처리(법적으로)는 '청구권'에 수

61 　평화 개념에는 요한 갈퉁(Johan Galtung)과 같이 '구조적 폭력'의 제거를 주장을 하는 이들도 있으나, 여기서는 전쟁의 억지 내지는 제거라는 국제정치학적 전통적인 평화 개념에 대립 분쟁의 요인제거, 역사적인 정의의 회복, 역사 인식의 공유라는 문제까지 포함시키기로 한다.

렴되는 문제군이라고 했다.[62] 역사 인식 문제로는 야스쿠니 신사 문제나 교과서 문제가 있으며, 전후 처리 문제로는 강제연행·강제노동, 일본군 위안부 문제가 포함된다고 한다. 여기에 영토문제가 관련되는 것이다.

역사 인식이란 역사적인 사건들에 관한 집단적인 기억과 정체성에 관한 문제이자, 역사적인 사건들에 대한 평가이기도 하다. 따라서 역사 인식은 어떤 정체성과 관련되는 통합성Integrity만의 문제가 아니고, 집단이 어떤 행동을 취할 때 그 동기부여를 하고, 행동하게 할 수 있다. 게다가 어떤 역사적인 사건에 대한 긍정-부정의 평가는 사건의 재발 또는 재발방지를 위하여 지극히 중요한 판단의 기준을 제공한다. 전쟁 추진을 위해 병사/국민들의 사기 앙양은 심리전의 중요한 부분이고, 바로 역사 인식과 관련된다. 국민의 호전성을 부추기는 역사 인식 문제는 보통 내정 문제로 인식되어 국제적인 외교문제로 간주되지 않지만, 국가 간의 갈등해소를 논할 때 독일-프랑스, 독일-폴란드 역사교과서 대화처럼 반드시 다루어 져야 하는 문제다.

위와 같은 '역사문제'에 일본은 얼마나 제대로 대처해 왔을까? 2015년 12월28일 '일본군 위안부'에 대한 한일합의는 '역사문제' 해결을 위한 양국 정부의 노력의 일환이라고 주장되었지만, '역사문제'의 해결이 아니라 오히려 문제를 드러내고 악화시켰다고 할 수 있다.

12·28 한일 '합의'[63]

박근혜 정부와 일본 정부는 12월 28일 한일 외교장관 회담을 열고 일본군 위안부 문제의 해결 방안에 합의하고, 공동기자회견을 통해 합의사항을 발표하였다.

이 '합의'의 핵심 내용은 일본 측에서는 총리가 위안부 할머니들에게 사과하고, 위안부 지원을 목적으로 하는 재단에 기금을 거출하며, 한국 측에서

---

62   波多野澄雄, 「戰後外交における歴史問題-「請求権」をめぐる攻防」, 『外交』vol. 32, JUL2015(外務省), p.19.

63   이하의 서술은 이 책 p.161.

는 일본 대사관 앞 위안부 소녀상 문제 해결에 노력하는 것을 전제로 위안부 문제를 최종적이고 불가역적으로 해결될 것임을 두 나라가 확인하는 것으로 요약된다.

이 합의에 대해서 박근혜 대통령은 "지난 어떤 정부도 (…)제대로 다루지 못한 어려운 문제에 대한 최상의 것을 받아낸 것"이라고 자평했으며, 일본에서는 주요 매체와 공산당을 포함한 각 정당, 국민여론은 현안을 해결하고 한일관계의 걸림돌이 제거되었다고 환영하는 분위기가 압도적이었다. 이번 '합의'에서 일본정부가 군의 관련을 인정하고, 총리가 책임을 인정했으니 중요현안이 해결되었으며, 앞으로 한일관계 개선의 기점으로 삼을 수 있다는 것이다.

그러나 우리나라에서는 '합의'에 대한 비난 여론이 압도하고 있다. '합의' 직후에 위안부 할머니 당사자와 각 정당, 사회단체에서 비판이 쏟아졌다. 이 합의가 당사자와의 의논과 양해도 없이 진행 되었으며, 공식적인 외교 합의문서 없이 기자회견에서 구두표명 되고 이후 양국 수뇌가 전화로 확인하는 등 절차적인 정당성이 결여되었다는 것이 비판의 핵심적인 근거이다. 또한 내용적으로도 유엔의 공식 명칭인 '성노예'라는 용어를 사용하지 않았으며, '당시 군의 관여 하에 다수의 여성의 명예와 존엄에 깊은 상처를 입힌 문제'라고 코노 담화를 계승하였으나, 조직적인 일본군의 관여에 대해서는 애매모호하게 표현하고 있다는 한계를 지닌다. 실천적인 측면에 있어서, '일본정부는 책임을 통감한다'는 표현은 법적인 책임을 인정한 것은 아니므로, 위안부 재단에 거출하는 "10억 원은 배상금이 아니다"라는 입장을 고수하고 있다. 또한 아베 총리는 사과의 내용과는 달리 《워싱턴 포스트》지나 뉴저지의 《스타레져》지에 "위안부는 돈벌이하기 위해 스스로 종사한 매춘부"라는 의견광고를 지지하는 등 표리부동한 행동을 일삼고 있다. 유엔 여성차별철폐위원회 제63차 회의에 제출한 답변서에 의하면 "(일본정부가 조사한) 서류 어디에도 군과 관헌에 의한 위안부 '강제 연행forceful taking away'은 확인되지 않았다"고 하는 것이 일본 정부의 공식적인 입장이다.[64]

64 http://www.newdaily.co.kr/news/article.html?no=299681

위안부 문제에 대한 역사 교육문제는 이 협의에서 전혀 언급되지 않았으며, 일본 역사교과서 가운데 '위안부' 문제는 이제 마나비 사의 교과서에서 유일하게 기술되어 있을 뿐이다. 역사문제에 관해 일본은 위안부 관련 문건의 유네스코 기록유산 등재를 반대하고, 평화의 기념비(소녀상)의 철거를 압박하는 등 제국주의적 역사인식을 포기하지 않고 있으며, 인류에 대한 범죄를 기억한다는 인류사적인 책무를 전면적으로 거역하고 있다. 이번 '합의'를 한국에 대한 예외적이고 특별한 조치로 간주한다는 것은 아베 정부가 '위안부'문제를 보편적인 인권문제로 인식하고 있지 않다는 방증이기도 하다.

정치에 종속하는 중대한 인권문제

12·28합의 배경에 미국의 강력한 개입이 있다는 것은 이미 잘 알려져 있다. 미국은 우선 동아시아 안보 위기를 부추기고, '한미일동맹'을 기정사실화하여, '한미일동맹'을 구축하기 위해 한일 협력·화해가 필요하다면서 한일관계의 장애물로 되어 있는 '위안부'문제의 '해결'을 촉구하며, 압력을 행사해왔다. 그래서 이른바 '동아시아의 안전과 평화'를 위한 보장장치인 한미일동맹을 저해하고 있는 것이 과거청산을 외면해 온 일본이 아니라, 오히려 '위안부' 문제를 고집하는 한국인 것 처럼 본말전도의 논리를 만들어 한국을 압박했다고 김준형교수는 지적한다.[65] 결국 한국은 치욕적으로 굴복하여 명분 없이 일본에 양보했을뿐만 아니라, 한중관계를 훼손하면서까지 중국 포위에 앞장 서게 되어 사드THAAD 구입까지 약속했다고 한다. 영국의《가디안The Guardian》지는 "이번 합의가 오바마 정부의 지속적이고 때로는 직설적인 압력의 결과라고 진단하면서, 승리자는 일본과 함께 미국"이라고 했다.[66]

미국은 시대착오적인 냉전논리를 불러내어 한미일동맹의 당위성을 강조하기 위해 북한을 표적으로 삼으면서, 중국 견제에 정조준하고 동북아의 군

---

65   김준형, 「위안부 합의, 삼중살당한 한국외교」, 『창비주간논총』, 2016년 1월 6일.

66   http://www.theguardian.com/world/2016/jan/26/former-sex-slaves-reject-japan-south-koreas-comfort-women-accord

사 긴장을 유지하며, 미국의 군산복합체의 이익을 도모함[67]과 동시에 한국을 '한미일동맹'(사실상 미일동맹)에 종속시켜 미국의 세계적 경찰행동과 패권 관철을 위한 도구로 구사하려 하고 있다. 아베 정권은 그러한 미국의 의도에 영합을 하면서 군사화의 욕망을 채우고, 헌법개정=일본 군사대국화의 행보에 탄력을 받으려 하고 있다. 결과적으로 '위안부'문제가 미일의 동아시아 군사화의 종속변수처럼 되었다.

'한일합의'는 '한일기본조약'의 본뜨기

또한 이번 '합의'가 한일조약의 본뜨기라는 말이 무성하다. 인간의 존엄이나 권리를 정치적 거래의 도구로 삼은 것이 새삼스러운 일은 아니다. 이번과 마찬가지로 50년전 한일회담에서도 인권문제를 '국익추구' 내지 정치적 야합의 거래수단으로 삼으려는 미국은 강제적인 개입을 하였다. 일본은 그에 영합하여, 식민지 지배 책임 청산을 소임으로 하는 한일회담을 전적으로 왜곡했다. 군사쿠데타로 정권을 찬탈한 박정희 독재정권이 미국으로부터의 정통성과, 정치자금을 대가로, 식민지 청산을 방기한 탓에, 한일 갈등의 화근이 고스란히 남았다. 미국은 곤경에 빠진 베트남전쟁의 전열에 한국과 일본을 동원하여, 동아시아 냉전의 강력한 일익을 담당하게 하고자 했으며, 일본은 그것을 빌미로 '한국병합은 적법하게 이루어졌다', '식민지 통치시기에 일본을 적자를 내면서까지 투자를 하여 한국을 근대화시키기 위해 애썼다'는 제국지배의 정당화론을 관철시켰다.

전쟁범죄와 여성인권의 유린이라는 '인도에 반한 범죄Crime against Humanity' 또는 '중대한 인권침해Violation of Gross Human Rights'를 정치 외교나 군사 안전보장의 이해득실과 바꿔치기 해온 것 자체가 한일관계, 나아가서 일본과 동아시아 여러 민족 및 국가 간의 갈등 대립을 해결 불가능하게 만들어

---

[67] 2014년 한국은 78억 달러의 무기수입을 계약하여 미국의 무기수출의 19%를 차지하고 세계최대의 대미 무기수입국이 되었다.
李東琦,「米国こそが朝鮮半島の戦時状態に固執している」,『週刊金曜日』, 1082号, 2016年 4月 1日, p.43.

온 것이다. 심지어 한일관계 악화를 우려한다는 일본의 이른바 '양심적 지식인'마저도 이번 '합의'를 환영하거나 새로운 한일관계의 출발점이라고 평가한 것은 참으로 놀라운 일이다.[68]

인간의 존엄이나 인권, 역사에서 저질러진 부정의의 회복은 정치나 외교로 '타협'이나 '타결'될 수 있는 문제가 아니다. 정치가 진정으로 엄청난 폭력의 희생자와 대면할 때 비로소 용서를 받을 수 있는 것이다. 그것이 아베나 박근혜로서는 생각조차 못한 빌리 브란트나 바이츠체커가 몸소 실천한 '큰 정치'인 것이다.

이번 '합의'는 한일조약처럼 '국가 간의 약속'으로 자리 매김되면서, 문제의 본질적인 해결은 더욱더 어려워지고, '위안부'문제를 포함한 과거청산운동은 반국가적이고, 안전보장의 저해자라는 낙인이 찍히고 막강한 국가폭력의 표적이 될 것이다. 그러나 본디 과거청사운동, 인권운동은 강대한 국가권력에 저항하면서 추진되어 온 것이며, 역사의 정의는 어떠한 권력으로도 부정될 수 있는 것이 아니다.

아시아 · 태평양전쟁의 역사적인 의미

2015년은 제2차세계대전(1938~45년) 종결 70주년이기도 했다. 제2차세계대전은 크게 나누어서 유럽과 동아시아, 대서양과 태평양을 주무대로 하면서 양대륙에 걸치는 여러 지역, 여러 성격의 전쟁을 엮은 일련의 전쟁의 총칭이다. 제2차세계대전은 유럽을 주무대로 하는 전쟁이었으나, 일본과 치른 전쟁에 대해서 미국을 중심으로 한 연합국에서는 태평양전쟁이라고 한다. 중국에서 본 대일전쟁은 1937년 루거우쟈오盧溝橋 사변을 계기로 일어난 중일전쟁(일본 측에서는 지나사변)이라고 하고, 1931년 류탸오후柳條湖 사변(9·18사변)을 기점으로 한 일본과의 전쟁을 (중일)15년전쟁[69]이라고 한다.

68　서경식, 「초심은 어디 가고 왜 반동의 물결에 발을 담그십니까」, 『한겨레신문』, 2016년 3월 11일.
http://www.hani.co.kr/arti/society/society_general/734642.html 참조.

69　중국에서는 14년전쟁이라고 함.

일본은 1941년 12월 8일 영미와의 개전에 임하여 중일전쟁을 포함해서 '대동아성전'이라고 불렀다. 즉 '선전의 조서詔書(천황의 명령서)'에서 일본이 동양과 세계의 평화를 위해 노력했으나, 장제스 정부가 공연히 풍파를 일으키고, 영미는 그 중국을 도와, "동아의 화란을 조장하여 평화의 미명 아래 동양재패의 야망"을 채우려고 했기에 "속히 화근을 끊어 동아 영원의 평화를 확립"하기 위해 "자존 자립"의 전쟁을 한다고 했다.[70] 즉 대동아성전이란 백인 제국의 지배에 신음하는 아시아의 여러 민족을 해방시키고 아시아 사람들끼리 잘 사는 지역 번영(대동아공영권)을 이루는 거룩한 전쟁이라는 뜻이다. 물론 이 말은 천황의 세계지배八紘一宇를 구호로 세계재패를 지향함에 있어서 일본의 동아시아 지배를 정당화시키는 말에 지나지 않다. 전후 '대동아성전'론에 비판적인 일본 사학자들은 중국과 미국이라는 두 정면에서 전쟁을 벌였기에 '아시아·태평양 전쟁' 또는 15년전쟁으로 부르고 있다.

제2차세계대전의 기본적인 성격은 반파시즘 전쟁이다. 제1차세계대전 이후 이탈리아의 파시스트 독재의 등장과 1932년 독일에서의 나치의 집권에 의해 유럽에서 파시즘이 큰 힘으로 성장하였다. 천황제 일본군국주의의 핵심세력인 초슈長州와 사쓰마薩摩의 군벌들이 천황을 등에 업고 명치유신을 일으켜 일본 정치를 농단해왔다. 통치의 방식은 하향식으로 모든 국민을 통제·동원하는 것이라서, 군중의 열광주의에 의해 대중운동으로 이루어진 유럽 파시즘과 근본적인 차이가 있다.

그러나 이들은 군사주의, 개인주의·자유주의를 부정하는 전체주의와 반공주의, 그리고 우생학적인 인종주의라는 가치를 공유하고 있으며, 일제는 유럽에서의 나치의 성공에 편승하려고 1938년 일독이 3국 방공협정에 이어, 1940년 삼국동맹에 가담하고, 연합국과 대립하였다. 1941년 12월 8일 일제는 선전포고도 없이 미국 진주만과 영국령인 말레이반도의 코타발에 선제 기습을 감행했다.

---

70   後藤乾一, 2011,「アジア·太平洋戦争と'大東亜共栄圏'」,『東アジア近現代通史』6, 岩波書店, p.25~26.

제2차세계대전의 성격은 선발 자본주의국가와 후발 자본주의국가 사이의 시장, 영토, 자원의 쟁탈이라는 제국주의 전쟁이기도 했으나, 그에 못지 않게 중요한 성격이 반제 민족해방전쟁이라는 측면이다. 파시즘 국가들은 모두 군사적 침략과 영토 팽창을 일삼아 왔으나, 그 중에서도 일제는 명치유신, 청일전쟁, 러일전쟁 이래 동아시아 이웃 나라들을 침략하여 식민지 지배를 해왔다는 점에서 이미 제1차세계대전에서 패배하여 식민지를 빼앗긴 독일과 다르다. 따라서 제2차세계대전에서 일제에 항거하여 일어선 아시아 여러 민족의 전쟁에서 제국주의의 지배에서 민족의 해방·독립을 지향하는 반제 민족해방전쟁의 성격이 가장 중요했다고 할 수 있다.

일제의 패전과 동아시아의 정의 회복의 과제

1945년 일제는 국체國體의 보존, 즉 천황제의 존속이라는 조건부로 포츠담 선언을 받아들이고 제2차세계대전은 끝났다. 포츠담선언 제8항에서는 "카이로 선언의 모든 조항은 이행되어야 하며, 일본의 주권은 혼슈, 홋카이도, 규슈, 시코쿠와 연합국이 결정하는 작은 섬들에 국한된다"고 명시하고, 1914년 제1차세계대전 이후에 일제가 탈취한 영토의 박탈, 중국에서 절취한 대만·평후 섬 등의 원상회복, 조선의 독립이 확인되었다.

일제의 기습을 받은 연합국, 특히 미국의 가장 큰 관심사는 진주만 공격을 감행하고 미국의 안전을 위협한 일본군국주의의 해체였으며, 일본에게 일련의 패전국 의무사항을 부과하는 것이다. 이에 따라 미국은 일본에 대한 7년간의 군사점령, 일본군의 해체, 군비와 전쟁의 발동을 금지한 '평화헌법'의 제정, 극동군사재판의 실시와 7명의 A급 전범의 처형, 카이로 선언 및 포츠담 선언의 효력을 확인하는 샌프란시스코조약의 체결, 미국의 반 영구적 일본주둔을 보장하는 '미일안보조약'의 체결로 이어지는 일련의 조치를 취했다.

그러나 미국 및 연합국은 카이로 선언, 포츠담 선언에서 일제의 전쟁 책임을 묻고, 무력이나 강압으로 탈취한 영토의 반환을 명하기는 했어도 무력에 의한 식민지의 강탈과 피지배 민족의 노예화, 물적 인적 자원을 착취에 대한 책임에 대해서는 거의 언급이 없었다. 그 이유는 첫째 연합국의 시급하면서 최대의 과제는 파시스트들과의 전쟁에서 이기는 일이었으며, 둘째 식민지해방에 대한 명확한 정책과 방침을 애당초 가지지 못하였으며, 셋째 무엇보다도 연합국이 거의 대부분 식민지 종주국들이고, 전쟁 후에 구식민지를 회복하려는 의도가 있었기 때문이다. 그래서 2차세계대전 후에 인도, 인도네시아, 베트남 등에서 민족해방 투쟁이 거세게 벌어졌다.

　　제2차세계대전 전후 처리 과제로서 전쟁 책임과 식민지 지배 책임이 있는데, 전쟁 책임처리는 전범국가들에 대한 군사점령과 전범재판소의 개설 등으로 가닥을 잡았으나, 식민지 지배 책임은 다루어지지 않았다. 그것이 일제와 동아시아 여러나라 사이의 역사 인식 대립의 원인이 되어 평화실현의 장애가 되어 왔다.

강요 받은 독일의 과거 청산과 일본의 평화[71]

제2차세계대전 후 전범국가 독일과 일본에 대한 미국의 점령 정책의 근본은 미국의 국익의 실현, 즉 냉전시대의 정치·군사적 패권의 추구였으나, 독일과 일본에 대한 구체적인 점령 정책은 각각 판이하게 달랐다. 일본에 대해서는 천황의 전쟁 책임을 면책하여 구체제에 대해서 관용했던 반면에, 독일에 대해서는 과거 청산을 최우선 과제로 하고 나치의 전쟁 책임을 엄중하게 추구하였다.

　　그 이유는 유럽에서 냉전이 시작되자 소련·사회주의 진영과 대치하기 위해 서독의 군사력이 필요했는데, 독일에게 처참한 피해를 입은 프랑스, 영국을 비롯한 서방국가와 독일을 화해시키지 않으면, 서독의 재무장에 대한 동의를 얻기 어려웠기 때문이다. 따라서 전쟁 후의 서독을 나치와 철저히 단절시키는 과거청산 과정을 진행하고, 서독을 신속하게 재무장시킨 이후, 1949년 발족한 NATO(북대서양조약기구)에 1955년 가입시키고, 엘베 강

---

[71]　졸저, 「독일 과거사 청산의 이면과 일본 야스쿠니」, 『동아시아의 우호가지, 서승의 역사·문화기행 2권 동아시아를 가다』, pp.242~244.

'철의 장막'에 따라 배치하여 NATO군의 중핵을 담당하게 했다. 작년 일본에서 한창 문제가 된 집단적 자위권(군사동맹 가입)을 독일은 제2차세계대전 직후에 벌써 행사했던 것이다. 그 이후 독일은 NATO의 핵심적인 군대로 유럽에서 자리 잡았을뿐만 아니라, 1995년 NATO군의 일원으로 유고슬라비아 폭격에 참전하였고, NATO 지역 밖으로 해외 파병을 했다. 또한 아프가니스탄, 소말리아 등지에 유엔 결의를 근거로 독일군을 파견하여 지금까지 300명 가량의 사상자를 내고 있다.

전후 국가적 차원에서 독일의 양대 원칙은 브헨발트 서약에서 표명된 "두 번 다시 전쟁을 하지 않는다"와 "제노사이드의 재발 방지"였는데, 2002년 사회민주당과 녹색당의 개혁연합정권 하에서 "탈레반의 제노사이드를 저지한다"는 명분 아래 파병을 정당화하였다.[72] 평화의 확보 내지는 유지를 내걸고 선제적인 무력공격을 정당화하는 아베의 '적극적 평화주의'와 상통하는 궤변이다.

한편 상술한 바와 같이 미국의 일본에 대한 정책의 우선 과제는 '일본군의 해체, 비군사화'였다. 일본에게는 무장력을 가질 수도 없고, 국권의 발동인 무력 행사(전쟁)를 금지하는 헌법 9조를 안겨 주었으며, 미군의 점령·주둔 보장을 일본의 '주권 회복' 이후에도 확보했으며, 과거 청산은 2차적인 과제로 밀려났다.

그 이유는 일본에게 과거 청산을 요구할 주된 침략 피해자인 중국과 동아시아 국가들은 대부분이 공산화되어 적대 세력이 되었으므로 독일처럼 일본에게 이웃 나라들과 화해를 강요할 필요가 없었으며, 일본 스스로는 자발적으로 과거 청산을 할 이유가 없었으니 오늘까지 미제로 남게 된 것이다. 게다가 미국과 일본의 쌍방에 인종주의적인 편견에 기초한 아시아 멸시가 있었고, 일본의 패전의 성격을 규정하고 책임을 확인하는 샌프란시스코 평화회의에 대한 한국의 참석을 반대하는 일본의 요시다 총리의 주장이 수용되었으며, 장제스의 국공내전 패배로 중화민국의 국제적인 지위가 동요하고

---

72 木戸衛一, 2015, 『変容するドイツ政治社会と左翼党』, 耕文社, p.31~32.

있었기 때문에 중국은 평화회의에 초청되지도 않았다. 따라서 일본의 동아시아에 대한 침략·지배의 책임을 추궁받을 주객관적인 조건은 존재하지 않았던 것이다.

독일이 민주화되었다고 하지만 그 민주주의도 미국의 이익에 충실한 편향된 반공주의적인 '전투적인 민주주의'의 성격을 가지게 되었으며, 그런 면에서 사상의 자유가 향유되는 '관용'이 독일의 공식적인 입장이 되는 것은 1990년 이후의 이야기다.

강요받은 '과거 청산'이기는 했어도 독일은 과거 청산을 위해 주어진 상황 속에서 노력해 왔다고 할 수 있고, 이는 오랜 세월을 통해 일상화 되었다. 2015년 3월에 방일한 메르켈 총리는 강연에서 다음과 같이 말하였다.

> "바이츠제커 전 대통령의 말을 빌리면 유럽에서 전쟁이 끝난 1945년 5월 8일은 해방의 날입니다. 그것은 나치의 만행에서부터의 해방이며, 독일이 일으킨 제2차세계대전의 공포로부터의 해방이고, 그리고 홀로코스트라는 문명의 파괴로부터의 해방이었습니다."

나치의 패망을 독일 패망의 치욕과 동일시하지 않으려는 이러한 공식화된 태도는 독일에서 교육을 통해 공유되고 일반화되었다고 볼 수 있지만, "영원한 속죄"에 지치거나, 불공평함을 느끼는 자들도 적지 않다. 과거청산과 '죄의식'마저 미국의 국익과 유태인들의 이기주의적인 이용물이 되어 있는 구석도 있다.

문제는 유태인만이 다른 소수자보다 특권화되어 있으며, 독일 사람들 속에 겉으로는 유태인에게 정중한 척 하면서 속으로는 반감을 느끼는 이중적인 태도가 형성되어 있다는 점이다. 이는 많은 독일 사람들에게 있어서 유태인에 대한 속죄의식이 자발적으로 내면화된 것이라기 보다 미국의 국익의 관점에 의해 강요받은 데 기인하며, 그에 대한 반발이 독일 극우파의 정신적인 온상으로 되어 있다.

시오니즘 운동은 선주민인 팔레스타인 사람들의 땅을 빼앗아 이스라엘을 건국했는데, 제1차세계대전 후, 영토의 병합이나 국경의 변경을 원칙적으로 허용하지 않는 국제법의 원칙에 위배되어 강행된 것이다. 전쟁 후에 미국 의회와 정부를 좌지우지하는 막강한 유태인 로비를 배경으로 미국은 친이스라엘, 반팔레스타인, 반아랍, 반이슬람 정책을 세계 규모로 추진해 왔다. 미국에서 미디어 자본을 축으로 세계 미디어를 지배해 온 유태인들은 미디어 지배력을 향유하면서 과거 제노사이드로 인한 수난의 역사를 망각하고 오늘날에 가자 지구, 레바논 피난민구 등에서 제노사이드의 만행을 저지르고 있다. 즉, 과거 청산에 있어서 이중적인 태도를 가지는 미국에 의한 강요가 독일 내의 과거 청산을 비뚤어지게 만들고 있는 것이다.

인권에서 제노사이드로

인권이란 개인의 독립과 평등을 전제로 비로소 존재할 수 있으며, 국가의 주권자인 국민이 필요악인 국가폭력을 구사하는 공권력을 통제할 수 있으며, 항상 공권력의 변덕과 강제로부터 자유로울 수 있는 보장장치이기도 하다. 근대 헌법은 주권자인 인간을 사회 조직의 최고의 존재로 선언하고, 인권이 공권력을 통제하는 모든 규범의 기초에 있음을 정교하고 구체적인 장치로 규정한 매뉴얼이다.

인권은 애당초 자유와 평등을 무기로 중세 신분사회를 뚫고 출현했기에 보편주의를 그 속성으로 할 수 밖에 없었으나, 현실적으로는 매우 '특수주의'적인 성격을 띠고 나타났다. 18세기 파리에서는 주권자임을 주장한 시민은 남성 쁘띠부르주아지들이었으며, 매우 특수한 존재였다. 무산자, 여성, 외국인 등은 주권자로부터 배제되었으므로 인권의 보편성을 전혀 결여한 것이었다. 그러나 인권은 자유와 평등을 조직 원리로 하고 있었기에, 저항권을 마지막 담보로 삼아 끝없는 지평을 향해 스스로 만든 장벽을 차례차례로 깨고 나갈 수 밖에 없었다. 이것이 인권의 '해방적 속성'이다.

인권은 그 자리를 서구 시민사회 속에서 다져갔지만, 국가권력에 의지하면서 국가 권력을 통제·구속하는 일국 안에서 완결되고 소비되는 폐쇄회로였기에 신분, 계급, 계층, 성으로 이루어진 벽을 깨고 나가기가 쉬운 일이 아니었다. 그 중에서도 가장 어려운 문제는 국경의 벽을 넘는 일이었다. 종전에는 그리고 지금도 아직도 인권은 법적으로 주권국가의 공권력에 의해 보장 받고 있을뿐만 아니라, 자원의 선점이라는 현실 정치 속에서 구동되는 인간의 정치적·경제적 욕망은 자기만의 배타적인 벽을 쌓아 올리고 깨려고 하지 않는다.

역사적으로 개인의 자유와 평등을 주장한 서구 사회가 일단 서구 사회 밖으로 벗어나자 그 원리를 잊어버리고 부정하고 만다. 지배하는 측의 제국주의와 지배받는 측에 과해지는 노예제도와 식민지주의가 있다. 서구 산업자본주의가 제국주의의 탈을 쓰고 비유럽 세계의 지배자로서, 착취자로서 팽창해 나갈 때 보편주의는 사라지고 '문명과 야만'의 이중잣대로 지배하는 자의 권리와 지위가 정당화된다.

독립되고 평등하고 아무에게도 간섭 받지 않는 주권국가론으로 치장한 서구열강이 동아시아에 나타났을 때 동아시아는 서구의 '문명'과 같은 기준을 적용할 수 없는 '야만'의 지역이기에 '불평등이 평등'이라는 논법으로 '불평등조약'이 강요되었다. 조선총독부가 방대한 조사사업을 통해서 조선인의 열등성, 후진성, 형질적인 결함을 증명하려 한 바와 같이, 식민지주의는 식민지 지배의 정당성을 변증하기 위해 피 지배자들의 미개함과 야만성을 발견하고 실증하려고 든다. 우생학(신 다윈주의)이라는 '사이비 과학'에 근거를 둔 선택된 민족론, 우수한 인종론이 필연적으로 '가치 없는 생명', '이등국민'이라는 담론을 만들어, 제노사이드라는 참화를 초래했다. '지배는 차별이고, 차별은 지배'이기에 명치 이후 동아시아 지역에서의 일본의 패권 확대의 과정이 바로 인종주의와 민족우월론의 유포의 과정이었으며, 그 결과 난징학살에 상징되는 3,500만 명에 달하는 중국인에 대한 제노사이드 범죄가 저질러지게 된다. 일제는 동아시아의 이름으로 동아시아를 침략하고 지배해 온 역사를 다시 상기할 필요가 있다. '동아시아'라는 지역 개념은 이 지역 사람이 스스로 만들어낸 개념이 아니라, 외부에서 침략자 또는 정복자로서 등장한 외세에 의해 규정된 타자 개념이며 그 자체가 지배와 피지배의 구조를 내포하는 개념이다.

제2차세계대전과 그 전야에 저질러졌던 '인도에 대한 범죄'가 비극적인 세계대전의 결과를 준비했으며, 도입곡 구실을 했다는 인식을 전제로 다시는 파시즘의 대두와 그들의 폭력과 파괴를 허용하지 않는다는 결의 아래 유엔이 조직되었다. 유엔의 목적인 평화는 추상적인 비폭력, 인도주의적인 개념이 아니라, 파시스트들에 대한 감시와 억압이라는 구체적인 임무를 가지고 있다. 유엔에 있어서 국가폭력에 대한 통제력으로서의 인권이 대항력을 가지지 않는 곳에서는 파시즘의 대두를 허용한다는 의미에서 주목되는 것이다.

그러나 유엔은 파시즘의 감시와 통제 그리고 전쟁의 불법화라는 소임을 다 하지 못했다. 이 지상에서 인간에 대한 차별과 지배를 낳게 하는 노예제와 식민지 지배를 원리적으로 척결하는 작업도 해내지 못했다. 그 이유는 유엔을 주도한 미국 등이 세계의 패권 장악에 뜻을 두는 제국주의 국가고, 그 체내에 파시즘을 온존·미화하고 있을뿐만 아니라, 미국의 세계 패권을 옹호하고 확장하기 위한 냉전 상황에서 '반공'의 이름으로 광범위한 내적인 정치연합이 형성되었으며, 대외적으로는 파시즘 세력에 대한 관용, 이용, 육성, 등용이 이루어졌다.

이것이 동아시아에서 일본의 천황제 군국주의의 뿌리가 끊기지 않고 보존되어 육성된 까닭이다. 미국과 일찍 '문명'의 편에 선 일본이 가지고 있는 제국의 지배 정당화론과 우리 민족을 열등하게 여기는 인종주의가 역사 문제의 해결을 어렵게 하고 있다.

제2차세계대전의 패배를 계기로 일본은 명치유신 이래 저질러 온 동아시아의 평화에 대한 가해를 청산하고, 동아시아 민중들로부터 빼앗은 생명과 재산, 권리를 원상 회복하라는 역사적인 과거청산의 요구를 받아왔다. 그럼에도 불구하고 일본은 미국과 세계의 기득권자들의 옹호에 힘입어 그 요구를 철저히 외면해왔다. 이 구조가 2015년 12월 28일 '합의'에서 극명하게 드러났다.

한반도 평화를 확립하기 위해서는 한국전쟁을 종결 짓는 평화 협정의 체결이 불가피할 것인데, 이 문제에 대한 미국의 자세에는 초강대국의 오만이 드러난다. 이 오만의 근저에는 근대이후 서구 제국주의 국가의 '문명과 야만'이라는 인식의 이중 구조, 패권주의적인 미국의 국익론이 있다고 하겠다. 우리가 식민지에서 해방되었음에도 불구하고 분단된 채, 핵무기 문제가 불거져 나오고 있는 동아시아 평화 위기의 한 가운데에 있는 것은 바로 세계와 동아시아의 역사적인 구조에 기인한다고 할 수 있다.

그러나 문제는 서구중심, 제국주의 중심의 역사를 어떻게 극복하느냐에 있다. '문명국'들이 노예제와 식민지 지배에 대한 책임을 인정하고 역사적인 청산을 통해 인권과 평화의 보편성에 다가갈 필요가 있다. 힘에 의한 평화론, 보편성을 주장하면서 보편적이지 못한 인권론을 어떻게 극복할 것인가의 문제이기도 하다. 나치와의 결별과 단죄만이 아니고, 히틀러 출현 이전의 독일의 국가 범죄에 대한 청산, 미국의 핵우산과 막강한 무력 아래서 평화를 구가해 온 일본이 그 포장 아래서 행해지고 있는 헤이트 스피치나 조선·오키나와·중국 등 동아시아에 대한 편견과 차별, 증오 의식을 극복하고, 한반도 식민지화와 분단, 전쟁에 대한 엄중한 책임을 인정할 때 미국이 입혀준 평화의 겉옷을 벗고 진실된 평화에 다가설 수 있는 것이다.

저항의 미술가 홍성담과 함께 가는 동아시아

동아시아의 우호가게

ウホガゼ

저항의 미술가 홍성담과 함께 가는 동아시아

〈세월오월〉 대만으로 가다

〈세월오월〉 대만으로 가다[73]

대만 타이난臺南시에 있는 청콩成功대학 대만문학학부臺灣文學系 소강당에서 2014년 9월 18일(목)부터 10월 3일(금)까지 〈홍성담의 미술세계 "동아시아 민중문화 : 희망의 연대"〉가 개최되었다.

2013년 9월 타이베이 꾸린지에牯嶺街 소극장에서 개최된 〈황룽찬黃榮燦 기념 홍성담 오월판화 타이베이전展〉을 관람한 청콩成功대학 종쇼우메이鍾秀梅 대만문학학부학장이 청콩대학에서도 나의 특강과 오월판화 전시를 하겠다고 금년 3월에 연락이 왔다.

그런데 개최를 한 달 반 앞둔 8월 초 광주비엔날레 특별전에서 중심 작품으로 예정되어 있던 홍 화백의 〈세월오월〉이 박근혜 대통령을 희화화하고 있다고 전시 거절을 당해 큰 물의를 빚었다. 나는 광주비엔날레 특별전 자문위원으로 8월 9일 오프닝에 초대되어 〈세월오월〉이 전시 거절된 사정을 직접 알게 되었다. '표현의 자유'라는 관점에서 보면 전시 거절은 있을 수 없다. 가로 10.5미터 세로 2.5미터의 걸개그림은 예술적인 가치도 매우 높다고 생각하던 차라, 이 그림은 창고에 사장될 것이 아니라 반드시 사람들에게 공개되어야 한다고 생각했다. 그래서 종 학장에게 기왕 전시하는 김에 〈세월오월〉도 걸고 홍성담 화백도 부르자고 제안했더니 종 교수는 "참 재미있네." 하면서 흔쾌히 동의해주어 상기 전시가 이루어졌다.

걸개그림 〈세월오월〉

나는 2013년 가을 윤범모 특별전 책임큐레이터로부터 자문위원을 맡아 달라

---

73   2014, 「이어지는 동아시아 평화기행 6」, 『아시아문화』 8호, 2014년 12월호, 아시아 문화커뮤니티.

는 부탁을 받았다. '미술전문가도 아닌 내가 왜?' 의아하게 생각했는데, 윤범모 씨가 동아시아에서 국가폭력 문제에 오랫동안 관여하면서 네트워크를 만들어 온 나의 도움을 받고 싶다는 것이다. 나는 2014년 1월에 오키나와 작가들을 만나 출품 요청하는 데 동행했으며, 일본이나 대만에서의 저항 미술에 대한 몇 가지 소개를 하기도 했다.

그래서 8월 9일의 특별전 오프닝에 초대받았다. 내가 소개한 오키나와 사키마미술관 관장과 몇몇 미술가들이 도착했고, 나도 8월 7일에 광주에 도착하고 바로 광주문화전당 근처에 설치된 문화예술공간 메이홀 4층, 홍 화백의 작업장으로 찾아갔다. 메이홀은 시민들이 만든 문화공간이며 한 층이 스무 평 남짓한 5층, 크지 않은 빌딩이지만 문학, 영화, 음악, 미술 등 다양한 문화행사가 펼쳐진다.

4층에는 홍 화백과 네다섯 명의 화가들이 모여 있고, 벽에 〈세월오월〉이 기대어 있었다. 가로 10.5미터, 세로 2.5미터의 그림을 제작하기 위해 홍성담과 8명의 미술가들이 한 달 동안 숙식을 함께하면서, 아침 기상과 함께 체조로 일과를 시작하는 엄격한 군대식 규율로 작업에 임해 왔다. 그림이 완성될 때까지 술을 입에도 대지 않았다 하니 그 정신 자세가 범상치 않다.

〈세월오월〉 파장이 한바탕 지나간 지난 10월, 서울에서 전남대 학생운동 출신의 이가 내게 물었다. "홍 화백은 왜 새로운 그림을 안 그리고 옛날과 같은 그림만 그리는 거요?" 미술이 항상 새로운 표현양식을 찾아 미를 창조하는 것인데, 여전히 1980년대의 걸개그림이고 민중미술이라는 힐난이다. 그런데 그림의 제작이 윤범모 책임큐레이터로부터 홍 화백에게 의뢰되었으며 제작이 홍 화백을 중심으로 이루어진 것은 사실이지만, 홍 화백이 혼자 구상하고 그린 것은 아니다. 오히려 홍 화백은 거의 붓을 잡지 않고 제작을 진행시키는 교향악단 지휘자와 같은 구실을 맡았다고 해야 할 것이다. 그래서 홍 화백이 옛날 구습을 넘지 못하고 똑같은 짓을 하고 있다는 비난은 당치 않은 것이다.

그림의 제작에 임하여, '걸개그림 제작 시민참여 – 시민과 함께 그리는 걸개그림 2014'라는 광고를 내어 인터넷에도 실리고, 제작은 공개적으로 널리 시민과 예술인들의 참여에 의해 진행된 것이다. 즉 7월 4일 '돼지머리! 웃는다 우헤헤헤 – 작업실 집들이 축하 겸 첫놀이'부터 시작하여, 7월 24일 가운데 놀이, 31일의 '어! 그림이 움직인다 – 판갈이 퍼포먼스 살풀이'까지, 일주일에 한 번 꼴로 고기와 막걸리를 놓고 둘러앉아 왁자지껄 감놔라 배놔라 하면서, 주제를 어떻게 잡을 것이며, 무엇을 어떻게 그릴 것이냐에 이르기까지 공론으로 결정되었다. 세월호 참사를 주제로 한다는 것도 그 자리에 있었던 이들의 투표에 의해서 결정되었다고 한다. 구도도 잡고 참여 예술가가 각자 어느 부분을 그릴건가 분담도 하고, 작업장을 찾은 광주와 여러 지역의 예술가들이 오다가다 한 붓씩 색칠하기도 한다. 그래서 홍성담이 케케묵은 구닥을 되풀이했다기보다, 홍성담이 멍석을 깔아주고 현장에 참여한 광주의 시민과 예술가들이 춤추었다고 해야 할 것이다. 워낙에 걸개그림은 개인의 창작이 아니라 집단적인 창작이며, 모든 사람들의 참여로 이루어진다는 방법에 그 뜻이 있고, 제작과정 자체가 민중미술이니 걸개그림 〈세월오월〉은 미

〈세월오월〉 제작과정(광주 문화예술공간 메이홀 4층, 2014년 7월 12일)

술관 벽에 걸리기 전부터 이미 작품으로 드러났다고 할 것이다.

　인간의 표현 욕구의 표출인 미술은 오랜 세월 동안 추상과 장식이라는 미술의 면모보다 기록과 사실의 전달이라는 기능에서 중요한 구실을 해왔다. 근대에 이르러 사진의 등장으로 기록과 사실 전달 부분이 쇠퇴하여 색채와 구도, 추상과 착상의 참신함이라는 형상의 유희에 중점을 두게 되었지만, 동시에 사진이라는 기술과 겨루면서 세부와 진실에 더욱 다가서고 싶다는 욕구가 부추겨졌다. 그리고 사진으로 못다 조명해내는 진실에 대한 갈구가 증

폭되어 리얼리즘 미술이 주목받게 되었다. 광주 5 · 18처럼 사실 전달이 정권에 의해 금압되거나 빼앗겼을 때, 또는 사진으로 못다 담아낼 넓은 역사적, 정치사회적인 시야로 사실을 나타내려 할 때, 리얼리즘 미술이 그 구실을 하게 된다.

〈세월오월〉이 현대 한국 사회의 병폐와 모순을 집약한 세월호 사건을 중심주제로 삼은 것은, 민중과 더불어 웃고 울고 흥을 돋구고 현실을 고발하며 분노의 대열 앞장에 높이 내걸림을 소임으로 하는 걸개그림으로는 당연

〈세월오월〉 원작(위)와 박근혜 대통령을 닭으로 수정한 그림(아래) ⓒ 홍성담

한 것이다. 그림에서 5·18시민군과 5·18항쟁을 받쳐준 주먹밥 아주머니가 침몰하고 뒤집어진 세월호를 들어 올리고, 목숨을 잃은 300여 명의 학생들과 승객들이 사다리를 타고 내려와 진도 바닷길처럼 열려진 길을 웃으면서 걸어오고 있다. 눈물 나는 그리움으로 다가온다. 그 아래에는 치유와 회복을 의미하는 물고기와 소년이 원을 그리면서 물속에서 놀고 있다.

오른쪽 주먹밥 아주머니의 시선 방향으로 일본군 위안부 할머니들과 오월의 어머니들이 서 있다. 그 아래 5·18의 지도인사들이 가마솥에 둘러앉은 광주 '밥상공동체'가 그려져 있고 어린이들과 이야기하는 전교조의 초대 위원장 윤영규 선생이 앉아 있다. 그 끝에는 이명박 물고기 로봇이 헤엄치는 4대강이 흐르고, 거슬러 올라가면 후쿠시마 원전 피해자들이 앙상한 백골이 된 다리로 바닷속에서 버티고 서 있다. 원전 폐허에서 피어오른 방사선 연기 속에 아베 일본 총리와 일본 군대, 야스쿠니 신사가 모락모락 피어오른다.

그림 왼쪽에는 독재자인 아버지 박정희와 정보부, 검사 출신 김기춘 비서실장의 조종을 받는 허수아비, 박근혜 대통령이 흘리는 눈물을 닦아주기 위하여 부상당한 다리를 끌며 시민군들이 지팡이를 짚고 뛰어 가고 있다. 그 뒤에는 해골을 배경으로 국정원과 박근혜의 측근들이 어떤 사람을 고문하고 있고, 어버이연합들이 기세를 올린다.

홍성담은 다음과 같이 말한다.

"자신도 치유받지 못한 광주시민군들이 부러진 총으로 비유된 목발을 짚고 상처받은 다른 사람들을 치유하고 위로하기 위해서 달려가야 하는 우리 현실의 슬픈 드라마가 연출되어 있습니다. 그들이 바다에 가라앉은 세월호를 들어 올려 수많은 아이들을 우리들의 품으로 귀환시키고 있습니다. 한국 현대 정치 역사에서 가장 슬픈 여인이며, 이 어둡고 깜깜한 인연의 굴레로부터 벗어나지 못하고 운명의 노예가 되어버린 '인간 박근혜'의 눈물을 닦아주려고 시민군들이 절뚝이며 달려가고 있습니다."(8월 24일 홍성담 기자회견문에서)

그림은 조선 후기 민화의 화려한 채색 뒤에 일본 후쿠시마, 야스쿠니라는 동아시아 불행의 원천에 이어진 정치가, 군인, 관료, 자본가들이 온갖 악행을 저지르는 지옥도地獄圖 속에서, 스스로 거짓과 범죄가 없는 공동체를 이루어낸 광주의 시민군과 주먹밥 아주머니가 학생들을 미래로 이어지는 자발과 희망의 길로 구해내는 광주정신을 상징하고 있다.

빗나간 광주비엔날레 특별전 《달콤한 이슬》, 〈세월오월〉의 추방

광주 비엔날레는 1994년 창설된 이래 올해 20주년을 맞이했다. 20주년을 기념하여 본 전시 외에, 5·18정신을 구현하는 미술을 모아 특별전이 마련되었다.

홍성담은 제1회 비엔날레에서 중앙홀을 장식하는 큰 작품을 '시각매체연구소'에 모여 광주 민중미술운동을 함께한 동지들과 제작했다. 이번 전시에서도 광주시립미술관 입구홀에 10.5×2.5미터 그림이 걸리고, 그걸 확대 출력한 30.5×7.5미터의 대형 걸개그림으로 미술관 외벽外壁을 장식하게 한다는 구상 아래 중심 작품의 의뢰를 받았다. 특별전 오프닝은 〈세월오월〉을 입구 정면 벽에 걸음으로써 시작할 예정이었다.

특별전의 기획 취지는 다음과 같다.

광주민중항쟁은 1980년 5월에 일어난 역사적인 사건이 아니라, 이제는 세계인이 공유하는 가치로 전환해야 한다. 그것이 바로 '광주정신'이며, 광주정신의 세계화다. 〈달콤한 이슬-1980 그 후〉는 지구촌이 함께 나누는 미래의 광주정신을 위하여 광주비엔날레가 창립 20주년을 맞아 광주시립미술관과 함께 기획한 특별 문화행동이다.

특별 프로젝트의 주제 '달콤한 이슬甘露'은 망자나 고통받는 자들을 위로하면서 신앙의 대상이 되었던 감로도甘露圖에서 따온 말이다. 감로도는 조선 후기 사찰에서 유행했던 독특한 회화형식으로 역사적으로 평가의 대상이기도 하다. 국가폭력에 희생당한 광주를 비롯하여 세계의 아픔을 치유하고 극복하는 민간신앙적 해석과 승화의 의미가 담겨 있다. 부제 '1980년 그 후'는 광주민주화운동을 기점으로 지난 30여 년의 시대정신에 대한 새로운 조명이

기도 하다. 오늘의 국제사회는 불의와 폭력, 불평등과 같은 부정적인 요인으로 민중의 건강한 삶을 계속 위협하고 있다. 이에 1980년 5월의 광주를 기억하면서, 내일을 위한 희망적인 담론 생산이 요구되고 있다.

말인즉 옳다. 그러나 특별전은 표방한 감로탱화甘露幀畵의 의미와 광주 정신을 스스로 저버리고 중심 작품의 전시를 거부한 것이다. 8월 7일 내가 메이홀에 갔을 때에도 작가들이 서성거리고 분위기가 심상치 않았다. 그때 이미 그림 속에 대통령을 허수아비로 그린 게 문제가 되어 그 부분을 바꾸니 마니 하는 이야기가 나왔던 것이다. 전시 상황을 보기 위해 메이홀을 나와 시립미술관에 가서 윤범모 씨를 만났을 때 그는 다음과 같이 이야기했다. "그림에 있는 박 대통령 얼굴을 바꿔 달라는 요청이 시에서 있어서 홍성담도 바꾸기로 동의했다. 지금 광주시에 대한 정부예산이 내려올 시긴데, 대통령을 희화화한 그림이 문제가 되어 예산이 20%나 삭감되면 광주의 복지예산이 날아가니 그 원성을 어떻게 감당합니까? 시에서 사정하는걸." 나는 순간 내 귀를 의심했다. 한국에서 진보적인 미술평론가로 평이 나고 제삼세계 미술이다, 북한 미술이다, 리얼리즘 미술이다 하며 항상 새로운 이슈를 들고 나온 미술평론가의 입에서 나올 수 없는 말을 들었기 때문이다. 예술, 특히 민중미술의 본색은 우리나라에 면면히 내려오는 해학과 풍자를 통해서 현실을 비판하는 민중적인 미의식에 있는 것이 아니었던가? 권력의 의향이나 압박을 먼저 헤아리고 자존심과 철학을 다 내팽개치고 표현의 자유를 훼손하면서 자기 검열을 하다니!

사정은 이렇다. 평소에 홍 화백과 매우 가깝고 막역한 사이인 윤장현 광주시장은 그의 문화정책에 대해 "지원하되 간섭하지 않는다는 게 내 기본적인 생각"이라고 했다. 그러나 대통령 얼굴을 가지고 논의가 불거져 나왔을 때 윤 시장은 중국에 출장을 가 있었다. 거기서 행정 부시장의 철거 지시를 추인하는 듯하다가 예술은 예술인의 몫이라고 책임을 비엔날레 본부에 넘겨 버렸다. 일의 시작은 비엔날레 본부의 이사장이 광주시장이고, 광주시의 예산에 항상 매달려 사는 비엔날레 본부의 모 인사가 전시되는 그림의 하나하나를 알 까닭도 없고 관심도 없는 광주시 행정당국에 과잉 충성하여 먼저 고

자질한 것 같다. 행자부에서 내려온 오형국 행정부시장은 "광주시 예산 지원으로 개최되는 광주비엔날레에서 국가원수인 박근혜 대통령을 희화화하는 작품을 전시하는 것은 적절치 않다. 작품 수정이 이뤄지지 않으면 작품을 전시하게 할 수 없다."고 했다. 이렇게 해서 특별전에 대한 정치권력과 미술권력의 간섭이 수면 위에 떠오른 것이다.

이런 코미디를 꿰뚫어 본 홍 화백은 대통령 얼굴을 안 보이게 하라는 '지시'를 수용하겠다고 한 발 빼면서, 누구나 아는 박근혜 대통령의 별명인 닭대가리를 그려 얼굴에 갖다 붙였다. 기막히고 통렬한 풍자다. 미술관료와 큐레이터, 그리고 광주시의 공무원들은 난데없이 소나기를 맞은 개미떼처럼 갈팡질팡 어쩔 줄 모르면서 '보류'라는 이름으로 꼬리를 빼며 그림의 전시를 거부했다. 이에 광주의 미술가, 오키나와의 미술가 등이 비난 성명을 내고 일부 작품의 철수를 요구, 그림에 항의문을 써 붙이는 등 혼란은 극에 달했으며 광주비엔날레는 진흙탕에 떨어져 추악한 모습을 드러냈다.

8월 9일 전시 거부를 당한 〈세월오월〉은 공사 중 출입금지 표시가 되어 있는 도청 앞 광장에서 먼저 선을 보이고 오프닝을 시작하려는 광주시립미술관에 당도했다. 건물 안 홀에는 수십 명의 관계자들이 모였고 국악연주를 시작하고 있었지만 밖에서 사물놀이 소리가 요란하게 울리면서 〈세월오월〉이 펼쳐지고 "산 자여 따르라!"가 되풀이되었다. 시립미술관 앞 계단 가득히 펼쳐진 그림 위에서 민들레의 배우가 진혼곡에 맞추어 진혼춤을 추었고 그림은 앞 공원을 한 바퀴 돌다가 맞은편 언덕 중턱에 다시 펼쳐졌다. 관람객은 물론이요, 오프닝에 참석하던 신사 숙녀들도 이 소동을 구경하려고 하나 둘 홀을 빠져나와 주최자인 광주시장도 나타나지 않는 빈 공간에서 오프닝 세리머니는 5분도 이어지지 못하고 중단되어 버렸다. 이후 예술의 탈을 쓴 어용御用적인 미술계를 동원하여, "정치적인 메시지가 예술적으로 승화昇華되어 있지 않다"는 등 상투적인 예술의 순수성론으로 억지로 체면 유지하려는 비엔날레 당국과 큐레이터들의 추태는 생략한다. 묻건대 광주가 5·18의 피바다에 잠겼을 때 그 고매한 '승화된 예술'을 하시는 분들은 어디서 뭣을 했었는가?

스스로 목숨을 끊지 못해 경기를 일으키는 특별전에 대해 8월 24일 홍성담은 비수를 꽂고 결별 선언을 하면서 사태는 일단 진정된 듯이 보였으나, 아니었다.

추방된 걸개그림, 되살아난 걸개그림

진짜 〈세월오월〉이 불경스러워, 되도록 사회적인 파장을 줄이고 사람들의 눈에 뜨이지 않게 하려면 당국의 판단과 처사는 아주 잘못된 것이다. 그림을 그냥 미술관에 가두어 두고 벽에 못 박아 놓으면 그림은 박제화되어 버렸을 것이다.

그런데 걸개그림은 추방되었다. 우선 특별전 전시 거부라는 엄청난 스캔들을 국내 미디어가 연일 보도했으며, 외국에서도 각 미디어에 보도되어 광주비엔날레 평가를 먹칠하게 했다. 특히 《뉴욕 타임스》는 8월 31일 동아시아 문화란에 1,500단어의 「An Artist Is Rebuked for Casting South Korea's Leader in an Unflattering Light(한국 대통령에게 아첨을 하지 않아 혼난 예술가)」라는 긴 기사를 게재했다. 이 글은 마드리드와 토론토의 관련 신문에도 전재되었으며, 더 전재된다고 한다. 기사에서 유신시대에 아버지 박정희의 탄압을 받아 고문당하고 투옥된 홍 화백이 딸의 시대에도 표현의 자유를 탄압받고 있다고 소개되었다.

9월 21일 박근혜 대통령의 유엔 방문에 즈음해서 세월호의 진상규명을 요구하는 재미동포 어머니들을 중심으로 한 시위대가 〈세월오월〉 그림을 앞장세워 뉴욕 시내를 행진했다. 토론토, 오타와의 캐나다 2개 도시, LA, 워싱턴 D.C.를 비롯한 미주 8개 도시에서 시위대가 가는 곳마다 〈세월오월〉은 시위대열을 고무 격려하고 빛냈다. 이러한 파장은 세월호 사건이 제대로 해명되지 않는 한 세계에 역질처럼 퍼져나갈 것이다.

전두환 군사정권의 몰락과 한국민주주의의 일정한 성취 이후 변혁운동은 시민운동에 자리를 빼앗기고, 민중미술운동도 퇴조했다. 심지어 민중미술의 사망이 선언되기도 했다. 그런데 광주비엔날레의 무지한 행동으로 민중미술과 걸개그림은 숨을 쉬며 되살아나 좌충우돌 세계로 뛰쳐나간 것이다.

〈세월오월〉 타이난에 가다

9월 19일 자 《오마이뉴스》에 「광주에서 쫓겨난 〈세월오월〉, 결국 대만으로 '망명'」이라는 기사가 실렸다. 그림은 타이난에 갔다. 그러나 망명은 아니다. 당당하게 세계를 누빈 것이다.

타이난은 대만에서 4번째로 큰 도시이다. 인구는 70만이 넘고, 오랜 역사를 지녔다. 1924년 네덜란드인이 근거지를 건설한 이래 넓은 벌판을 배경으로 한 타이난은 농산물 집산지로서 번성해 대륙에서 한족의 이민이 밀려왔다. 특히 1661년 네덜란드를 축출하고 타이난에 근거지를 마련해 정씨 왕조를 연 명나라 유신 정성공鄭成功이 유명하고, 그의 유적이나 사묘寺廟가 시내 곳곳에 있다. 이번 전시회가 개최된 청콩대학도 그의 이름에 유래한다. 청콩대학은 대만 5대 국립종합대학의 하나로 일제시기 대남고등공업학교를 전신으로 하는 13학부 학생 수 15,000명 정도의 이공계 중심 대학이다.

이번 전시는 대만에서 유일한 대만문학학부의 주최로 개최되었다. 대만문학학부는 이공계의 으리으리한 건물이 즐비한 캠퍼스의 한구석에 위치하고 있다. 아름다운 잔디밭에 열대식물이 그늘을 드리우고 그 아래 아담한 붉은 벽돌과 목조 단층건물들이 행랑으로 이어져 있다. 전시장은 그곳 끝에 있는 소강당에 마련되었다. 이 건물들은 일제시기 타이난에 주둔한 대만군 제2연대의 야전병원이었다고 한다.

2014년 9월 18일(목)에서 10월 3일(금)까지 전시되었는데 18일이 오프닝이었다. 마루에 나무가 깔린 70평 정도의 목조 소강당은 정갈하고 친근했다. 입구를 들어서니 50매의 오월판화와 시가 판넬에 붙어 있고, 왼편 벽에는 파이프로 틀을 짜서 10.5×2.5미터의 〈세월오월〉이 펼쳐져 있었다. 위풍당당한 전시다.

오프닝은 종쇼우메이鍾秀梅 학부장의 인사말로 시작되었다. 〈동아시아에서의 인간중심의 문화창조－홍성담의 미술세계〉[74]라는 기념강연을 맡은 나는 난생처음 중국어로 40분 강연을 했다. 작년부터 방학 때마다 한 달씩 타

74   이책, 4부 2장에 전재됨.

이베이에 와서 중국어를 배웠고, 이번 원고를 준비하면서는 대만 친구들의 발음 지도를 받아가며 강연 준비를 했다. 직전에도 타이난대학 4학년 여학생으로부터 사성의 교정을 받았다. 회장을 가득 메운 150명의 학생은 나의 서툰 중국어 강연을 인내심 있게 열심히 들어주었고, 나를 가르쳐 준 학생은 다 알아들었다고 기뻐했다. 이어서 메이팅엔梅丁衍 대만대학예술학부 판화연구소장, 일본의 소설가 야마구치 이즈미山口泉, 이나바 마이稲葉真以 광운대 교수의 패널토론에서 민중미술과 홍성담 미술에 대한 다방면적인 검토가 있었고, 게릴라 토크를 겸한 홍 화백과 왕모린王墨林 작가와의 대담에서는 관중을 위한 〈세월오월〉에 대한 해설과 한국 민중미술에 대한 이야기가 있었다. 왕모린으로부터는 〈세월오월〉 전시 거부에 대한 대만 문화인들의 항의성명이 표명되었다.

그날 밤에는 타이난에서 차로 한시간 반 걸려 자위嘉義에 있는 종쇼우메이 교수 남편 고향의 마을 축제인 먀오후이廟會을 구경하러 갔다. 친척일가 수십 명이 상에 넘치는 음식을 나누어 먹은 후에 전통극과 인형극, 가라오케를 경연하는 시끌벅적한 축제를 구경하고 밤 늦게 돌아왔다.

다음날 오전에는 소강당에서 워크숍이 있어서 아침부터 30~40명의 학생들이 찾아왔다. 워크숍이라기보다 2시간에 걸친 홍성담의 독무대였다. 모두 그의 입담에 황홀해 했다. 타이난 전시 내내 홍 화백의 기분은 최고조였다. 학생들도 진지하고 홍 화백의 예술과 화술에 도취하였고 처음 알게 된 한국의 민중미술에 매료되었다. 청콩대학 측의 준비는 거의 완벽했고, 우리들 일행에 대한 배려도 흠결이 없었다. 무엇보다도 광주 주먹밥 아주머니 같은 종쇼우메이 학장의 씩씩하고 포근한 인품이 우리를 넉넉하게 감싸 주었다. 모든 사무를 통괄한 무척 기민하고 부지런한 지엔 이밍簡義明 교수의 솜씨도 일품이었다. 종 학장은 젊어서 10년간 댐 건설 반대운동을 하고 그 후 노동운동을 하다가 40살이 넘어 홍콩에서 학위를 받은 이색적인 인물이다. 학교에서 르포문학이나 사회조사론 등을 가르치고 있는 진보적이고 실천적인 인물이다.

나와 홍 화백은 국가폭력에 대항하는 동아시아 민중미술의 연계를 모색하고 2004년에 처음으로 함께 대만을 찾았다. 그로부터 10년에 걸쳐 4차례 찾았고 2013년 타이베이에서 오월판화와 광주 5·18을 주제로 한 왕모린 연출의 「안티고네」의 콜라보레이션에 성공했다. 이어서 이번 타이난 전시는 세월호 참사라는 동아시아에서 엄연히 군림하는 국가폭력을 고발하면서 새로운 민중연대의 지평을 열었다.

〈세월오월〉은 어디로 뱃머리를 돌릴지 모른다. 그러나 내년 5월 8일 베를린 함락 70주년을 기해서 독일에서 이루어지는 〈야스쿠니 반대 독일행동〉 및 병행해서 개최되는 〈동아시아의 반권력 예술전〉에서 〈세월오월〉은 그 모습을 보일 것이다. 신자유주의와 파시즘 권력이 이 세계를 지배하는 한 민중미술의 숨통은 끊길 수가 없고, 새로운 상황 속에서 되살아나 시위와 집회를 고무하고 성난 민중의 앞장을 설 것이다.

동아시아의 우호가게

저항의 미술가 홍성담과 함께 가는 동아시아

동아시아에서의 인간중심의 문화창조 - 홍성담의 미술세계

동아시아에서의 인간중심의 문화창조 – 홍성담의 미술세계[75]

인문학의 위기

인문학Humanities이란 인간의 사상과 문화, 즉 인간의 사고와 행동을 탐구하는 학문이다. 자연과 분화되지 않은 동물에 불과했던 인간이 스스로를 객관화하여 사고할 수 있게 진화되면서 인문학이 태어났다. 동서양을 막론하고, 인간을 그 내면의 사고와 외부에 대한 활동의 양면에서 보려는 지적인 욕구는 바로 인간임의 자각이자 인간으로서의 자립이며, 인간 중심의 사고다. 그것을 위해서는 인간이 자연에서 객체화하는 한편, 인간을 창조하거나, 지배하고 운명을 결정한다는 신으로부터도 자유로워져야 했다. 사상사적으로는 르네상스, 계몽주의, 유물론 등의 사조가 그 노력의 발자취다. 괴력난신怪力亂神을 논하지 않는 합리주의인 유교사상은 봉건적인 인간관과 천하관天下觀, 그리고 신분제적인 윤리주의를 통해 '인간해방'을 방해해왔다.

인문학은 철학, 문학, 예술에서 꽃 피고, 인류 문명사에 큰 발자취를 남겼으나, 요즘 인문학의 위기에 대한 경고가 새롭게 대두되고 있다. 현대 인문학의 위기는 종교나 미신의 공세에서 온 것이 아니라, 이윤 추구와 효율 만을 앞세우는 가치와 질서에 대한 복종의 요구에서 온 것이다.

자본주의는 본질적으로 '인간 소외'를 수반한다. '소외'란 원래 인간을 위해 만들어진 물질이 인간의 통제에서 벗어나 거꾸로 인간을 지배하는 현상을 말한다. 자본주의 사회에서는 공동체로부터 뿌리 뽑혀 고립된 인간이 생산과정의 도구로 전락하여 단편화斷片化되고, 상품화된다.

시장논리가 지배하는 사회에서는 노동력뿐만 아니라 인간관계도, 성性도,

---

75 2014년 9월 18일 타이난 청콩(成功)대학 홍성담 그림전 〈홍성담의 미술세계 "동아시아 민중문화 : 희망의 연대"〉개막식 기념강연 원고. 강연은 중국어로 진행되었음.

인간의 존엄성마저 상품화된다. 통제되지 않은 무자비한 무제한의 이윤추구 논리는 인간과 인간사회의 피폐疲弊와 붕괴를 가져왔으며, 무수한 노동자, 대중들의 생명을 앗아갔다. 자본의 횡포에 대한 무산자들의 거센 반발로 사회주의, 공산주의 사상과 운동이 등장했으며, 자본 계급은 부의 생산을 담당하는 노동 계급의 소멸에 의한 체제 붕괴의 가능성에 대응하여, 사회보장과 사회복지라는 복지주의를 내 놓게 되었다.

그러나, 냉전 붕괴 이후 미국의 단독 세계패권覇權이 이루어지고, 통제와 자제심으로부터 자유로워진 자본은 '신자유주의'라는 일찍이 없었던 가혹한 모습으로 인간을 침식하고 지배하고 있다. 바로 여기에 오늘날 인문학 위기의 근원이 있다.

오늘날 신자유주의가 강제하는 가혹한 '효율과 경쟁'의 규율이 사람들을 고립, 분산, 소외시키고, 노예화하고 있음에도 '자유와 민주주의'라는 말에 대한 무조건적인 수용과 물신숭배가 만연하고 있다. 신자유주의적 가치가 사람들의 정신세계에 내면화되면서 비인간적인 규율에 대한 반항은 '반자유 민주주의'로 낙인이 찍히게 되었다. 그 결과 사회구성원 사이의 빈부 격차뿐만 아니라, 젊은이들의 빈궁과 실업이 만연하고, 사회복지 시스템와 사회적 안전망의 붕괴가 초래되었으며, 그 억압으로 인해 한국이나 대만 같은 곳에서는 많은 사람들이 정신적 질병을 앓고, 자살자가 급속히 늘어나고 있다.

본디 자유주의 시장경제란 외부의 힘의 개입介入을 배제하고, 오로지 공급과 수요에 따라 자유로운 시장경쟁을 통해서 소비자가 가장 저렴하고 질좋은 상품을 구하게 된다는 논리에 입각하고 있다. 그런데 거기에 비해서 '신' 자유주의는 무엇이 새로운가?

자본이 최대이윤을 추구하여 마음대로 움직인다는 점에서 자유주의와 신자유주의는 같다. 그러나 신자유주의는 막강한 군사력을 지닌 제국주의 패권을 자본의 도구로 활용하고 있다는 점에서 고전적인 자유주의와 결정적으로 구별된다. 의미론semantics 에서 말한다면 양자는 전혀 다른 것이라 할 수 있다. 다음으로 고전적인 자유주의가 산업자본주의를 기반으로 하고 있음에 반하여, 신자유주의는 스스로 아무것도 생산해내지 않는 국제금융자본의 세계지배 수단으로 작동하고 있다. 자본의 모순을 끝없이 생산자와 소비자에게, 그것도 약자에게 떠 안기고, 중심부의 모순을 주변부에 전가하고, 모순의 해결을 폭력과 전쟁에 의지하는 세계화된 신자유주의는 '민주주의'를 공동화空洞化하고, 민주주의를 점령하고, 인간을 노예화시키고 있다.

이런 시대에는 인간과 인간의 공동체 자체가 존재할 수 없으므로 인간을 중심에 세워 탐구하는 인문학은 쇠퇴할 수 밖에 없다. '이익을 낳지 않는다'는 이유로 대학의 인문계열 학과들이 폐과 당하고, 학생들도 인문학을 외면하며, 전문가는 갈 곳을 잃고 있다.

인문학적 인간으로서의 홍성담

홍성담은 인문학적 인간이다. 그는 가혹한 경쟁에서 이기려 하지도 않고, 이길 수도 없는 인간이다. 그는 인구 2,000명 밖에 안 되는 전라남도의 조그만 섬에서 태어났다. 그는 풍요롭고 아름다운 자연과 마을 사람들의 품에 안겨, 그 사랑을 듬뿍 받으며 하늘과 바람과 별, 그리고 물고기를 벗삼아 놀면서 어린 시절을 보냈다. 그의 미적인 감수성, 인간의 본질을 알아차리고 저승의 영혼이나 우주와 교감할 수 있는 능력, 거짓과 가짜를 알아내는 직감은 그 자연과 영혼과 인간이 혼연일체가 된 하의도 외딴 섬에서 배양된 것이다.

그는 섬에서 하나뿐인 초등학교를 졸업하고 지방의 소도시 목포로 진학하여, 거칠고 난폭한 지방 중등학교의 남학생 생활을 경험했다. 글짓기를 좋아해서 문학을 지향했으나, 대학입시에 실패하고 미대에 가게 된 것이 전화위복이라 할 수 있을까? 그는 고도로 세분화된 현대사회의 규범에 들어가지 않는 사람임에 틀림없다. 그는 전공인 서양화에서 탁월한 기량을 발휘했을 뿐만 아니라, 도주생활 속에서 초등학생용 조각도와 고무, 책상 깔개 따위를 가지고 만든 '오월판화'에서 조각가로서의 탁월함을 나타낸 바 있으며 문장에도 능해 시와 소설을 쓴다. 게다가 전통 예능인 굿거리, 마당춤의 명수이자 불화의 전승자이며, 풍수의 대가이다. 가히 모든 인문학의 기예를 종합하는 르네상스적인 거인이라고 할 수 있다.

저항의 미술, 고발의 미술

이런 홍성담을 미의 세계에만 머물게 하지 못하게 한 계기는 1980년 5월, 군부가 300명에 이르는 광주 시민을 학살한 광주민중항쟁이었다. 국가폭력의 포학暴虐에서 살아 남은 그는 그 진실을 고발하기 위해, 도주 생활을 하는 와중에 목숨을 걸고 판화를 새겨 거리에 살포하고, 다시 도주를 계속하는 미술의 게릴라전을 전개했다. 그 속에서 권력과 불의不義에 항거하는 '저항의 미술'을 실천했으며, 광주와 전국의 수백 명의 젊은 예술가들을 조직하는 미술운동을 이끌었고, 시위대 앞장을 장식하거나 집회의 단상을 장식하는 민중투쟁의 기치旗幟로서의 '걸개그림'이라는 독특한 회화양식을 창조했다.

권위주의적 정부가 만든 세월호 참사

2014년 4월 여객선 '세월호'는 이익을 최대화 하기 위해 감독관청을 매수하고 규정을 어겨 불법적으로 구조를 개조한 것도 모자라, 규정 적재량의 3배라는 화물을 싣기 위해 최소한의 안전 장치인 밸러스트 탱크까지 비운 채 운항하다가, 풍랑이나, 충돌, 폭발과 같은 외부적인 충격이 가해지지 않았는데도, 스스로 기울어 침몰했다. 사고 이후에도 배는 8시간이나 떠 있었는데, 제주로 수학여행을 가던 250명의 고등학생에게는 '가만히 있으라'는 말을 남긴 채 선장 이하 승무원들은 먼저 탈출하였다. 달려온 구조대들은 서로의 권한을 다투면서 상부의 지시가 없다는 이유로 학생들에게 '밖으로 나오라'는 지시마저도 하지 않고, 끝내 배 안에 있는 사람들을 한 사람도 구해내지 못했다. 지시를 기다리며 우왕좌왕 하던 구조대를 방치한 대통령은 7시간 동안이나 모든 연락을 끊은 채 행방불명 상태였다. TV가 생중계하는 가운데 300명의 학생과 승객을 물고문 하듯 천천히 익사시키는 장면을 보아야 했던 온 국민들 역시 물고문을 받은 것과 다름없는 고통을 겪었으며, 국민적인 PTS-D(심적 외상후 스트레스 장애) 현상마저 만연하고 있다.

"세월호 사건이 바로 한국이다"라고 한다. 경제적인 이득을 위해 뇌물과 부정을 서슴치 않고, 편법便法, 위법違法이 일상화 되어있으며, 아무도 책임을 지지 않으려 하고, 상부의 지시를 기다리며 자발적으로 움직이지 않는 사회,

독재시대처럼 대통령이 절대적인 권력을 휘두르고, 대통령의 지시가 아니면 아무도 움직이지 않고 책임을 지지 않으려는 사회라는 것이다. 즉 일상 속에 국가폭력의 질서가 관철되어 있는 나라다.

그런데, 그 세월호 참사를 주제로 홍성담 화백과 광주시각매체연구소 그룹이 그린 〈세월오월歲越五月〉이 광주 비엔날레 20주년 특별전의 중심작품으로 초대되었음에도 대통령을 희화화 했다는 이유로 전시를 거부당하는 일이 일어났다.

이 사건의 특징은 평화, 인권 도시를 자처自處하는 광주시가 중앙정부의 압력이 가해지기 이전에 선제적으로 예술의 자유를 유린한 데에 있다. 〈세월오월〉의 비엔날레 추방 소식이 전해지자, 어용御用적인 미술계에서는 '정치적인 메시지가 예술적으로 승화昇華되어 있지 않다'는 비판으로 맞장구를 치고 나섰다. 광주에서 저질러진 국군에 의한 시민학살에 대해 아무 말도 하지 않았던 자들이 이제 와서 미술계의 양식을 대표하는 주류를 자처하고, 〈세월오월〉과 홍성담 화백을 정치과잉이라고 비판하고 나선 것이다. 권력과 자본이 전면에 나서기도 전에 자발적으로 굴복하는 노예적인 풍토가 조성될 정도로 정권의 억압이 무시무시하고 교묘하다는 사실을 말해주고 있다.

표현의 자유, 비판과 풍자의 자유는 그들이 신봉하는 이른바 '자유민주주의'의 가장 중요한 가치일텐데, 이번 〈세월오월〉에 대한 전시 금지 사건은 한국사회의 권력구조와 이해관계를 낱낱이 드러내 오히려 이 그림이 그려져야만 했던 미술사회학적인 근거를 제시하고 있다.

동아시아에서 인간중심의 문화창조를 향해서

동아시아에서 인문학의 역할은 무서운 폭력을 거느린 자본이 도구화하고, 파편화하고, 소외시키는 '인간'의 회복을 주장하는 것이다. 하나 하나의 인간을 애정 어린 눈길로 섬세纖細하게 표현하여 살아서 숨쉬게 해야 한다.

문화란 넓게는 인간의 삶의 영위營爲의 모두를 말하는 것이며, 좁게는 인간의 희로애락喜怒哀樂을 인간적인 감수성에 와 닿게 표현하는 작업과 그 성과물을 말한다. 동아시아에서는 현재 신자유주의적 지배가 판치고 있을뿐만 아니라, 아편전쟁 이후 제국주의적 식민지 지배, 노예화가 청산되지 않은 채 계속되고 있다. 이런 상황에서 인간 중심의 문화창조란 인간의 존재, 가치, 자유로운 자기 실현을 억압하는 폭력에 대한 저항과 거부, 인간이고자 하는 사람들에 대한 격려와 연대, 희망의 제시를 통해서 이루어질 수 있다.

필자와 홍성담 화백(상하이 루쉰공원, 2007년 7월 23일)

동아시아의 우호까지

ウチガジ

저항의 미술가 홍성담과 함께 가는 동아시아

동아시아에서 국가폭력과 금지된 그림

동아시아에서 국가폭력과 금지된 그림[76]

2015년 1월 18일부터 2월 1일까지 도쿄의 조그마한 갤러리에서 '표현의 부자유전-지워진 것들'이라는 아트 이벤트가 열렸다. '천황과 전쟁, 식민지 지배, 일본군〈위안부〉, 야스쿠니 신사, 국가비판, 헌법 9조, 원전, 성표현' 등을 다루었다는 이유로 전시거부 당한 작품을 전시하고, 관련된 연속 토크를 기획했다. 지금 일본헌법에는 표현의 자유가 보장되어 있어 이들 작품들이 공권력에 의해 직접 금지된 것은 아니지만, 정치와 미디어, 시장과 풀뿌리 군국주의 정서를 가진 군중이 손 잡고 매우 강고한 사회적인 금기를 만들고 있다.

천황과 야스쿠니

일본에서 천황에 대한 어떤 비판도 허용치 않는 "키쿠(천황가의 문장인 국화) 타부"는 사회의 압도적인 묵계로 되어 있으며, 그것을 어긴 자에 대해서는 두차례의 나가사키 시장에 대한 테러사건[77]처럼 직접 폭력이 가해지기도 한다. 군국주의와의 관련을 상기시키는 일본의 아킬레스 건인 야스쿠니 신사 문제, 일본 황군의 가장 추악한 치부인 일본군 '위안부'와 난징학살을 문제로 삼는 자는 일본 우익의 직접적인 테러와 협박의 대상이 된다.

  야스쿠니 신사는 천황제 군국주의의 심리전을 위한 핵심적인 군사시설이다. 즉 천황을 위해 전쟁터에 나가 싸우다 죽은 자를 신으로 모셔 찬양하고,

---

76 Suh Sung, 「Staatsgewalt und verbotene Bilder in Ostasien」, 『Kontrolle und Zensur in den Demokratien Ostasien』, Katalogs, Berlin, den 31. 03, 2015.

77 2007년 4월 17일 선거운동 중에 이토시장이 야마구치 구미 폭력단원의 총격으로 사망했다. "천황에게도 전쟁책임은 있다고 생각한다"고 한 모토지마 히토시 시장 또한 1990년 1월 18일 우익단체원의 총격을 받아 중상을 입었다.

계급에 따라 은급[78]을 지급하며, 전쟁터에서 죽음을 두려워하지 않는 병사를 만들기 위한 군사시설이다. 또한 야스쿠니의 군사박물관인 유슈칸遊就館은 일본의 침략전쟁을 정의의 전쟁, 자존자위의 전쟁으로 미화하고, 일본국민의 호전성을 부추기기 위한 시설이다. 야스쿠니는 육해군 대장이 사제장을 역임하는 군사예산으로 운영되는 순수 군사시설인데도, 천황을 정점으로 하는 국가신도神道의 총본산으로 종교의 옷을 입혀 치장했으며, 오늘 날에도 독립종교법인을 가장하면서 일본의 군국주의 파시즘의 정신적, 사상적인 주춧돌이 되고 있다. 2013년 12월의 아베 총리의 야스쿠니 참배는 대일본제국의 부활이라는 장대한 야망의 결의 표명이라고 할 수 있다.

그래서 야스쿠니의 어두움을 파헤치는 자에게는 가혹한 협박과 테러가 가해진다. 2006년 동아시아 각지역 공동의 야스쿠니 반대 투쟁으로 '평화의 촛불을! 야스쿠니의 어둠으로' 동아시아 공동행동이 시작되어 해마다 8월에 야스쿠니 반대행동을 해 왔다. 그러나 최근 3, 4년전부터 대학이고 회관이고 어느 곳도 행사장을 빌려주지 않아 일본의 공적 사적 압력이 미치기 어려운 한국 YMCA를 빌려 겨우 개최를 해왔다. 홍성담 화백의 야스쿠니 연작 시리즈 전시회인 《동아시아 YASUKUNISUM전》도 전시장소 대여를 거부 당하고 겨우 도쿄의 변두리에 있는 극장을 빌려 개최하게 되었다. 2014년 8월 13일 제9회 야스쿠니 반대 공동행동 시위가 있었는데, 우익 군중이 시위대를 둘러싸고 대음량으로 격심한 언어 테러를 가하고, 경찰의 호위벽을 뚫고 두차례나 시위대를 행한 자동차 돌입을 시도하기도 했다.

후쿠시마 원전사고 이래, 자본과 보수정권의 핵심적인 이익에 위반하는 반원전 운동은 정보의 은폐와 집중적인 공격을 받아 70%를 넘는 원전반대 여론이 정치와 정책에 반영되지 못하고 무시 당하고 있다. 평화운동, 오키나와 문제도 정부와 미디어가 무시하고 왜곡하고 그 영향을 최소화하려고 하고 있다.

---

78   일제 강점기에, 정부 기관에서 일정한 연한(年限)을 일하고 퇴직한 사람에게 주던 연금(年金)(편집자 주, 네이버 국어사전 발췌).

'금지된 그림'이라고 하면 나치가 그들의 가치 기준에 맞지 않는 그림을 '퇴폐적인 그림degenerate art'으로 낙인 찍어, 본보기로 전시하고, 불살랐던 일을 떠올리게 된다. 지금 겉치레 '자유민주주의'가 세계를 뒤덮고 있다. 2015년 1월 한국의 헌법재판소는 내란선동죄를 적용하여 통합진보당을 강제해산시켰다. 헌법을 수호해야 할 헌재가 난폭하게 '법의 지배'의 원칙을 짓밟는 놀라운 일이 벌어진 것이다. 그러나 그러한 한국에서조차 표현의 자유에 대한 공권력의 직접적인 억압은 흔하지 않으며, 많은 국민은 심각하게 표현의 자유가 공권력에 의해 침해되고 있다고 느끼고 있지 않다.

표현의 자유에 대한 억압은 거대 미디어의 여론 몰이나, 행정 관청의 은근한 압력과 예산 조치, 미술관과 미술계의 자기 검열, 미술시장의 논리 등 대부분은 눈에 띄지 않는 형태로 이루어진다.

재작년 한국의 대통령선거 국면에서 홍성담은 박근혜가 아버지인 독재자 박정희를 출산하는 '출산도'를 발표하여 큰 사회적 물의를 일으켰다. 그림이 시사하는 바는 박근혜가 당선되면 끔찍한 군사독재시대인 유신독재시대로 되돌아갈 수 있다는 경고였다. 보수진영뿐만 아니라, 신성한 출산을 비하하고 있다고 여성운동가들도 법석을 떨었다. 검찰은 홍성담을 박근혜에 대한 명예훼손으로 기소하고자 고심했으나, 기소하지 못했다. 아마도 민중미술가 Minjung Artist로 세계적인 명성을 누리고 있는 홍 화백을 기소하면 박근혜의 파쇼적인 성격이 가려지기보다, 표현의 자유 및 예술의 자유에 대한 공권력의 탄압이라는 한국의 실상을 국제적으로 알리게 되고, 세계적인 규탄을 받게 되는 것을 두려워했을 것이다.

그런데 작년 8월 광주비엔날레 20주년 특별전에서 홍성담 등의 걸개그림 〈세월오월〉이 전시를 거부당해 표현의 자유에 대한 억압으로 큰 물의를 빚었으나 이 금압은 국가 공권력이 직접 개입한 것은 아니었다.

오히려 지방공무원인 큐레이터가 과잉 충성으로 광주시에 밀고한 데에서 발단하였으며, 중앙정부의 눈치를 보는 광주시 행정관료가 알아서 기어, 홍성담의 작품 전시를 거부해버린 것이다. 이 사건이 시사하는 바는 크다.

5·18사건의 현장이자, 야당도시로서 한국 진보진영의 기둥인 광주에서, 그 것도 그 동안 홍 화백을 후원해 온 전국YMCA연맹 이사장 등 여러 NGO의 대표를 지낸 광주시장 아래서 일어날 줄은 아무도 예측할 수 없었다. 그러나 국가 공권력이 직접 손에 피를 안 묻히고 시장의 논리와 사람들의 몸과 마음 에 깊숙히 스며든 신민의식, 제국의식, 반공의식, 권위주의가 국민들로 하여 금 스스로를 검열하고 억압하게 한다. 오늘날의 동아시아에서의 상황을 잘 나타내는 사건이었다고 할 수 있다.

대만의 자유와 정신세계의 계엄

2013년 9월 타이베이에서 홍성담 '5월판화'와 5·18을 소재로 동아시아의 국가폭력문제를 고발한 왕모린Wang Molin 작가의 '안티고네'를 합작하여, 1951년에 장제스에 의해 학살 당한 판화가 황렁찬Hwang Rong-chan을 기념하 는 문화이벤트가 개최되었다.

1987년에 37년만에 계엄령이 해제되어 민주화운동을 겪은 대만은 지금 아무 금기가 없는 동아시아에서 가장 자유로운 나라라고 할 수 있다. 게다가 2013년4월, 대만의 마잉주馬英九총통이 "양안 관계는 과거 60년중 가장 평화 로운 상태"라고 선언했다. 작년 10월, 대만외교부는 '2008년에 마잉주 총통 이 취임한 이래, 대만해협의 평화와 안전을 위하여 노력해왔다. "양안경제협 력구조협의" The Economic Cooperation Framework AgreementECFA에 서 해운 및 항운의 직항, 식품 안전, 우정 업무 등 21항목의 협의에 조인했 다. 양안 사이에는 하루 118편의 정기편이 왕래하고 있으며, 연간 대만에 오 는 대륙 유학생수는 2007년의 800명~14년에는 25,000명으로 증가하였으며, 대륙에서 대만에 오는 여객수도 2007년의 20여만 명에서 2014년에는 285만 명으로 증가했다'고 발표했다. 중국과 대만은 실질적으로 '통일'되어 있다고 할 정도로 긴밀하고 자유롭게 왕래하고 있다. 편지도 전화도 가족방문, 성묘 도 일체 접촉이 금지되어 있는 한반도 현실과 얼마나 큰 차이인가? 그럼에도 불구하고, 2014년 3월 18일 국민당 정부가 중국과의 서비스무 역협정 비준안을 상임위에서 벼락치기 통과시키려 하자 학생들이 이에 반발하여 입법원 본회의장을 점거 농성에 들어 갔으며, 24일 만인 4월 10일에 자진 해산했다. 최대 50만 명을 동원하고, 항상 수천, 수만 명의 학생, 시민이 입법원을 점거한 것에 큰 혁명이라도 일어날 듯 생각하기도 하고, 동아시아 민주 발전의 큰 사건으로 평가하는 사람들이 있었다. 그러나 결과는 중국대륙과의 협상과정을 투명하게 하고 반드시 입법원의 심의를 거치게 한다는 왕진핑王金平 국회의장의 중재안으로 그의 허가를 받아 전개되었던 점거도 끝났다. 그 결과는 왕진핑의 라이벌인 마잉주총통의 무능함을 드러내고, 1월에 있던 지방선거에서 민진당이 큰 승리를 거두는 결과를 가져왔지만 대만의 정치와 사회가 크게 변화했다고 볼 수 없다.

반서비스무역협정 운동의 밑바닥에 깔린 정서는 반공, 반중국대륙의 감정이고, 운동의 본질은 대만의 이기주의적인 쁘띠 부르주아 운동이라고 할수 있다. 서비스무역협정자체는 대만하고 합작을 원하는 중국정부가 대만에게 유리한 내용으로 협정을 맺고 경제통합을 유도하려는 통일전선 전략의 성격을 가지고 있었기 때문에 반드시 대만에게 불리한 것은 아니었다. 그 내용은 중소 생산자나 자영업자보다는 대자본의 이익에 봉사한다고 볼 수 있다.

그 투쟁 내용을 보면 첫째, 학생들이 참으로 노동자 농민 자영업자의 이익을 대변한다고 주장한다면, 대만뿐만 아니라 대륙의 노동자 농민의 이익도 고려에 넣어야 하며, 중국대륙에 진출하여 중국노동자를 가혹하게 착취하는 대만 자본에 대한 비판이 있었어야 했다. 둘째, 신자유주의를 반대한다고 주장한다면, 중국과의 자유무역협정은 반대하면서 미국과의 환태평양경제동반자협정TPP에 찬성한다는 태도는 모순이다. 셋째, 민주주의를 말하면서 '반중국'으로 일본 우익과 연계하는 것은 매우 반민주 반역사적 태도다. 중국대륙과의 화해, 소통, 통일에 반대하는 대만의 학생들에게 물어봤다. "화해와 협력이 아니면 여러분은 중국과 전쟁을 할 생각인가?".

요컨대, 대만 학생 시민들의 의식은 '반공, 반중국, 친미, 친일'로 요약할수 있으며, 이러한 가치관은 반제 반식민지 반독점자본 투쟁, 그리고 미국의 '분할지배divide and rule'와 싸우며, 통일, 화해, 반전, 평화를 위해 싸워 온 동아시아의 진보운동과 정면으로 충돌하는 것이다.

이러한 대만의 정신상태에 대해서, 위에서 언급한 왕모린은 자유가 넘치는 대만에 "정신적 계엄은 사라지지 않았다"고 말한다. 37년간의 계엄시기를 통해서, 냉전과 미국의 동아시아지배, 그것을 배경으로 한 장제스의 계엄통치를 통하여 사람들의 의식과 사회에 스며든 '반공, 반중국, 친미, 친일' 의식이 사라지지 않고 뿌리 내리고 있다는 것이다. 이런 대만에서도 미술은 '자유민주주의'의 기호에 맞게 매우 다양하고 자유롭다. 그러나 진정 대만이 어떤 역사 위에 만들어져 왔으며, 무엇이 문제고, 누구와 싸워야 하는가에 대해 제대로 이해하고 있다고 보기 어렵다.

이런 현상은 한국이나 일본도 마찬가지다. 한국에서는 해방후 70년이 지났지만 친일파가 정치, 군사, 경제, 사회, 문화의 주류를 차지하고 있으며, 박근혜, 이명박의 정권 장악을 가능케 했다. 친일파가 주류를 차지하고 군중이 그들에 예속되는 한국에서 식민지 청산과 독재정치의 극복은 어려운 과제다. 이러한 풀뿌리 파시스트들은 보수언론 세력과 결탁하면서 사회적 검열을 강화하고 표현의 자유에 대한 억압에 앞장 서고 있다. 일본에서는 명치유신 이래의 '천황제 군국주의의' 전통과 정신세계가 중단됨이 없이 면면히 흐르고, 일본사회의 자기검열과 억압 구조를 만들고 있다.

국가폭력은 신자유주의 · 민주주의후Post Democracy 시대에서 신자유주의에 예속되어, 민주주의의 이름으로 광폭한 군중들의 파괴욕망을 부추기며 파쇼적인 수법으로 철저한 계급지배 정치를 자행하고 있다. 이 시대의 예술의 역할은 이러한 복잡하게 얽힌 지배 구조와 민중의 자기기만을 폭로하고, 우리가 맞서야 되는 적을 정확하게 겨냥하는 일일 것이다.

동아시아의 맥락에서는 아편전쟁 이후 서구제국주의의 동아시아 지배, 그 제국주의를 본따라 이웃나라들을 침략 · 지배하고 스스로 '아시아'를 주장한 일제의 지배와, 천황을 앞세워 일제를 그 수하에 포섭하여 동아시아를 지배해 온 미국의 지배가 만들어 온 동아시아 질서를 전적으로 뒤집어 엎어야 참된 자유를 얻을 수 있을 것이다.

'금지된 그림'은 민중들의 '침묵의 저편'에 있으며, 거기에 야스쿠니가 도사리고 있다.

동아시아의 우호까지

저항의 미술가 홍성담과 함께 가는 동아시아

동아시아 평화기행의 끝은 어디인가? '세 섬의 연대와 동아시아의 평화: 제주-오키나와-대만'

오키나와 · 대만과 만남– 동아시아 냉전과 국가테러리즘

내가 처음 오키나와에 간 것은 1995년 가을이었다. 거기서부터 나의 동아시아의 평화 기행이 시작됐다. 거기서 동아시아라는 말을 생각하게 되고 일반 명사로서의 평화가 아니라 동아시아의 역사, 정치와 불가분하게 얽혀 있는 동아시아 '평화'를 생각하게 되었다. 동아시아란 추상적인 지리적 구분이나 원래 이 지역의 사람들이 스스로를 지칭하는 말이 아니라 서구 자본주의의 전 지구를 삼키는 팽창과 비서구세계에 대한 침략 속에서 제국주의자에 의해 규정된 정치 역사적 개념이자, 제국주의자들에 의해 이 지역의 민중들에게 각인된 노예의 낙인인 것이다. 특히 동아시아(동아東亞)는 메이지 이후 천황제 군국주의를 형성한 일제의 총칼 아래서 피와 눈물로 그려진 판도인 것이다.

동아시아를 논할 때 흔히 동아시아 전통이니, 고유문화니, 샤머니즘이니 하는 말들을 하기도 하지만 그것은 여러 지역에서 인간의 삶의 양식으로서의 문화적인 성격 또는 영위를 말할 뿐이지, 19세기 이후 형성된 동아시아 개념과는 별개의 것이다. 서점에 가면 '고대 동아시아 문화교류사'와 같은 책들이 있는데, 고대에는 동아시아라는 지역개념이 없었으니 넌센스한 이야기인데 이런 류의 이야기들이 버젓이 통용되고 있다. 근대 이후 서양의 침탈의 대상으로 아시아, 동아시아로 묶여지기 전에 이 지역에 '동아시아'라는 말 자체가 존재하지 않았으니, 다분히 오리엔탈리즘의 냄새가 나는 아시아 전통

---

79 2014년 4월 5일, 제주도립미술관,《4 · 3미술제 국제학술세미나 "구로시오 비극의 연대와 동아시아의 평화: 제주-오키나와-대만"》

문화라든가 삶의 문화적인 양식은 예술 창조에 있어서 여러가지 표현 양식을 제공해 주기는 하되, 우리가 현재 안고 있는 동아시아라는 굴레를 벗어던지기 위한 미학적인 문제의식에 다가서는 데 도움을 줄 수 없는 것이다.

1994년 대만에 초청을 받아 장제스 계엄통치하의 '50년대 백색테러'의 현장을 정치수난자의 안내로 낱낱이 돌아보고 청산해야 할 과거는 제국주의의 침략과 식민지 지배만이 아니라 냉전시대의 국가 테러리즘이 그에 못지않게 중요하다고 생각하게 되었다. 아니, 세계사에서 반파시즘 전쟁에 승리했다는 제2차세계대전을 경계로 하여 전쟁 전과 전쟁 후로 구분하는데, 전쟁 후에도 파시즘은 결코 사라지지 않고 있다. 둘로 구분되는 시대는 분단된 동아시아 민중들에게는 전후 관통되는 하나의 시대이며 전쟁 후에는 전쟁 전의 유산까지 물려 받아 엄청난 비극을 이 지역에 안겨주었다. 거기서 제2차세계대전 후의 자유민주주의라는 겉치레에 가리워져 있는 냉전 시기의 청산되어야 할 암흑을 드러내고 침묵을 강요당해온 민중들의 권리를 회복하기 위하여 '동아시아 냉전과 국가 테러리즘' 국제심포지엄 운동을 착상하게 되었다.

그 결실은 1997년, 2·28사건 50주년을 기해 타이베이에서 개최되었고 2002년 여수 대회까지 6차례에 걸쳐 이어지는 '동아시아 냉전과 국가 테러리즘' 국제 심포지엄으로 구체화되었다. 이 국제회의는 학자들이 고답적 담론을 펼치는 자리가 아니라 대만, 오키나와, 한국, 일본의 국가폭력의 수난자와 활동가, 그리고 연구자가 한자리에 모여 자기들의 수난의 역사를 증언하여 제국주의자와 그 추종자인 독재정권에게 당한 수난의 역사를 수난자의 시각에서 다시 고쳐 쓰고, 수난자들을 역사에 올바로 자리매김하고, 수난자의 권리회복과 보상을 요구하는 실천적 운동이었다. 이 운동을 통해서 우리가 확인한 것은 제2차세계대전 이후 동아시아 민중들은 제국주의자의 분단통치를 받아 같은 탄압을 경험하면서도 서로가 서로를 알지 못하고 살아왔고, 미국을 중심으로 지배자들은 하나로 엮여 있으며 동아시아 전체를 내려다보고 상황을 장악 통제하고 있다는 사실이었다. 지배를 받아 온 자가 서로 단결 연대해야만 지배를 뒤집을 수 있으며 하나 되기 위해서 서로가 서로를 알아야 한다는 것이었다. 이 운동은 1997년 제1회 타이베이 대회 후에 '감란(반란 진압)시기 부당심판 보상조례'가 성립되고, 1999년 제2회 제주대회 직후에 '제주 4·3진상 규명 및 명예회복법'이 성립되는 등 구체적인 운동성과도 있었다. 이 운동을 통해서 노래나 춤 퍼포먼스 등의 문화행사가 없었던 것은 아니었으나 이런 것들은 부대 행사에 가까운 것이었다고 할 수 있다.

야스쿠니 반대투쟁 – 일본의 본질을 본다

'동아시아 냉전과 국가 테러리즘' 국제심포지엄운동이 일단락된 후 시야에 떠오른 것이 야스쿠니 반대 운동이었다. 그 까닭은 동아시아에 있어서 미국의 군사 헤게모니는 강대한 규정력을 가지고 있으나, 식민시대와 냉전시대를 관통하고 미국의 '속국'으로 피에 물든은 '동아시아' 지역개념을 만들어온 일본이 민중 중심의 새로운 동아시아 세계를 만들어 나감에 있어 구체적이고 시급한 청산 과제임이 분명해졌기 때문이었다. 일본 황군皇軍의 정신적인 지주이자 심리전에 쓰인 군사시설인 야스쿠니야 말로 일본의 어제와 오늘을 잇는 탯줄이자 천황제 군국주의국가의 정체성 그 자체이다. 2006년부터 '반 야스쿠니 동아시아공동행동'을 시작해, 일본헌법 20조(정교분리)를 근거로 위헌이라는 논리로 일본인들에 의해 전개되어 온 내향적인 야스쿠니 반대투쟁이 얼마나 한계가 있는가를 드러냈다. 그래서 일제의 상징인 '야스쿠니 합사를 거부할 수 있는 자기결정권 내지 인격권', 이 있으며, 야스쿠니가 '일본헌법 전문 및 제9조(평화주의)' 위반이며, 일본군국주의 파시즘의 범죄를 부인하고 있기 때문에 유엔 헌장 및 여러 국제법 위반이라는 논리를 가지고 한국 대만을 중심으로 하는 국제적인 시야를 가지는 공동투쟁으로 변신하게 된 것이다. 나아가서 2014년 12월의 아베 총리의 야스쿠니 참배를 계기로 세계는 독일에서 청산된 파시즘의 망령이 일본에서는 청산되지 않고 살아있다는 사실에 주목하기 시작하고 투쟁은 새로운 국면을 열게 되었다.

야스쿠니 반대투쟁에서 노래, 퍼포먼스 등 문화운동은 그 일익을 담당했으며, 미술전도 개최되어 고경일 작가의 만화도 한몫을 했으나 특히 홍성담 화가는 100점이 넘는 '야스쿠니 시리즈'를 제작하여 일부를 일본과 한국에서 전시하여 2015년 해방 70주년을 맞아 도쿄에서 대규모의 전시가 예정되는 등 반 야스쿠니 운동의 큰 예술활동으로 주목되어야 한다.

홍성담 5월판화– 동아시아의 국가폭력과 저항의 미술기행

동아시아의 국가폭력에 맞서는 예술 행보는 2005년 오키나와 사키마 미술관에서 개최된 '5월판화' 전시회 '저항과 창조'가 효시라고할 수 있다. 5월판화야말로 국가폭력에 유린 당하면서도 저항하는 인간의 삶을 여실히 드러내는 동아시아 국가폭력 반대운동과 정신의 정수라고 할 수 있으며, 그러기에 세계에 널리 퍼지고 오키나와, 일본, 대만에서 주목을 받았던 것이다. 홍 화백의 오월판화는 광주나 제주 등 한국의 각 도시는 물론이고 오키나와, 동남아, 일본 각지에서 개최되고, 2013년 9월 타이베이 전시로서 동아시아를 일순한 것이다.

제주에서는 제주시에서의 야스쿠니 개인전뿐만 아니라 탐미협 및 민미협과의 공동전시를 마라도 기원정사 등에서 개최하기도 했다.

20013년 9월 타이베이 5월 판화전– '안티고네'와 정신세계의 계엄

오키나와에 첫발을 디딘 홍성담의 동아시아 미술순례는 대만에서 일단락을 지어야 되므로 그 가능성을 모색하고 '동아시아'를 공부하기 위해 2006년 이후 홍성담과 나는 몇 차례 대만을 방문했으나 전시는 이루어지지 않았다. 그저 대관을 하여 전시하려 한다면 어려움이 있는 것도 아니었으나, 민중의 삶이 없는 폐쇄된 죽은 공간에서의 전시에 의미를 두지 않는 홍성담의 의향에 따라 이루어지지 않았다.

그런데 대만 소극장 운동의 거목인 왕모린王墨林작가가 2013년 9월에 공연하는 '안티고네'(9월 20~28일)와 연계된 기획으로 꾸린지에牯嶺街 소극장의 홀에서 '5월판화'전(9월 11~17일)를 하자고 제의했다. 꾸린지에 소극장은 대만 총통부(구 총독부) 가까이 총통관저의 바로 옆에 있는 일제의 헌병분견대가 자리했던 곳에 있다. 해방 후 경찰지소가 되었다가 90년대부터 타이베이시 문화국 관할의 소극장으로 변신했다. 연극단 '신체기상관身體氣象館'

을 이끈 왕모린의 주무대이다.

연계기획을 하게 된 이유는 왕모린이 작년 초에 나의 『옥중 19년』을 읽고, 이어서 홍성담의 5월판화집을 보게된 것이 그가 『안티고네』를 번안하고 극본을 쓰는 동기가 되었기 때문이다. 국가권력 및 법규범과 인간과의 갈등을 주제로 한 안티고네는 그리스 3대 비극의 하나로 유명하지만 왕모린은 그것을 번안하여 인간을 파괴하는 국가폭력에 대한 저항을 주제로 동아시아에서의 분단 현실을 고발하려고 한 것이었다. 부산에서 2명, 대만과 북경에서 1명씩 출연하는 이 연극의 대본에서는 '5월판화'의 시가 11편 인용되고, 황석영의 '오래된 정원'이나 5·18유족의 증언 역시 길게 인용되고 있으니, 톈안먼 사건을 약간 건드리긴 하지만, 실질적으로 5·18을 소재로 한다고 할 수 있다.

본디 이 전시 구상은 홍성담이 2006년 처음 대만을 방문했을 때 류짱리 六張犁 타이베이 시립 공동묘지 비탈에 있는 대만 민중판화가 황렁찬의 묘지를 찾아간 데에서부터 시작되었다. 황렁찬은 판화창작과 미술운동을 하다가 1952년에 장제스의 백색 테러로 처형된 예술가인데 그 묘 앞에서 홍성담은 동아시아의 국가폭력 희생자와 황렁찬을 추모하고 기념하는 판화전을 타이베이에서 할 것을 다짐했던 것이다.

판화전은 연극과 연계될뿐만 아니라 5월판화시 낭송극, 콘서트, 심포지엄을 아우르는 종합적인 문화행사였으며, 대만의 젊은이들의 호응을 받았다. 한국과 일본 대만의 지지자 들에 의해 추진된 이 행사 자체가 동아시아 민중문화연대의 시도이자 제국주의 침략전쟁, 식민지 지배에 대한 저항의 근거를 구축하려는 시도였다.

심포지엄에서는 왕모린이 37년간에 이르는 대만의 계엄령이 해제된지 4반세기가 지나, 지나칠 정도의 자유를 구가하는 신 대만인의 시대가 되었어도 "대만의 계엄의 역사가 현대성의 일부가 되어 있으며, 대만인의 신체활동에도 일상생활에도 문화생산활동에도 계엄의식이 반영되어 있다", "계엄은 이때까지 대만을 한번도 떠난 적이 없다"고 발언했다. 일본의 가장 첨예한 평론가이자 소설가인 야마구치 이즈미山口泉는 "나의 블로그의 타이틀이 '정신의 계엄 하에서'인데, 왕모린선생이 포스트 계엄 시대의 대만의 정신상태에 대해 중요한 지적을 했습니다. 일본의 경우 더욱 비참하고 사람들이 마음 속에 처음부터 '정신의 계엄령'을 준비하고 있다. 후쿠시마 원전사고에 대해서 주변국에 대한 가해자 의식은 커녕 피해자 의식조차 가지지 못하고 그저 피폭 당하기만 한다"고 지적했다.

신자유주의의 논리 속에 얽혀, 진용의 윤곽이 흐려지고 직접적인 변혁의 요구가 숨어버린 시대에서 '정신세계의 계엄'을 바로 봐야 하고, 총알보다 붓과 펜이 필요한 시대이기에 문화운동이 중요함을 재인식해야 할 것이다.

물론 동아시아의 문화교류에서 공적인 기관이 주최하는 행사이거나 취미적인 교류는 여러가지 있을 것이다. 그러나 동아시아가 형성된 역사적인 연유를 근저에 두고 의식적인 연대 내지는 공동작업하는 실천은 많지가 않다.

그 중에서 내가 주목하는 것은 벌써 15년전쯤부터 대만, 한국, 중국을 돌면서 동아시아의 여러 사람들과 공동작업을 하면서 연극활동을 계속하고 있는 사쿠라이 다이조櫻井大造의 텐트극장 '야전의 달野戰の月 – 하이비즈海箏子' 일 것이다. '야전의 달'은 대만에서 지부적인 성격을 갖는 '하이비즈'라고 하는 극단을 운영하고 있고, 연극 상연뿐만 아니라, 대만에서 강정 해군 기지 문제, 오키나와 다카에高江 미군 헬리포트 기지 문제 등을 가지고 때때로 강연회나 토론회, 영화상영회를 개최하면서 젊은이들을 중심으로 하는 대만 진보운동에 일정한 파문을 던져주고 있다.

또 하나 내가 주목하는 것은 후쿠오카 아시아 미술관과 오키나와 사키마 미술관이다. 아시아 미술관은 후쿠오카시가 운영하는 미술관이라 많은 한계를 가지고 있으나 구로다 라이지黑田雷児를 비롯한 큐레이터들의 역량에 힘입어 그간 여러가지 의미 있는 전시를 하고 작품 수집을 해 왔다. 사키마 미술관은 개인미술관이고 내관자들의 취향을 일정하게 고려할 수 밖에 없는 한계가 있지만, 20년의 역사를 가지는 사키마는 오키나와의 역사적 고난에 발을 딛고 반전평화의 지향을 가지는 전시정책으로 동아시아 평화에도 일정한 기여를 해왔다고 볼 수 있다. 이런 예들을 볼 때, 동아시아에 산재하는 여러가지 가능성과 저항의 근거지를 이어가는 작업은 일정한 전망을 가지고 있다고 볼 것이다. 동아시아 평화를 지향하는 민중연대를 엮어나가기 위해서는 아편전쟁 이래의 동아시아 역사에 대한 인지와 분명한 목표, 그리고 끊임없는 실천이 요구된다.

그렇게 본다면 한중일의 예술가와 행사 참여자를 엮어 연극과 미술, 음악 그리고 토론을 아우른 타이베이의 5월판화전은 이론적으로 실천적으로 동아시아 문화연대의 가능성을 제시했다고 봐야 할 것이다.

우리 앞에 놓여진 과제를 아편전쟁 이후 서구 제국주의에 의해 유린당하고 분열된 동아시아 민중을 제국주의 세계 헤게모니, 즉 핵과 군사력에 의한 강압적인 지배, 신자유주의, IT에 의한 인간 지배, 동아시아의 미일 헤게모니에 반대하는 운동으로 묶어내고 평화와 인간적인 삶을 실현하기 위한 기억투쟁과 과거청산 운동 등으로 정리할 수 있다. 거기서 정신세계의 계엄을 해제하고 넘어서는 문화 예술운동의 몫이 중요하다.

그렇게 본다면 '제주 4·3의 바다는 갑오년이다'라기보다는 '제주 4·3의 바다는 아편전쟁이다'라고 함이 마땅할 것이다.